**权威·前沿·原创**

皮书系列为

“十二五”“十三五”“十四五”时期国家重点出版物出版专项规划项目

BLUE BOOK

智库成果出版与传播平台

# 中国非传统安全研究报告（2021~2022）

REPORT ON CHINA'S NON-TRADITIONAL SECURITY STUDIES (2021-2022)

主　编／魏志江　谢贵平　章雅荻
副主编／张宇权　朱新光　冯　雷　陈　斌

社会科学文献出版社
SOCIAL SCIENCES ACADEMIC PRESS (CHINA)

图书在版编目（CIP）数据

中国非传统安全研究报告 . 2021-2022 / 魏志江，谢贵平，章雅荻主编 . —北京：社会科学文献出版社，2024. 3

（非传统安全蓝皮书）

ISBN 978-7-5228-3322-4

Ⅰ. ①中… Ⅱ. ①魏… ②谢… ③章… Ⅲ. ①国家安全-研究报告-中国-2021-2022 Ⅳ. ①D631

中国国家版本馆 CIP 数据核字（2024）第 041608 号

非传统安全蓝皮书

## 中国非传统安全研究报告（2021~2022）

主　　编 / 魏志江　谢贵平　章雅荻
副 主 编 / 张宇权　朱新光　冯　雷　陈　斌

出 版 人 / 冀祥德
组稿编辑 / 周　丽
责任编辑 / 徐崇阳
责任印制 / 王京美

出　　版 / 社会科学文献出版社 · 城市和绿色发展分社（010）59367143
地址：北京市北三环中路甲 29 号院华龙大厦　邮编：100029
网址：www. ssap. com. cn
发　　行 / 社会科学文献出版社（010）59367028
印　　装 / 天津千鹤文化传播有限公司

规　　格 / 开 本：787mm×1092mm　1/16
印 张：14. 5　字 数：215 千字
版　　次 / 2024 年 3 月第 1 版　2024 年 3 月第 1 次印刷
书　　号 / ISBN 978-7-5228-3322-4
定　　价 / 128. 00 元

读者服务电话：4008918866

# 《中国非传统安全研究报告（2021～2022）》
## 编 委 会

# 主要编撰者简介

**魏志江** 博士，中山大学国际关系学院教授、中山大学韩国研究所所长、博士生导师，主要从事中国与朝鲜半岛关系、非传统安全与国际安全理论以及东亚国际关系研究。

**谢贵平** 博士，浙江大学区域协调发展研究中心/中国西部发展研究院研究员，浙江大学公共管理学院、非传统安全与和平发展研究中心教授、博士生导师，主要从事非传统安全与全球治理、边疆安全治理研究。

**章雅荻** 博士，重庆大学新闻学院讲师，浙江大学非传统安全与和平发展研究中心兼职研究员，主要从事非传统安全与国际移民以及认同理论研究。

# 摘要

2022年以来，持续300多天的俄乌冲突危机不仅给乌克兰和俄罗斯双方带来巨大损失和严重创伤，也对全球秩序和世界格局造成重大冲击，是二战以来最严重的地缘政治危机，加剧了大国之间的冲突与对抗，并引发了世界范围内的能源、粮食、经济、金融、民生、外交与产业链、供应链、创新链、价值链等危机，对我国也产生了深远影响。世界政治经济秩序呈现前所未有的脱序状态，人类社会在深度全球化与逆全球化的相互碰撞与交织中进入经济大动荡、体系大变革、格局大调整时期。当前全球不仅面临着俄乌冲突危机所带来的直接的或间接的传统安全与非传统安全相互交织的威胁，还面临气候变化、重大传染性疾病疫情、跨国犯罪、恐怖主义、网络攻击、生物安全、人工智能安全、经济危机、贫困问题、移民难民、生态环境、海洋渔业、核安全、城市安全、贸易安全、数据安全和海外利益保护等非传统安全危机与困境。

本蓝皮书分为总报告、专题报告和国际合作篇三部分。总报告认为，当前，全球面临百年未有之大变局，人类文明正面临着诸多世界性难题与安全威胁，安全的内涵与外延不断延伸、拓展，全球政治与安全形势变得日益复杂，诸多非传统安全问题超越了传统国家主权的边界，具有高度的外溢性、突发性和不确定性特征。随着国际体系和国际秩序面临的挑战日益增多，全球非传统安全面临的不稳定性、不确定性特征更加突出，既有的国际安全结构难以适应新形势下非传统安全治理的需要。旧的安全治理体系已经不足以应对今天所面临的全球非传统安全挑战，全球非传统安全危机亟须治理理念

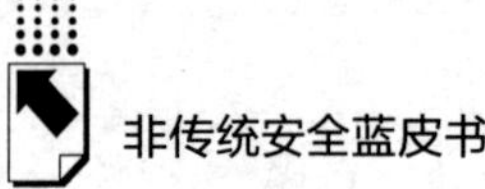


的更新与治理模式的提升，而和合治理是根植于中国的历史传统与哲学精神，是一种能够包容更多主体、族群、文明并超越以西方为中心的治理理念和模式。

专题报告从总体国家安全观、公共卫生安全、国际私营安保、贸易安全等方面对2020~2021年我国学者关于非传统安全的研究的动态、特征进行了梳理与总结，并对未来研究趋势进行了展望。

国际合作篇分别从反恐合作、公共卫生安全、海洋渔业安全、城市安全等方面，着重分析和研究了眼下与非传统安全息息相关的议题。

当前，全球性安全问题扩散加快，波及面扩大，冲击强度增加，人类社会面临各种非传统安全威胁的共同挑战，非传统安全治理是当今全球治理的重中之重。在深度全球化时代，人类所处的世界互联共存、互依共生、互济共享，各国利益互嵌、安全互保，一荣俱荣，一损俱损。人类社会要实现高质量发展与高水平安全的关键是能否从“低文明”水平的战争与恶性竞争状态，走向“高文明”良性竞合直至最好文明的和合共享状态。全球非传统安全的中国式和合治理，需要坚持全球安全观，以全人类共同的利益为思考基点，关注人与人、人与物、人与环境之间的互动效益，协调各个主体之间的共存与合作，优化、整合国际社会的多种力量与元素，树立起共商、共建、共赢的理念意识，形成“和合共享”价值共识，防止不同行为体间的相互认知误解与战略误判，建构“安全互保、风险共担、命运共同”机制，基于“和合共生”，达成“和合共建”，实现“和合共享”，才能实现全球公共福祉和全球公共利益。

**关键词：** 非传统安全　安全困境　和合主义　和合治理　本体安全

# 序　人类的“本体安全”可否期盼?

余潇枫

## 一　本体安全是一种深层次安全

人类面临的不安全风险主要有三类：一是凭借经验与能力可以事先判定的“可知”风险（known risk）；二是曾经出现过但凭借经验与能力仍无法判定下次是否或何时出现的“不可知”风险（unknown risk）；三是从来没有出现过，凭借经验和能力无法预知与判定，但其最坏境况又是可以想象的“不可知的未知”风险（unknown-unknown risk）。百年未有之大变局，多指第三类风险的境况。这三类风险的安全类型又可以分为“现实性安全”“潜在性安全”“结构性安全”。其中“结构性安全”便是一种深层的具有认同建构意味的“本体安全”（ontological security），该概念最早由吉登斯提出，他在认同政治分析中把认同作为重要的安全变量并运用该概念以强调安全与认同的交互性。因而在认同的维度上，本体安全是面对不确定风险的强烈的“生存性焦虑”与“前景性恐慌”，而所谓的“本体不安全”就是这种生存性焦虑与前景性恐慌的“在场”。

在现实世界中现实性安全往往是人们身体没有受伤害、财产没有受侵害、心理没有受损害、社会关系没有受迫害、环境没有发生灾害。然而，人们即使没有处在上述诸“害”的直接威胁中，也不乏各种由深层焦虑所引发的本体不安全感，如方向性迷茫、意义感失落、价值观崩塌、身份性置换等。尽管这些强烈的不安全感似乎并没有对人造成具体、直接的“威胁”或者更多的不是以“物质性不安全”方式呈现出来，而是由“认同不可持续”造成的“认同性不安全”，但这种由风险或威胁的“要素集合”导致的本体不安全会给人带来一种深层次的茫然与恐慌。甚至可以说，有具体明确的风险与威胁尚不可怕，而由具体威胁要素及认知误判抽象形成的“集合威胁”才是令人害怕的。

本体安全理论研究在国际关系学术界越来越受到重视，也为非传统安全研究提供了一个新的路向，因为本体性不安全揭示的是生存前景的“不可知性”“不确定性”“不可理解性”“不被承认性”“不可抵御性”等，其反映的是引发生存性焦虑的自我失落感、渺小无助感、无可奈何感、不可预期感，其实质是一种“自我认同”难以稳定与持续的跨越传统边界的“结构性不安全”。对国际社会来说也一样，国家也是有本体安全需求的行为体，本体安全感在很大程度上决定着一个国家的安全战略设定。如原有的霸权国家在面对新崛起的大国时，会产生出莫名的本体不安全感；原来的地区秩序在被全球性事件解构而导致某些国家身份需要被重置时，就会生成强烈的本体不安全感；当持续恶性竞争、种族排外、移民难民等导致种种异质性冲突时，难以排解的本体不安全感也会产生。再如，一直有较强认同基础的欧盟，近年来新的社会风险猛增且以“要素集合”的方式催生与强化了欧洲人的本体不安全感，这些要素主要有移民难民、跨国犯罪、恐怖主义、经济与金融涨落的不确定性等。可见，本体不安全感既是“风险社会”的一种普遍社会特征，也是安全困境找不到确定性解时的深层焦虑与潜在恐慌。当然，现实中“物质性不安全”与“认同性不安全”是紧密关联的，前者可以引发后者，后者也同样可以成为前者之因，也就是说，有具体客观威胁对象的现实性恐惧与呈现总体认知情状的预期性焦虑是交互的，其交互的关键问题一是行为体如何获得或维护本体安全，二是何种战略才能促成良性的本体安全状态。在国际政治研究中，多数学者认为本体安全由国家认同与安全困境间所持有的张力决定，而对本体安全的寻求则不仅是国家安全战略的重点所在，也是人类安全治理的至高优先级的价值所在。

本体安全理论的研究呈现丰富的多元性，既有安全研究的多种指涉对象

（如个体、社会、群体、国家），又有安全措施实施后不一样的政治效果（如合作、冲突、暴力、稳定与变化），还有不同的安全研究方法路径（如定量、定性、话语）。然而本体安全理论较以往的国际关系理论的创新之处是研究对象的高度综合性，即把个体、非国家、国家、国际不同层次的行为体整合于一体，强调它们之间的互动关系，指明国家不仅追求物质安全，也追求本体安全。特别值得一提的是本体安全理论能较多地关注到全球化带来的非传统安全问题。

海德格尔在讨论“存在与回响”时曾这样强调：最高的急难是无急难状态的急难。本体不安全常常是这种“最高急难”。那么如何消解因生存性焦虑与前景性恐慌而产生的“本体不安全”？这就需要用价值的确定性来消解生存无常性与前景不确定性。展开来说就是要提出一种具有超越性与包容性的价值理念，为“安全”提供一个确定性的价值选择，以消解不确定世界所将产生的生存性危机。

## 二　本体安全之“本”是“和合共享”

人类所处的世界是互联共存、互依共生、互济共享的，人类要实现高质量发展与高水平安全的关键是能否从低文明水平的战争与恶性竞争状态，走向较高文明状态的良性竞合直至最高文明状态的和合共享状态。在深度全球化的当下，形成“和合共享”价值共识的最大效用是能帮助人们最大可能地消解存在所遭遇的种种不确定性，防止行为体间的相互认知误解与战略误判，进而最大可能地促成本体安全获得。

“和合共享”的合理性可以从两个方面进行论证，即该理论在多大程度上切合世界运演的“合规律性”，以及在多大程度上切合人类发展的“合目的性”。前者主要考量和合共享在世界当下的趋势切合性，后者主要考量和合共享在世界发展中的现实可能性。

谁都不会否定，我们生存在一个万物互联共生的世界中，和合共享是一种合规律性的普遍现象。在广义上“和合性”呈现出合规律性的价值递进序列：共在—共生—共济—共建—共享，具体表现为世间万物同时性共在、历时性共生、互补性共济、和谐性共建、和合性共享。同时性共在是外在于人及“先在于存在”的客观事实，万物共在是具有“绝对给予性”的自明性真理。历时性共生是“共在”在时间维度中的延伸，“共在共生论”认为万物在共在中互联共生，彼此涨落不一，形成了一个丰富多彩的世界。互补性共济指生物圈中由自者与他者形成的生态链具有互补性，自者不仅是以他者的存在作为自己的存在条件，而且以保全他者作为自我保全的基本方式。和谐性共建则是在达成利益共识基础上的共同努力，而和合性共享则是位列价值排序最高端的达成命运与共的境界与状态。

在价值链排序中，“共生”处于“共在”之后，前于“共济”“共建”“共享”，为此，需要在“共生”前加上前置词“和合”。“和合共生”的学理性逻辑体现在“相辅相成”“相异相合”“相反相成”上，然而“共生”是相对于“共毁”而言的，虽然“共生”是国际社会的基本生存方式，但“共生”理念只是人类的底线理念，不是最完美的理想状态，而仅仅是最基础的生存状态。[①] 所以只有在“和合共生”基础上强调和实现“和合共享”，才能体现人类的正向价值追求，才是实现本体安全的可能性前提。

“和合”思想源于中国古典智慧之书《易经》，《易经》提出有“保合太和、万国咸宁”的安全哲学理想。“和合”之所以重要与具有可行性，是因为“和合”思想范畴蕴含中国“整体论”“共存论”“王道论”的重要思想，也是达成“天人合一”“多元一体”“和而不同”境界的关键路径。《易经》的和合观最早促成了“天下思想”的形成，也生成了中国人观世界的独特视角与对人类文明的独特贡献。

其实，和合现象与共生现象一样遍及世界，也在人类发展史上多有展现与贡献，因而“和合共生”作为“天下之达道”具有世界性的普遍意义。“和合”文化源远流长，既有源于希腊城邦伦理与“世界公民”观的世界主

① 金应忠：《再论共生理论：关于当代国际关系的哲学思维》，《国际观察》2019 年第 1 期，第 14~35 页。

义，又有源自印度神灵伦理与“戒杀至善”观的非暴力主义，更有源自中国人伦伦理与“和而不同”观的天下主义。根据人类安全方式的演进，可以描绘出一条体现历史必然的“安全抛物线”，其重要特征是以“战争—竞争—竞合—和合”为历史性节点，并且这些节点所形成的阶段性标志构成了这一抛物线的上升趋势，与此相应人类的“类群和合性”不断得以提升，国家间关系也不断从战争走向止战，从竞争走向竞合，从和平、和解最终走向和合。事实上，“和合共享”不仅有着其深厚的人类发展史基础，而且也在中国外交上有着其独特的践行，如强调多元多边合作的包容性外交，强调国际道义的结伴性外交，强调合作共赢的对接性外交，强调安全互保的镶嵌性外交，强调人类命运共同体构建的共享性外交等，都是中国对世界和平与发展做出的贡献，也是“和合之道”内在地切合人类社会演进“合目的性”的使然。

“和合共享”为何可以成为确保国家本体安全的重要价值理念？因为“和合共享”的价值目标设定，第一是反对战争寻求和平与安宁，第二是消除竞争寻求和解与合作，第三是超越既往“对立—对抗—对决”寻求和融与共享。世界上难以消解的是非理性的异质性冲突，国际社会的本体不安全也大多源自各类异质性冲突，倘若“和合共享”作为共识被认同与践行，“和合治理”作为共识被视为全球治理的新模式，则必能促进国际社会“和而不同”，甚至做到“异质共生”，进而消解因认同不一致而导致的生存性焦虑与前景性恐慌，使本体安全具有其牢固的价值基础。

当然，由于我们所处的世界是充满矛盾的世界，有矛盾就会有冲突，有冲突就会有冲突加剧与冲突消解的不同可能性结果，因而存有与“和合共生”相对立的“非和合共生”。任何形式的“热战”与“冷战”都是背离“和合共生”的。虽然“和合共生”与“非和合共生”这两种状态都具有其“共生”的本体论意义，但在安全领域，“和合共生”更有利于本体安全的获得，“非和合共生”则会增强本体不安全感。在“和合共生”基础上的“和合共享”作为人类本体安全价值之本的深层意涵是：天下多元一体，人类本为一家；地球家园为要，命运共同是旨。

## 三 “孔子最优”与人类本体安全的寻求

在理论上，和合主义（Peace-coopreatvism）作为国际关系理论的中国范式，较之于西方的理论有其特别的价值优越性。我们以“篱笆”作为标志物对国际关系理论中的安全研究作概括性的比较：现实主义安全观强调“有好篱笆才有好邻居”，于是掌控篱笆的权力与军力成为国家首选要务，甚至霸权国把国家建设成“军工复合体”，把国际关系归结为“大国政治的悲剧”；自由主义安全观强调“有好通道才有好邻居”，于是基于相互依赖的制度性安排成为各国首选要务，但这种制度性安排更多地限于相互结盟的“小圈子”国家，关键时刻作为盟主的霸权国仍然以单边主义或伪多边主义来打压其他国家；建构主义安全观强调“有好认同才有好邻居”，于是国家间的认同塑造成为首选要务，如欧盟为国家间的主权让渡提供了良好的范例。而和合主义安全观较之于建构主义则更进一步，强调“有好关系才有好邻居”，于是通过“和衷共济”达成“和合共享”成为国家首选要务，中国把“亲、诚、惠、容”作为周边外交的首选原则，“一带一路”倡议的提出与推进，构建人类命运共同体理想的践行等，都呈现出“和合共享”的价值取向，为人类本体安全获得奠定了良好基础。

当然也有学者从问题的角度提出质疑，如虽然“和合主义”价值范式有利于国家间本体安全的寻求，但也不排除其作为一种“安全乌托邦”或“安全世界大同主义”而存有本体论陷阱。再如，“和合共享”能促进本体安全的获得，而本体安全理论又以超越个体与国家的“社会本体论”为前提，那么国际社会是否有真正的“社会世界”的特征？其实“孔子最优”有助于疑惑的消除。世界是不确定的，但行为体要消解不确定性带来的风险，就必须要用有价值的确定性应对。西方的“帕累托最优”之解是：在不损害他人的前提下发展自我。而超越西方的“孔子最优”之解是：在帮助他人发展的前提下发展自我，这就是“和合共享”的价值优先性之所在。中国在世纪之交提出的种种方略如和平发展、和衷共济、和合共生、和谐世界、和美中国等都是“孔子最优”的世界化努力与中国式的人类本体安全的寻求。

西方提出的“帕累托最优”强调的是在不损害他人利益的前提下发展自我，“孔子最优”则强调的是在帮助他人发展与互惠的前提下发展自我，如孔子的“己所不欲，勿施于人”来源于“己欲立而立人，己欲达而达人”，即在和谐策略的互惠中所能达到的各方利益改进均优于各自独立所能达到的利益改进，“孔子最优”为人类的本体安全寻求提供了中国人的智慧与方略，为此，中国在新时期适时提出了“人类命运共同体”伟大构想，并被写入联合国的有关决议之中。与此相应地，中国在不同的全球安全治理领域，进一步尝试着深化与细化人类命运共同体的运作方案。就以全球安全治理为例，中国先后提出有关核安全、生态安全、卫生健康安全的命运共同体建设构想，以描绘全球安全治理的新蓝图，推进人类命运共同体理想的践行。

第一，“全球核安全命运共同体”，其五大特征是：一致的政治指向、共同的国际责任、公共的安全机制、密切的国际合作、先进的核安全文化。核安全是处在人类最为优先级的安全议题，2019 年，中国领导人在荷兰海牙第三届核安全峰会上提出建设“全球核安全命运共同体”，倡导要理性、协调、并进的核安全观，营造共建共享的核安全氛围，从而为核利用开发所生发的“本体安全”维护提供了中国人的“和合共享”方案。

第二，“人类与自然命运共同体”，这是生态文明与生态安全提升为世界话语的重要标志。中国领导人在 2022 年的世界气候峰会上进一步提出要建设人类与自然命运共同体的新理念，强调“人因自然而生，人与自然是一种共生关系”。这既是中国人智慧的适时表达，也是世界人民期盼的共同归趋。

第三，“人类卫生健康共同体”，这是全世界有效应对新冠肺炎疫情危机的重中之重。中国领导人在 2022 年的全球健康峰会上就全球抗疫合作提出了中国的主张：构建人类卫生健康共同体。就人类来说，生命健康权无国界、无种族、无关乎社会发展水平，因而人民至上、生命至上，是人类共同的价值取向，这既是人类本体安全的最基本体现，也是人类命运共同体理念的题中应有之义。

当下“人类命运共同体”以及与之相应的“核安全命运共同体”“人与自然生命共同体”“人类卫生健康共同体”的构建，都是体现中国智慧，践行“和合主义”，奠基人类本体安全价值前提的重要探索。面对种种全球性的危机与挑战，中国相继又提出了构建“亚太命运共同体”等一系列体现中国智慧的主张与方案，为亚太地区乃至世界团结抗疫、重振经济指明了方向，注入强劲动力，并正踏着坚实的步伐努力推进与完善多领域、多层面的“命运共同体”。

总之，百年变局，世纪疫情，世界均在寻求最佳答案：国家的本体安全如何获得？人类本体安全的路在何方？“孔子最优”为人类本体安全寻求提供了理想性的价值目标，而“和合主义”与“孔子最优”思想一脉相承，而且还呈现出了“孔子最优”思想的现代性转换与世界性适用。中国领导人指出，和衷共济、和合共生是中华民族的历史基因，也是东方文明的精髓。因此，中国的选择是基于“和合共生”，达成“和合共建”，实现“和合共享”，这既是前进的路标，也是可行的路径，在全球安全治理领域，其展示的是获得人类本体安全可探索的蓝图，显示的是维护人类本体安全可期盼的理想。

# 目 录

## Ⅰ 总报告



## Ⅱ 专题报告



## Ⅲ 国际合作篇

# 总 报 告

General Report

## B.1

# 2021～2022年中国非传统安全发展研究*

谢贵平　章雅荻**

**摘　要：** 当前，世界形势风云激荡，人类社会在深度全球化与逆全球化相互碰撞与交织中进入经济大动荡、体系大变革、格局大调整时期，面临的各种非传统安全风险和挑战也越来越多。另外，人类所处的世界互联共存、互依共生、互济共享，各国利益相互镶嵌，安全互依互保，使得各种非传统安全更多地表现为跨国性的人类安全与公共安全。人类非传统安全治理需要树立全球安全观，建构“安全互保、风险共担、命运共同”机制，基于“和合共生”，达成“和合共治”，实现“和合共享”，才能维护全球

---

* 国家社科重大招标项目“边疆地区非传统安全法治体系研究”（项目批准号：20&ZD176）的阶段性成果。本文由浙江大学非传统安全与和平发展研究中心主任余潇枫教授、中山大学国际关系学院魏志江教授联合审阅，并惠蒙两位专家斧正，谨特致谢忱！

** 谢贵平，博士，浙江大学“求是智库”特聘研究员，浙江大学非传统安全与和平发展研究中心副主任，区域协调发展研究中心/中国西部发展研究院研究员，公共管理学院教授、博士生导师，主要从事非传统安全与全球治理、边疆非传统安全治理研究；章雅荻，博士，重庆大学新闻学院讲师，浙江大学非传统安全与和平发展研究中心兼职研究员，主要从事非传统安全与国际移民研究。

公共福祉和公共利益。

**关键词：** 非传统安全维护　和合共治　中国探索

安全是人类生存与发展的永恒话题，是人民福祉的最基本保障，是国家追求的最基本价值目标。2022 年以来的俄乌冲突是二战以来最严重的地缘政治危机，不仅给乌克兰和俄罗斯双方带来巨大损失和严重创伤，也对全球秩序和世界格局造成重大冲击，加剧了大国之间的冲突与对抗，并引发世界范围内的能源、粮食、经济、金融、民生、外交与产业链、供应链、创新链、价值链等危机，对我国也产生了深远影响。

在百年未有之大变局的当下，全球政治与安全形势变得日益复杂，一些非传统安全问题已经超越了国家边界，呈现出高度的外溢性、突发性和不确定性等特征，仅靠单一国家主体无法解决，需要国家行为体和超国家行为体、次国家行为体的协力共治。全球安全治理“需要以超越传统国家边界的方式，为实现共同的安全与稳定、和平与发展，在世界范围内由各类行为体通过沟通、协商、合作的方式以解决”[①]，传统的国家中心主义、单边主义立场和带有对抗性、排他性的“零和博弈”和安全自保理念及“篱笆墙”“防火墙”式的安全治理方式已难以有效应对新形势下人类面临的各类非传统安全威胁的新挑战，人类急需一种新的安全治理理念与体系[②]。新形势下，我们需要秉承构建人类命运共同体的思想，加强国际合作，推动和合共治，才能有利于为人类非传统安全治理贡献中国智慧与中国方案。

---

① 肖欢容、张沙沙：《全球安全治理的缘起及挑战》；《全球安全治理与中国的选择》，《世界经济与政治》2013 年第 4 期。

② Bates Gill, "The Global Security Governance System—Meeting Tomorrow's Challenges with Yesterday's Tools," *SIPRI*, 2011.

## 一　当前我国面临的主要非传统安全威胁挑战

随着共建“一带一路”的推进，中国正向全球性大国迈进，国家利益不断拓展，“我国国家安全内涵和外延比历史上任何时候都要丰富，时空领域比历史上任何时候都要宽广，内外因素比历史上任何时候都要复杂”①。国际反华和敌对势力为了全面围堵、遏制和打压我国崛起，除了在传统安全领域如政治上围堵、军事上遏制以外，在非传统安全领域尤其是经济安全、能源安全以及半导体产业链和供应链上对中国加以排斥、遏制和防范，并加强意识形态上渗透、人才上限制、科技上压制，在国际社会唱衰、抹黑、孤立、围堵与遏制中国，以激化中国国内矛盾，使得我国面临越来越多的非传统战争、非常规灾害、非常态危机、非预见风险、非敌意冲突。

### （一）能源资源与半导体产业链安全的风险和隐患

俄乌冲突危机不仅给乌克兰和俄罗斯双方带来巨大损失和严重创伤，也对全球秩序和世界格局造成重大冲击，加剧了大国之间的冲突与对抗，并引发世界范围内的能源、粮食、经济、金融、民生与产业链的风险和隐患，对我国能源和相关资源及半导体产业链安全也带来安全风险和隐患。

**1. 能源进口成本可能上升，危及我国能源安全**

除俄罗斯外，非洲、中东、南美等也是我国能源的主要供应地区。乌克兰危机爆发后，美、加、英等国禁止进口俄罗斯石油，一些西方国家企业也抵制俄罗斯石油产品。这势必就需要跟其他产油大国合作增加石油天然气等开采量并竭力控制这些能源，造成相关国家能源需求急剧上升，进一步导致能源价格上涨。我国是石油天然气等能源进口大国，能源价格提升，势必会危及我国能源安全。

---

① 《安邦定国 重温习近平“总体国家安全观”的中国意蕴》，人民网，http://politics.people.com.cn/n1/2020/0415/c1001-31674996.html。

2. 对我国半导体产业原材料供应及产业链发展带来不利影响

电子特气被称为现代电子工业的血液，主要应用在半导体、液晶显示、晶硅太阳能电池、光纤等领域。乌克兰是全球半导体原材料气体氖、氩、氪、氙等供应大国，特别是世界上最大的氖气供应商（约占70%）。市调机构 Techcet 在 2020 年的一份报告中强调，许多半导体制造商依赖来自俄罗斯和乌克兰的材料，如氖、钯等。俄乌危机的持续紧张势必推高半导体原材料的价格（目前我国氖气价格已从 2021 年 10 月的 400 元/$m^3$ 上涨到目前超过 1600 元/$m^3$）。我国 95%的氦气靠进口，全球具备氦气出口能力的国家主要是美国、俄罗斯、波兰、卡塔尔和阿尔及利亚，俄罗斯还是铜、铝、锌、镍等有色金属的生产和出口大国。俄乌冲突间接推高我国以半导体技术为核心的计算机、集成电路、移动电话、数字设备等产业在发展过程中的成本。

## （二）“一带一路”与我国海外利益保护面临的非传统安全威胁

据商务部统计，截至 2020 年年底，中国 2.8 万家境内投资者在国（境）外共设立对外直接投资企业 4.5 万家，分布在全球 189 个国家（地区），境外企业资产总额 7.9 万亿美元，对外直接投资累计净额 25806.6 亿美元。[①] 我国海外华人包括华侨、留学生、中资企业驻外人员、在外务工人员、国家驻外官员、公务员及家属，各类短期出境人员等。根据 2019 年《华侨华人蓝皮书》，全球有 6000 多万华侨华人，广泛分布在各大洲 160 多个国家和地区，其中，身在海外的留学生大约 142 万人，务工人员大约 70 万人。[②] 随着共建“一带一路”的推进，中国由区域性大国向全球性大国迈进中，中国海外利益和人员安全也面临越来越多的非传统安全挑战。

1. “一带一路”沿线国家多处中高风险的暴恐袭击频发地带

“一带一路”所经过的中亚、南亚、西亚、北非和东南亚地区多为发展

① 《2020 年度中国对外直接投资统计公报》，搜狐网，https://www.sohu.com/a/493881486_120773858。

② 《2019 年〈华侨华人蓝皮书〉发布》，中国日报网，https://cn.chinadaily.com.cn/a/201912/20/WS5dfca964a31099ab995f2da0.html。

中国家，民族宗教问题复杂，教派冲突严重，社会矛盾众多，派系势力盘根错节，政局更迭频繁，法治环境欠缺，政府效率低下，暴恐袭击频繁。“一带一路”倡议的推进线路与恐怖袭击高发、频发区域高度重合。仅2020年非洲就发生了4096次恐怖袭击，非洲极端组织共参与了4161起暴力事件。2013~2019年，全球共发生1.7万起恐怖袭击，其中在“一带一路”沿线国家发生的恐怖袭击事件占比超过50%。[①] 截至目前，我国与40多个非洲国家及非盟委员会签署了共建“一带一路”的合作文件。当前，非洲地区失业率居高不下，物资短缺，经济发展滞缓，国际暴恐势力迅猛发展；域外大国介入和干预非洲事务引发动荡，经济援助骤减加剧了非洲动乱，我国的善举极易成为攻击的目标。未来我国在“一带一路”沿线国家和地区的企业、工厂、商城、工程项目与人员将可能面临越来越多的威胁。

### 2. 国际恐怖组织可能主动对“一带一路”沿线国家的我国工程、工厂、企业、商城和人员发动恐怖袭击

目前，美国已撤军阿富汗，部分恐怖组织仍活跃在阿富汗、叙利亚、伊拉克等地，一些恐怖组织加速向非洲、东南亚等地渗透。中巴经济走廊是我国海外共建“一带一路”的样板工程，也是陆上重要的能源战略通道。中国对中巴经济走廊建设投入已超过620亿美元，目前已进入高质量发展的第二阶段。巴基斯坦俾路支及信德省民族分离主义暴恐势力一贯对中巴经济走廊项目工程建设表示不满和抗议。如2022年4月26日，巴基斯坦南部城市卡拉奇大学校园内的一辆面包车遭恐怖袭击，造成3名中国公民及巴基斯坦司机死亡。

### 3. 全球疫情危机增添了“一带一路”沿线我国人员与海外利益遭受暴恐袭击的概率

受全球疫情危机影响，当前部分“一带一路”沿线国家物资短缺，经济衰退，失业率居高不下，贫困人群日益增多，为骚乱、内乱尤其是

---

① 李云龙、王千、金如和：《中国海外利益当前面临的安全风险与对策》，中国论文网，https：//www. xzbu. com/2/view-15218165. htm。

恐怖主义的发展提供了深厚的土壤和环境。在这些国家，当地的中资机构与人员很容易被认定为是有价值的恐袭目标，而恐怖组织为其自身的发展和利益则会选择恐怖袭击方式来获得更多的钱财和资源。自2021年以来，在南非、刚果金、尼日利亚、孟加拉等国，针对中方人员、商铺、工厂的谋杀、抢劫、绑架等恶性刑事案件屡有发生；在吉尔吉斯斯坦、泰国、印尼、尼日利亚等国出现大规模的社会抗议、政府更迭、打砸抢烧等群体性事件。此外，中资企业在“一带一路”沿线部分国家开展的捐助、援建等活动也让极端组织认为绑架中方人员和袭击中资企业会勒索到更多的钱财。一些极端组织在绑架中资企业员工后发现中资企业缴纳赎金比其他国家更多也更快，进而逐渐形成了其对中方实施绑架、要赎金、放人、再绑架的恶性循环。

4. “一带一路”沿线多国面临政局动荡、政权交替、颜色革命、战争等风险可能会威胁我国海外利益和人员安全

“一带一路”沿线国家中，约30%的国家发生过政局动荡，8个国家长期处于战乱状态，23个国家内政遭受别国严重干涉。① 尤其是俄乌冲突对我国在欧洲的“一带一路”建设与海外利益产生威胁。一是我国在乌克兰的投资遭受重大损失。俄乌两国都是中国的重要贸易伙伴，且中国在俄乌两国都有大量投资项目和各类人员。根据乌克兰国家统计署数据，2021年在乌的中资企业有54家，主要集中在能源、通信、电子产品、交通、基础设施、农业、加工业和制造业。据中国商务部统计，2021年前11个月，中资企业在乌新签承包工程合同额达66.4亿美元。② 受乌克兰危机影响，目前中方所有项目被迫停止。二是我国在俄罗斯的投资和贸易面临巨大风险。中国海关总署2022年5月发布的统计数据显示，1-4月，中国对俄出口额为202.41亿美元，增长11.3%；中国自俄进口额为308.52亿美元，增长

① 李云龙、王千、金如和：《中国海外利益当前面临的安全风险与对策》，中国论文网，https：//www.xzbu.com/2/view-15218165.htm。

② 《当前中央企业经济形势、困难与重点》，腾讯新闻，https：//new.qq.com/omn/20220420/20220420A0BFQL00.html。

37.8%。4月，中俄贸易额为126.91亿美元，其中，中国对俄出口额为38.01亿美元，中国自俄进口额为88.90亿美元。[①] 受西方国家制裁的影响，俄罗斯的外汇储备急剧降低，对外支付能力下降，我国在俄的投资将面临大量的支付风险，外贸财务坏账、败账增长风险加剧。三是我国在欧洲的营商环境恶化。乌克兰是我国进入欧洲的重要门户和“一带一路”倡议的正式成员国，乌克兰危机导致乌基础设施和网络大规模瘫痪，重要的跨国物流如黑海航线和欧亚大陆铁路和公路运输等受到严重冲击。乌克兰危机叠加疫情危机和大国地缘政治博弈，导致欧洲地区经济增长率下调、通货膨胀加剧，增加了当地我国企业的经营成本。我国对待乌克兰危机的态度立场让我国在欧企业处于不利的国际舆论之中，西方反华势力可能通过挑拨欧洲国家与我国的关系并策划反华、排华事件，扰乱和破坏我国在欧企业的生产和经营。中国“一带一路”建设在欧洲段线路由于乌克兰危机而不得不暂停和更改，过境或直达乌克兰的中欧班列被迫做出调整。

### （三）公共卫生安全领域面临的威胁

人类发展史也是一部抗击疾病、战胜灾难的全球公共卫生安全事业的发展史。从“黑死病”的消亡，到战胜天花、霍乱、疟疾等疾病，再到抗击癌症、艾滋病、非典、禽流感、埃博拉病毒、中东呼吸综合征等人类共同付出了不懈的努力。

当前，世界正经历前所未有的困难，几乎所有国家都受到新冠肺炎疫情的严重困扰。就国际社会而言，根据worldometer网站实时统计数据，截至北京时间2022年7月10日14时29分，全球累计确诊新冠肺炎病例550738234例，累计死亡病例6354908例。全球单日新增确诊病例668744例，新增死亡病例986例。数据显示，意大利、德国、日本、美国、巴西、澳大利亚、墨西哥、塞浦路斯、印度、韩国是新增确诊病例前十个国家。其

① 《俄乌冲突影响中国外贸有效应对冲击把握更多机遇》，东方财富网，https://futures.eastmoney.com/a/202207122446574029.html。

中，美国截至当地时间 2022 年 7 月 9 日，累计新冠肺炎死亡病例已达 1045782 例，累计确诊病例 90314718 例。

总体而言，虽然新冠肺炎死亡率在世界许多地方都有所下降，但病毒仍在继续变异传播，尤其是周边国家和地区仍在高位运行，境外输入风险加大。“外防输入、内防反弹”的任务依然艰巨，若防控不当则会严重影响社会稳定。

### （四）生物安全领域面临的威胁

生物安全关涉一国民众生命健康、社会稳定、总体国家安全乃至民族生死存亡与人类安全。生物安全威胁主体多、威胁来源广、复杂程度高、影响范围大、持续时间久、防控难度大，严重危害中国国民健康与生命安全，破坏生态环境，冲击产业发展，激发社会恐慌，甚至会引发全球性灾难。

1. 非传统战争——“生物战”

长期以来，一些国家在全球多地部署了军事生物实验室。随着现代计算网络、合成生物、基因编辑、纳米技术、DNA 测序与重组技术等生物科技的迅猛发展和颠覆性突破，许多颠覆传统形态、具有重大军事意义的新型生物科技出现，极大地改变了传统国家之间的生物博弈和对抗的形态、手段与方式，大国之间的生物博弈和对抗正朝着数据化、非接触、不对称、特定靶向、隐形致命、不留痕迹、难以查证的方向发展。一是人工合成生物技术的快速发展，能够短时间、低成本“复活”致命性病毒，甚至制造出具有巨大杀伤力和传播效应的生物武器。二是计算机网络科技迅猛发展使得系统性的网络生物攻击如虎添翼。三是生物黑客（Biohacking）可通过基因编辑与计算机网络交叉，凭借无实际接触的远程的 DNA 分子子串及其序列信息篡改，超越原材料、设备、空间等传统物理因素，实现特定目标的精准网络生物攻击。我国面临隐形的新兴网络生物战、生物战略博弈和生物敏感数据被盗等巨大风险和严峻挑战。

2. “生物恐怖主义”

目前可用于生物战剂与生物武器的微生物 50 种、生物战剂 27 种。敌对势力可利用有害微生物、病毒病菌、烈性传染病、新合成病原体隐蔽性强、致害性高、破坏性大、爆发性快等特点，转换成细菌类、病毒类、真菌类等充当生物战剂，发动病毒战或推行生物恐怖主义，对他国特定领域和目标造成致命性、摧毁性破坏。敌对势力与恐怖组织可以通过国际贸易、跨国邮快递、人体携带、行李托运、交通工具等隐蔽方式将烈性传染病、生物病毒载体、炭疽芽孢杆菌、天花病毒、肉毒素等生物战剂等，隐藏在容器中、封装在体积很小的包装内或伪装成药品、日用品，潜藏在国际邮包、个人携带物或货物中偷运入境。一旦成功入境，将会对我国的生态环境造成巨大破坏和灾难。

### （五）人工智能、网络与数据安全领域面临的威胁

#### 1. 人工智能极易被军事化

“人工智能技术和计算能力的每一次进步都会增加全球安全的风险水平”[①]。新一轮科技革命、产业革命和大国军事革命和战略竞争共同推动了战争形态加速向信息化战争演变。基于算法、数据、人工智能的快速发展催生的新型智能化战争，将实现人类战争从冷兵器战争、热兵器战争、机械化战争、信息化战争向智能化战争的转变，将全面颠覆已有的战争逻辑与战争形式。智能化载荷、智能化平台、智能化系统等构成的新型作战力量，将催生无人蜂群战、认知控制战、智能算法战等新型作战样式，夺取“制智权”将成为战争制权新的制高点。过去，制陆权、制海权、制空权、制信息权是战争制权争夺的核心，而“制智权”将成为未来战争制权争夺的核心，智能主导、自主驭能、以智谋胜将成为智能化战争的基本法则。“制智权”的争夺，集中体现为“算法+数据+认知”的综合较量。“算法即战法，软件定义战争”将成为智能化战争的鲜明特征。算法占据优势的一方可精确模拟作战场景、精准估算作战结果、最大化推演优选作战方案，为实现未战先胜提供有力手段，“谁的算法先进，谁就能占据制胜先机”成为新的战争制胜

① Yvonne R. Masakowski, *Artificial Intelligence and Global Security*, Emerald, 2020.

规律。数据是智能化时代众多颠覆性技术群的核心资源，掌握数据、分析数据、争夺数据，并将数据运用于战争之中，成为智能化战争的制胜关键。

计算机科技与网络信息及数字技术在各行业的迅猛发展和广泛应用促进了数字化、智能化时代的到来，相关科技部门和企业乃至管理部门掌握了海量的人脸和相关数据信息。这些人脸和相关数据信息作为生产和管理要素参与企业运作和社会管理，不仅关涉国计民生、经济发展、社会稳定乃至总体国家安全，而且一直是境外间谍情报机构等觊觎的目标，一旦这些人脸和相关数据信息被用于战争，相关目标群体及其家属不仅极易成为心理战的震慑对象，而且极易被精准暗杀、策反和利用。

2. 网络攻击

近年来，越来越多的国家将网络空间视作国家间战略博弈的新高地，各主要国家纷纷加大对网络间谍活动投入，间谍活动网络化、网络战略系统化趋势明显。根据国家计算机网络应急技术处理协调中心数据，我国持续遭受来自“方程式组织”“APT28”“蔓灵花”“海莲花”“黑店”“白金”等 30 余个境外 APT 组织的网络窃密攻击，具体手段如植入“木马”或“僵尸”程序、散播勒索病毒、DDOS 攻击、扫描安全漏洞和弱密码等。早在 2019 年，我国共捕获计算机恶意程序样本数量就超过 6200 万个，日均传播次数达 824 万余次，共涉及计算机恶意程序家族 66 万余个。[①] 我国境内受攻击的 IP 地址约 6762 万个，约占我国 IP 地址总数的 18.3%。[②] 近年来，我国遭受境外敌对势力的网络攻击主要表现如下。

一是敌对和恐怖势力及黑客对我国重要和敏感单位发动网络攻击。境外间谍情报机关曾向我航空公司网络设备植入特种“木马”程序窃取数据信息；境外 APT 组织使用特种“木马”程序攻击我航空系统计算机设备；使

---

① 《国家互联网应急中心：2019 年捕获计算机恶意程序样本超 6200 万个 日均传播次数达 824 万余次》，中穆青年网，http：//www. muslem. net. cn/bbs/qianyankeji/2020/08/12/14945. html。

② 《国家互联网应急中心：2019 年中国遭受恶意程序攻击半数来自美国》，维科网，https：//mp. ofweek. com/security/a756714461077。

用网络武器攻击我国航空企业，并定向攻击系统开发人员的网络。据国家安全部透露，2020 年 1 月，某航空公司信息系统遭境外间谍情报机关网络武器攻击，部分乘客出行记录等数据被窃取。网络间谍针对我政府及电信实体使用黑客软件进行攻击。在我国重大会议和活动期间，某国针对我国重要敏感单位的关键信息系统、业务系统以及重要基础设施，使用网站后门、网络扫描等手段开展网络攻击。

二是我国数字安防系统面临网络攻击威胁。敌对和恐怖势力及黑客可通过 DDOS 攻击、勒索病毒、钓鱼攻击、爬虫抓取信息等方式展开网络攻击，可实现摧毁安防系统、瓦解社会治安防控体系、瘫痪社会管理机制、攻击其他业务系统及网络、勒索钱财等目的。还可以通过侵入安防系统控制监控摄像机，用来监视重点人员和涉密人员、监控敏感区域和涉密区域，实现获取情报、精确打击等目的。敌对势力攻击我国高科技公司，意图获得商业机密、使我国安防系统瘫痪。近年来，我国电信超 2 亿条用户信息被卖，微博 5. 38 亿用户数据在暗网出售。①

三是我国举办重大国际赛事和重要国事时经常遭受境外网络攻击。网络黑客利用重大国际赛事发起网络攻击已极为普遍。2008 年北京奥运会期间，我国网络每日被攻击高达 1200 万次；2012 年伦敦夏季奥运会期间遭受 23 亿次攻击；2018 年韩国平昌冬季奥运会开幕式当天发生世界级网络安全事故，约发生 6 亿次未遂的网络攻击；2022 年北京冬奥会测试赛期间累计处置网络安全事件 300 余个。②

相关系统网络防护薄弱遭遇网络攻击，一是会摧毁机关企事业单位作为重要技术防护手段的安防设备设施，导致网络瘫痪、系统崩溃、设备停摆、功能丧失，军队、高校、科研机构、国企等丧失技防屏障；二是会瓦解社会治安防控体系，由于路面、街道、建筑群落等区域安防设备设施的瘫痪，违

---

① 《2020 年全球数据泄露大事件盘点：数据“裸奔”代价沉重》，腾讯新闻，https：//new. qq. com/omn/20210105/20210105A0G40F00. html。

② 《盘点：2008 年以来针对奥运会的网络事件》，安全内参，https：//www. secrss. com/articles/30405。

法犯罪案件将大幅增加，严重危害社会公共安全；三是会瘫痪社会管理机制，如公安交警无法处置交通违法行为、预警道路交通拥堵，银行无法确保资金安全、识别从事金融活动的人员信息；四是会将计算机病毒通过安防网络传播至互联网，危害国家网络安全；五是会采用加密技术锁定系统数据，向被攻击单位甚至国家勒索巨额赎金方可恢复系统或重新获取访问权。

3. 数据安全

（1）我国面临数据政治化、安全化的战略挤压

随着信息化的快速发展，数据已成为经济、社会与国家运行中的基础生产要素，围绕数据的保存、使用、标准、话语、技术及战略的对抗和博弈已经成为国际博弈的重要内容。当前，世界主要经济体都已明确将数据视为国家安全与发展的“战略性资产”，对关键敏感数据的保护及限制出入境已经上升为数据安全战略。如英国制定的《国家数据战略》（2020），欧盟制定的《欧盟数据战略》（2020），美国制定的《联邦数据战略与2020年行动计划》、《国防部数据战略》（2020）、《国防部创造数据优势》（2021）等。我国近年虽有《促进大数据发展行动纲要》《国家信息化发展战略纲要》《“十四五”大数据产业发展规划》《“十四五”数字经济发展规划》等数字中长期规划，但清晰明确的“数据战略”仍有待完善。我国在数字化过程中，面临愈加严峻的数据大国数据政治化、安全化的挑战。

（2）我国相关公司境外上市可能造成大量重要、敏感数据信息出境，威胁国家安全

2020年12月美国颁布的《外国公司问责法》（HFCAA法案）要求在美上市公司披露额外信息，包括依照美国证券交易委员会的审计标准提供审计报告包含审计底稿（包括相关的原始票据，以用来交叉验证审计报告的真实性），需要提供公司在网络安全信息基础的相关信息，包括基础设施采购的具体信息。该法规定，如果外国公司连续三年未能通过美国公众公司会计监督委员会的审计，将被禁止在美国任何交易所上市。美国《萨宾斯—奥克利法案》要求上市公司需要在审计报告中提供“内部控制”内容，包括网络活动、数据库活动、系统登入活动、账号活动、用户活动以及信息接入

的参数和条件等。这些强权规定极易造成我国相关公司大量重要、敏感数据信息出境，让美国相关部门极易获取我国在美国上市的公司的重要敏感数据，严重威胁我国总体国家安全。

此外，因管理疏漏，私自调阅、拷贝、存储、传播、拍摄监控视频和图像等行为，也易造成数据信息泄露，不但暴露个人隐私，而且可能因为机密信息的泄露对国家安全造成严重危害。由于我国机关企事业单位数量众多、占地面积大、楼宇建筑结构复杂，很难避免工作人员或外来人员为实现非法目的而私自调阅、拷贝、存储、传播、拍摄监控视频和图像，一旦视频监控资料泄露并在互联网传播，一是侵害个人隐私、危害个人信息安全，可能会引发网络“人肉搜索”视频图像中的人员，对其造成舆论和精神双重伤害，还可能会通过其生物识别信息侵害其个人财产权益；二是泄露国家秘密、危害国家安全，通过对泄露的监控视频画面进行图像处理、信息提取、大数据比对、背景分析，可能会获取国家正在推进的重大或绝密项目研发进度、实施进展、参与人员、工作规律、保密措施、实验室门禁密码、技术资料等关键情报，会危及我国相关领域的国家安全。

### （六）人口安全的风险和隐患

人口安全是指一个国家的综合国力和国家安全不因人口问题而受损害，能够避免或化解人口方面可能出现的局部性或全局性危机。2017 年，中国人口增加了 737 万人；2018 年，增加了 530 万人；2019 年，增加了 467 万人；2020 年，只增加了 204 万人。根据国家统计局 2021 年 11 月 29 日发布的《中国统计年鉴 2021》，2020 年全国人口出生率为 8.52‰，首次跌破 10‰，而同期人口自然增长率仅为 1.45‰。[①] 2021 年出生率仍在继续下降。出生率如果持续下降，那么则意味着人口负增长，人口萎缩形势严峻，低生育、少子化、老龄化、人口结构失衡的风险加剧。

---

① 《2021 年全国人口净增长 48 万，2020 年全国净增人口 204 万》，腾讯新闻，https：//new. qq. com/omn/20220117/20220117A05HZP00. html。

人口规模萎缩带来的风险主要有三个方面：一是劳动力严重短缺。2012年以来，我国劳动年龄人口（15岁到64岁）每年减少几百万，已累计减少4000万以上。根据目前的发展趋势，我国劳动年龄人口近年来每年下降1000万，从而造成劳动力短缺，进而影响中国的经济发展。而更少的劳动力可能意味着更高的工资，这对于制造业来说，可能意味着出口放缓，阻碍中国未来经济增长。人口发展规律表明，一旦人口年龄结构失衡，即便是人口大国也会遭遇劳动力短缺困境，甚至人力短缺从制造业开始波及服务业等各行各业，人力资源依托型的经济增长将难以为继。近年来，沿海地区，如深圳、广西等地已经出现严重的“用工荒”现象。

二是老龄化问题凸显。第七次人口普查数据显示，我国老龄化进程明显加快，2020年我国65岁及以上人口数约1.75亿；预计到2025年，60岁及以上人口所占比例将达到33%①，我国将正式进入老龄社会，或将成为全球老龄化程度最高的国家。未来三十年，我国人口年龄结构老龄化的进程还将进一步加深。老龄化使得医疗卫生保健费用在家庭支出和整体GDP中所占比重都会上升，抚养比也将同时升高。老龄化的加剧对社会养老保险体系的可持续性带来挑战，与此同时，老龄化往往也会降低技术创新的活力。

三是人口代际转型出现不平衡趋势。以每十年合计，进入20世纪90年代之后，年出生人口数开始逐步下滑，“90后”出生人口数为21066万人，相比“80后”减少了1172万人；到“00后”和“10后”，出生人口总数进一步出现了大幅减少，仅分别为16330万人和16306万人，相比“80后”减少了大约5900万人。如果代际人口数量变化不大的话，那么人口代际转型总体上会呈现有进有出的动态平衡，经济社会发展仍将维持常态。然而，当代际人口数量差异较大时，代际转型就可能打破原有平衡，推动经济社会进入“非常态”发展。

① 《2022年左右中国将进入老龄社会 2025年65岁及以上老年人将超2亿》，中商情报网，https：//www.askci.com/news/chanye/20200619/1732091162232.shtml。

## （七）粮食安全的风险和隐患

“民以食为天，食以安为先”，粮食安全是国家安全的重要基础，保障粮食安全是国之大者。近年来我国粮食耕地面积不断减少，耕地质量日益下降，自 2014 年开始我国就成为世界第一粮食进口大国，加之受全球疫情危机、俄乌冲突及反华敌对国家对我国粮食安全的蓄意、敌意破坏，当下及未来我国粮食安全面临严峻挑战。

1. 耕地面积不断缩小

据统计，1957~1996 年，我国耕地年均净减少超过 600 万亩；1996~2008 年，年均净减少超过 1000 万亩；2009~2019 年，年均净减少超过 1100 万亩。根据 2021 年 8 月 25 日国家统计局最新发布的《第三次全国国土调查主要数据公报》，我国现有的粮食耕地共 12786. 19 万公顷（19. 18 亿亩），人均 1. 36 亩。据遥感监测数据，现有耕地中，真正种粮的面积约占七成，其余为经济作物、园地、林地、休耕地等。由此可见，我国耕地虽然守住了 18 万亿亩耕地红线，但是由于公路、铁路、城市绿化等基础设施建设还需要占用一部分耕地，耕地面积仍呈现出不断减少的趋势。

2. 耕地质量不断下降

在农业生产中，为了满足提高产量的现实需要，农户长期大量使用化肥、农药，从而导致耕地质量退化严重。农户对土地多年的高强度利用与不合理的耕作方式及土壤侵蚀，也会降低土地质量，如我国东北黑土近年来就严重退化，土壤有机质下降，平均每 10 年下降 0. 6~1. 4g/kg，导致农作物的钙、铁等矿物质流失，不少黑土区旱地土质硬化、土壤板结、蓄水能力下降。

3. 粮食进口面临挑战

2021 年我国进口粮食高达 1. 65 亿吨，大豆进口接近 1 亿吨，我国大豆自产不到 2000 万吨，自给率不足 20%。① 乌克兰与俄罗斯是当今世界最重

① 《我国粮食产量超过 6. 8 亿吨，加上进口，人均“占有量”近 1200 斤》，网易新闻，https：//www. 163. com/dy/article/GQKC4RSR0517BT3G. html。

要的粮油产区之一，并且都是全球粮食出口大国，俄乌两国仅小麦和玉米的出口总量就分别约占全球份额的 20%和 30%。随着俄乌战争局势趋紧，目前乌克兰对农副产品实行了出口管制，这一举措加大了全球粮食供给和贸易的不确定性。匈牙利、阿根廷、土耳其等多个粮食出口国先后宣布粮食出口禁令，再一次推高了全球粮食价格。当前国际大豆、菜籽、油脂、玉米、小麦等价格均已临近或触及 10 年高位。俄乌冲突加剧，将令全球油脂油料及谷物的供应和出口更加紧张，并通过成本传导或进口缺口传导至国内价格。2022 年受俄乌战争、南美干旱及国际贸易环境复杂多变等因素影响，全球小麦、大豆价格近期大幅上涨，我国粮食进口稳定性将面临巨大挑战。他国对粮食出口进行限制必然会增大我国粮食进口的压力和安全风险。

4. 粮食安全面临威胁

长期以来，美国通过转基因作物和产品及技术渗透、有害生物“入侵”和病毒疫情传播等方式手段，企图破坏我国粮食产业结构、削弱我国粮食自给能力、封堵我国粮食进口的多元渠道，从而威胁我国粮食安全：通过“生物战”破坏我国粮食生产，通过“舆论战”抹黑我国粮食进口，利用“法律战”干预我国粮食政策，通过“种子战”削弱我国粮食的自给能力，通过“价格战”操纵国际粮价、打击我国粮食生产和垄断我国粮食进口。此外，规模化种植和养殖、以饲料替代谷物也导致各类农副产品普遍存在抗生素、激素残留，降低了农产品的质量。

## 二　新时期非传统安全的特征与我国非传统安全治理存在的问题

随着深度全球化和现代科学技术的迅猛发展，各国交往日益密切，安全的内涵日益丰富，安全的外延不断拓展，加之大国国家安全战略的升级转变，传统安全与非传统安全的边界日益模糊，并呈现出一些新的特征，传统安全治理理念、模式与方式已越来越难以适应新形势下的新情况，给我国非传统安全治理带来诸多的困境和挑战。

## （一）新时期非传统安全的主要特征

### 1. 传统安全的“非传统化”

一是安全内容的“非传统化”。如一些西方国家从传统的直接的军事入侵与领土掠夺转向了政治干预与经济掌控，多采取“政治先行、军事殿后，贸易开路、军舰护后”的安全战略，各类区域性、国际性与全球性的非传统安全越来越成为总体国家安全的重要内容。

二是安全形式的“非传统化”。首先是“非军事化”，随着现代科技的迅猛发展，传统的战争形态、手段、方式已经发生极大改变，现代化混合战争已不再只是军事领域的单一维度对抗，而是延伸至经济、科技、文化及社会等多领域的多维对抗。如“网络军队”可以通过对虚拟空间的网络攻击瘫痪目标国的实体空间目标。其次是“低政治化”。安全的指涉对象扩展到了空气、水、环境、能源、食品、公共卫生、信息、网络等“低政治”领域，而且这些“低政治”领域的安全问题经常性地进入国家的重要安全议程。最后是“非对称化”，恐怖主义袭击、海盗猖獗、跨国有组织犯罪、网络攻击等都是非国家行为体对国家行为体的“非对称”式的挑战，也带来了国家安全维护上“非对称安全”的难题。

三是安全结果的“非传统化”。相对于传统安全具有相对明确的威胁对象而言，非传统安全则难以有相对明确的威胁对象，安全结果更多的是针对不特定人群的“普遍性危害”。以“金融战”为例，一场“金融风暴”席卷全球，绝大多数国家与民众深受其害；再以“恐怖主义”为例，恐怖行为往往滥杀无辜平民，引发普遍恐慌；更使整个世界与无数民众均被卷入灾难深重的困境之中。有的非传统安全问题甚至还是一种具有未来可能性的“不知的未知风险”（unknown-unknown risk），它的危害可以是跨越“代际”的，因而其破坏性后果更是难以估量的。[①]

---

① 余潇枫：《跨越边界：人类安全的现实挑战与未来图景——统筹传统安全与非传统安全解析》，《国家治理周刊》2022 年 6 月。

2.传统安全与非传统安全相互交织、相互转换、互为目的和手段

一是传统安全与非传统安全相互交织。如应对非传统安全中的恐怖主义袭击，就需要动用军事力量进行打击与防控；保护中国海上商贸航线上的商船、打击沿线的海盗就需要动用远洋海军；打击各类跨国非法武器贩运及毒品贩卖等有组织犯罪在特定情况下也多需要动用军事力量进行有效参与。

二是传统安全与非传统安全威胁互为转换。首先，传统安全威胁可以转变为非传统安全威胁。如美国在越南战争中向越南北部地区山林喷洒俗称为“橙剂”的落叶剂（以及失能性毒剂：BZ 毒剂、CS 刺激剂等），以求能够发现隐藏在森林和草丛中的越共军队。结果大面积的植物在生长期便落叶死亡，众多野生动物栖息地遭到破坏，土地和水中含有大量有毒成分，进而导致了严重的生态灾害与人体灾难。其次，非传统安全威胁可以转变为传统安全威胁。如涉密数据和血液基因样本跨境流动等一旦被军事化，则可能被转化为智能化战争和基因战的武器，这类非传统安全威胁将朝着非传统、隐形、致命、快速、不留痕迹、难以查证的方向发展。

三是传统安全与非传统安全互为目的和手段。首先，可以用传统安全手段达到非传统安全目的。如军队也可用于海上护航、人道主义救援、抗险救灾等。其次，可以用非传统安全手段达到传统安全目的。如一些国家企图以“贸易战”“金融战”“资源战”“科技战”“信息战”“认知战”“颜色革命”等非传统安全手段达到来实现其传统安全本来想要实现或者本来难以实现的目标，即遏制、打压和破坏其他国家发展与崛起及安全稳定甚至分裂和瓦解其他国家。

3.非传统安全问题极其复杂

一是安全场域的复杂性。各种非传统安全问题、风险、隐患、危机与威胁涵盖政治、经济、文化、社会等不同领域，中亚、南亚、东南亚、东北亚以及我国边疆地区等不同地域，区域性、国际性与全球性不同层次，关涉地缘、认同、利益、网络、话语、价值等不同场域。

二是安全威胁的多态性。非传统安全问题不仅与风险、危机、紧急状态、日常生存性威胁相关联，还与自然灾害、突发公共卫生事件、事故灾

难、领土纠纷、军事冲突及重大突发社会群体性安全事件相缠绕。显在危机与潜在危机并存，常态危机与非常态危机共生，这些不同形态的危机有时相互诱发与交替转化。

三是威胁主体的多元性。制造非传统安全威胁的主体可以是国家行为体与非国家行为体、有组织行为体与无组织行为体、集体与个人，有的威胁主体清晰明确，如国家之间的冲突与对抗；有的威胁主体模糊，如民族冲突或恐怖主义威胁，常由特定群体针对国家主权机构或非国家主权机构发动袭击破坏，而威胁对象则包括个人、社会、组织、民族、国家与国际社会等。

四是诱发因素的交互性。首先，受境外国家和地区非传统安全问题的影响而激化了国内社会矛盾。其次，国内社会矛盾不能妥善解决而招致国外势力的渗透、介入而引发非传统安全问题。

五是破坏过程的联动性。首先，境内外联动进行分裂破坏。如“疆独”“藏独”“港独”“台独”势力内外勾连进行的分裂破坏活动等。其次，境内外分裂势力与国际反华、敌对势力的联动进行破坏。如国际反华、敌对势力直接或间接参与策划支持境内外分裂势力的分裂破坏活动，境内外分裂势力主动寻求国际反华、敌对势力的资金、政策与舆论等支持，共同推动所谓的“西藏问题”“新疆问题”等国际化等。

六是威胁影响的多向性。在深度全球化时代，人流、物流、信息流、交通工具等在全球范围内高频次流动，使得各国利益镶嵌、安危与共、命运共同。国际非传统安全威胁会影响到我国国内，我国的非传统安全威胁也会外溢至国际社会，此外，我国国内边疆地区与内地的非传统安全威胁也是相互影响。

## （二）非传统安全治理存在的问题

### 1. 社会共识不到位

受跨国垄断资本、国际主流舆论的误导以及基础理论研究和政策研究的不足，我国一些掌握话语的利益相关者或长期得到外国资金的支持，压制对异常现象的讨论。加之长期以来由于非传统安全及其治理的系统研究和科普教育的相对不足，一些民众对非传统安全的历史和现状及未来发展趋势缺少清醒认知，缺少非传统安全威胁的忧患和危机意识；国民多对农业安全、环境安全、食品药品安全及现代生物技术、新型军事技术应用风险严重性认知不足甚至茫然无知，对事故造成或敌对势力可能发动的非传统挑战等缺乏警惕与防范。另外，非传统安全威胁无形的、潜在的乃至代际性的巨大危害，往往难以被民众所认知，或决策者认知不到位，难以及时进入国家治理的决策视域，极易延误及时发现和预警预防重大危机和错失治理的最佳时机，从而造成难以估量的损失和损害，也给非传统安全治理实践带来诸多难题与困境。

2. 战略储备不充分

各类非传统安全挑战本身具有发展快、形式多样、复合性强、隐蔽性强等特点，全球一体化快速发展加大了非传统安全问题跨国传播与蔓延的速度，跨国犯罪的组织化、多样化、专业化、智能化、隐蔽化程度越来越高，也增添了各类非传统安全问题的复杂性和动态性，对其追踪与评估也是一项艰难的工作。我国在面对新型复合型国家安全挑战时，相应的认知、战略与行动常常是被动与滞后的：政府战略认知不足，敏锐意识不强，政策制定失策，管理监测不力，法制建设滞后，技术能力欠缺，安全产品匮乏，社会救助欠缺、理论研究滞后。

3. 攻防体系不对称

非传统安全威胁的实施主体通常是组织化、多样化、专业化、智能化、隐蔽化程度越来越高，有些非传统安全威胁并非领土与主权之争，而是一种隐蔽的利益争夺与综合国力的博弈。它们能以非军事、非武力、非对称、非杀伤、非暴力、不流血等方式，给受攻击国带来巨大灾害和各种人道主义灾难，甚至造成全民乃至代际侵害。如生物战、基因战等，隐蔽性强、致害性高、破坏性大、爆发性快，以较小成本引发大规模的人和动植物疫病疫情，对他国特定领域和目标造成致命性、摧毁性破坏与灾难，极易大量消耗国家战略资源和意志。而我国情报预报、预警预防与应急处置非传统安全风险、威胁、危机的体系建构有待完善。

4. 应对过程易失控

非传统安全威胁相互转化、交替出现或同时爆发，加之威胁形成的历史渐进性与爆发时间、地点的随机性，导致局部性预防与应急响应难以奏效，或者应对过程还常引发衍生性的系列风险：常态危机应对失当而引发复合性、系统性和异质性冲突的危机。如连续性暴恐袭击而引发民族间隔阂乃至对立、社会撕裂的边疆治理危机，关键性资源崩溃而引发社会安全危机，一些社会矛盾解决的动机、手段和方式失当，极易使社会矛盾复杂化、尖锐化，若被国内外敌对势力所利用，则极易由常态危机转化为恶性的非常态危机；政府部门、权力机关与民众在“维稳”与“维权”的过程中，一些由政府决策不合理或执行部门执法不当或失当等引发不断增多的非敌意冲突。如政府难以有效或不当、失当解决多发性公共危害而引发人们对政府公信力质疑的危机，权力不当行使而导致的社会矛盾普遍激化的行政危机等。

5. 国际合作难展开

近年来，一些国家将我国看作对现有国际秩序的挑战者，把我国视为最重要的竞争对手和假想敌。周边一些国家对于我国的“崛起”表示出某种程度的担忧，对我国大多抱有疑虑、防范与戒备心理，我国的和平外交政策极易被他国利用，使得非传统安全的国际合作治理面临诸多难题和困境。非传统安全的一个显著特征就是影响范围的跨国性、整体性、公共性、突发性、多变性、复合性、交织性、动态性，并非单个国家所能解决，需要国际社会的多边合作来共同应对。传统的安全治理思想理念与体制、制度及“篱笆墙”与“防火墙”式对抗、排他性的安全治理方式与“安全自保”理念，已难以有效应对新形势下多元复合交织的非传统安全威胁的新挑战。

## 三　和合共治：非传统安全维护的应然选择

人类社会的安全维护形态经历了“战争—竞争—竞合—和合”发展历程，传统的国际安全“权力型治理”和“制度型治理”越来越难以有效应对日益凸显的非传统安全危机。和合共治的核心价值是和合共生，理论内核是“天下”“关系”“中庸”，是对传统“权力型治理”和“制度型治理”的超越，因此，和合共治是非传统安全维护的应然选择。

### （一）和合共治的核心价值：和合共生

“和合”一词，“和”意为和谐、调和；“合”通常指融合、合作。整个宇宙就是在不断地“和”中生成并生生不息；“和”解决了宇宙生生流行的动力问题。“合”则强调多样性的统一与共赢，放在国际关系的背景下可以理解为构建人类命运共同体。①

“和合”一词最早出现在《国语·郑语》中的“商契能和合五教，以保于百姓者也”，意为多元协和统一。和是手段，合是目的。费尔巴哈在研究人类的自然共同性的同时阐述了“类”和“类本质”等概念；马克思则从实践“共同体”角度审视人的“类活动”与“类本性”，强调正是在改造对象世界中，人才真正地证明自己是类存在物，从而揭示出人从自在自发到自主自为再到自由自觉的类性递进规律，完成了人类对自身“类本质”认识的历史性飞跃；和合主义主张“类群—和合与国际共生”及建立伙伴关系。

在对待主体间关系上，中国自古就善于运用和合主义，提出了“止戈为武”“协和万邦”“天下大同”“化干戈为玉帛”等思想理念。新中国成立后，中国一直奉行和平共处五项原则，到了20世纪70年代，以和合主义为基础的外交理念是“搁置争议，共同开发”，到了20世纪末，中国为了维护外交安全，提出了“新安全观”。进入21世纪后，中国所奉行的以和合主义为基础的国际外交关系理论更具特色，2012年，国家提出了“人类命运共同体”这一理念；2013年，“亲诚惠容”原则和“一带一路”宏伟蓝图应运而生，并予以有效实施；2014年，国家提出了“亚洲新安全观”；2019年，中国政府对待国际关系处理工作提出了“文明互学互鉴”方针，“结伴型外交政策”则要求国家应超越国际社会的“拉帮结派”现象，根据

① 向世陵：《“和合”义解》，《哲学动态》2019年第3期。

实际需求选择结伴型外交而非结盟型外交。迄今为止，中国已经和世界上67个国家、5个地区组织建立了72对不同形式的友好型伙伴关系。

“共生”最初是一个生物学概念，指“一起生活的生物体间具有某种程度的永久性物质联系”[①]。强调主体间的共生关系，协作、互利、共同进化的相互关系。人与自然和谐共生是前提与基础，社会共生是人们交往的基本存在方式。[②] 中国古代医学理论也早已提出“五行学说”“相生相克”，这其实就是一种“共生学说”。世界上一切事物都是相互影响、相互作用与相互转化的。

### （二）和合共治的理论内核：“天下”“关系”“中庸”

在本体论立场上，和合共治以“天下”为价值坐标思考全球性问题，这与当前的全球化语境更为契合，也能帮助我们超越国家中心主义。随着西方全球历史、全球政治、全球国际关系理论的提出，西方的理论范式是“国家—国际—全球”，而“天下观”政治秩序则是“天下—国际—国家”。中国的政治从天下视角开始，如“先天下之忧而忧，后天下之乐而乐”“天下兴亡，匹夫有责”“穷则独善其身，达则兼济天下”。天下观强调把世界当作一个政治分析单位，这与西方以“国家”为出发点的政治思想截然不同。西方现有的国家理论流行，但是全球化引发许多世界性的新问题已经无法在“国家—国际”这一框架中被有效地分析，如用“天下”这一种强大的分析框架去思考气候变化，这是西方的国际关系概念难以描述和解析的。[③] 因此，有必要把“国家—国际”理论扩大为“世界—国际—国家”理论，两者相互补充，并不意味着否定国家视野与国际视野的正当性。

天下体系既是一个利益普遍共享体系，又是一种无外的世界秩序。“天下无外”的原则将世界预设为一个整体性的存在，那么天下体系就只有内

---

① Gloria Robinson, “De Bary, (Heinrich) Anton”, *Dictionary of Scientific Biography*, New York: Charles Scribner's Sons, pp. 611-614.

② 胡守钧:《国际共生论》,《国际观察》2012 年第 4 期。

③ 巴里·布赞:《全球气候治理：中国的黄金机遇》,《国际展望》2021 年第 6 期。

部性而没有外部性，即没有一个个人、国家或民族被认为是外部敌人，任何一个国家或地区都可以被纳入“天下”这一共在秩序中。[①] 用老子的“以天下观天下”的方法论去思考全球治理，意味着高于并且大于民族国家或地区的视野去理解政治或全球议题，也使得全球治理更具有开放性、多样性与包容性。

在认识论层面上，和合共治遵循互助逻辑、关系理性而不是自助逻辑，这能更好地解决集体行动的困境。关系理性有两个重要原则：互相伤害最小化和相互利益最大化[②]。前者是共在关系的必要条件，最大限度避免风险，这在理性上明显优于自身利益最大化。相互利益最大化建立在人们高度相互依存的前提之上的，优于单纯地追求自身利益最大化。

中国哲学认为，人和世界之间的多重关系先于实体的存在并规定着实体之间各自的显现和性质。在一定程度上，先有关系，再有实体，整个世界是由不同的关系组成的。荀子相信，出于生存需要，人们一开始就必须要有合作关系，即一开始就有“群”的存在，共存是任何一个个体得以存活的条件。[③] 中国社会的核心思维方式认为人类是相互联系的人们，而不是单独的原子化个人，社会关系决定了个体的意义。互助逻辑是一种赠予的逻辑，正如《论语》中提及的“惠而不费”，帮助别人的目的并不是为了获得对方的回报，但在客观上造成相互帮助的结果，营造互助的氛围，最终形成各国利益相互依存的互惠关系，比如互相救难，互通有无，从而保证和谐关系。互助是多次行为的组合，在互助的过程中建立信任、消解误解和错觉。

互助反映的也是一种整体性观念，这与西方个体性观念有着明显的区别。与荀子相反，霍布斯所描述的自然状态是“人人互相为敌”，由此延伸出的是自助逻辑，这流行于现有的全球治理实践之中。而儒家强调的是关系性，个体的成功与体现要建立在群体成员相互帮助的基础上，最终形成社群

① 赵汀阳：《天下观与新天下体系》，《中央社会主义学院学报》2019 年第 2 期。

② 赵汀阳：《天下观与新天下体系》，《中央社会主义学院学报》2019 年第 2 期。

③ 赵汀阳：《天下体系的一个简要表述》，《世界经济与政治》2008 年第 10 期。

世界主义。①

在方法论操作上，和合共治采用的源自中国传统文化的中庸辩证法，以有效破除西方二元对立认识论，消解异质性冲突。中庸一词最早见于《论语》。《论语·雍也篇》："子曰：'中庸之为德也，其至矣乎！民鲜久矣。'"《礼记·中庸》："中庸其至矣乎！"中庸强调的是凡事把握度才是事物的性质，才能把握事物发展的程度。"和"是指不同的或对立的成分、因素之间的相互协调，"中"与"和"是中庸的两个基本点，事物的各个部分都要适度，共同在一个"和"的状态下共存，达到"中"的要求，事物整体才能和谐。

中庸并不是平均主义也不是折中主义，而是一种适度主义，用来化解矛盾、调节关系、促进融合以达到"和"的最高境界。但中庸并不是只讲事物的同，而不讲事物的异。中庸是通过把握事物各方面的联结、平衡、调和的关系，寻找出最佳状态，在不同、矛盾甚至冲突的基础上协调、协商而达到"和"，是动态的。中国的阴阳关系就是典型的非二元对立关系，因为阴阳互融，阴中有阳，阳中有阴，阴阳互补。阴阳两极在互动实践中，通过相互协调、相互包容、相互转化，达到共同生长的自然和谐状态，对于尊重差异具有深刻的启发意义。②

从方法论来看，"中庸"思想就是通过矛盾双方的分析、把握、权衡，以达到适中的目的。"用中"的方法是一种整体性思维，以"适度"原则达到平衡、和谐。和合共治的各个主体在相互交往中体现中庸立场，在交往中建构和合关系。"和平""和解""和谐""和合"是通过中庸达到和合主义的四个层次。中国传统文化主张和而不同，以包容和尊重的方式对待不同文化之间的差异，这样的治理理念更具有全球正义性。

---

① 高奇琦：《社群世界主义：全球治理与国家治理互动的分析框架》，《世界经济与政治》2016年第11期。

② 刘擎：《重建全球想象》，《学术月刊》2015年第8期。

## （三）“和合共治”是对“权力型治理”和“制度型治理”的超越

全球安全治理是全球治理的重要组成部分，受到主流国际关系理论的影响颇深。全球安全治理经过几十年的演变，逐渐形成了以权力型治理与制度型治理为代表的两种治理模式。

权力型治理模式以国际关系的现实主义学者科克伦[①]、吉尔平[②]以及达菲尔德[③]为代表，将国家视为全球治理的主要治理单元，强调国家、权力在全球安全治理中的重要作用。霸权稳定论正是在这一观点的基础上发展而来，该理论认为某一个霸权国或领导者的权威引领作用起着“全球支配作用”。[④]

近年来，权力型治理日益呈现出“极化”趋势。在全球安全治理实践中，这种“极化”趋势的出现是“独狼式霸权治理模式”。其主要表现是随意违背现有的国际准则与契约精神，在处理国际安全事务中以自我为中心，不与其他国家商量，带头挑战现行的国际规则，坚持“本国优先”，彻底否认、反对全球化。权力型治理的“极化”在很大程度上削弱了非国家行为体在推动全球安全治理中的权威地位与作用，助长了各自为政的单边行为，消解了全球安全合作的动力。

权力型治理的“极化”反映出的是一种原子式的实体主义本体论。[⑤] 受实体主义本体论的影响，西方国际关系主流理论认为国际体系是由结构和互动的单元构成。在此基础上，西方现代政治框架是由“个人—共同体—民

① Cochrane F., Duffy R., Selby J. *Global Governance, Conflict and Resistance*, Palgrave Macmillan UK, 2003.

② Cochrane F., Duffy R., Selby J. *Global Governance, Conflict and Resistance*, Palgrave Macmillan UK, 2003.

③ Duffield M. R., “Global Governance and the New Wars”, *Journal of Refugee Studies*, 2014, 15 (3), pp. 120-121.

④ 兹比格纽·布热津斯基：《大棋局：美国的首要地位及其地缘战略》，上海人民出版社，2007，第78页。

⑤ “原子化”这一概念在克恩豪塞的《大众社会的政治学》一书和弗里德里希的《极权主义社会的独特特征》一文中均有详细的解释。

族国家”建构的，国家是最大的主权单位。[①] 这样的政治框架无疑缺少世界政治制度理念以及全球观照视角。因为在全球化背景下，民族国家、主权等传统的核心概念受到很大的冲击，逐渐出现了弹性公民、软边疆、责任主权、共享主权等替代性概念。显然，坚持以本国利益出发，以国家为单位出发治理全球安全问题，已经无法适应互通、流动的世界，也难以脱离不同主体之间的现实纷争与矛盾。

和合共治用“天下”的概念来理解人类社会。这是一种全球观照的视野，将世界内部化，摒弃传统国际政治内外划界、我他对立的思维模式。[②]“天下”是中国对世界秩序模式的思考与解读。天下体系是一种后霸权世界秩序，告别文明中心论，追求基于跨文明对话和合作的文化范式，达到兼容并蓄、和而不同、求同存异的理想境界。[③]

制度型治理主要是以新自由制度主义学者为代表，他们认为国家不再是治理的唯一中心或主体，[④] 于是转而关注国家之外其他主体的作用，如跨国专家网络、知识精英、国际组织、国际非政府组织等，并强调国际制度与国际组织在全球治理中的重要作用。[⑤] 新自由制度主义者认为国家是理性的、利己的，为了降低交易成本，可以在相互协调的基础上寻求共同利益，建立各方愿意遵守的国际制度，并依靠国际制度而展开合作，维持国际秩序以达成有效的全球治理。然而事实却是在国际社会上仍充斥着西方统治世界的帝国时代遗留的霸权与地位不平等现象。[⑥] 全球治理体系中重要的国际组织（世界银行和国际货币基金组织等国际货币金融机构）采用以经济实力为基

---

① Carl Schmitt, *The concept of the Political*, Chicago University Press, 1996.

② 秦亚青：《世界秩序的变革：从霸权到包容性多边主义》，《亚太安全与海洋研究》2021 年第 2 期。

③ 刘擎：《重建全球想象：从“天下”理想走向新世界主义》，《学术月刊》2015 年第 8 期。

④ Cerny P. G., “The Governmentalization of World Politics”, 2008; Stone D., “Global Public Policy, Transnational Policy Communities and Their Networks”, *Policy Studies Journal*, 2008, 36 (1), pp. 19-38.

⑤ O'Brien Robert., *Contesting Global Governance*, Cambridge University Press, 2000.

⑥ 詹森·海耶斯、保罗·刘易斯、伊恩·克拉克、海燕飞：《资本主义多样性、新自由主义与 2008 年以来的经济危机》，《国外理论动态》2015 年第 8 期，第 2 页。

础的投票权制度。[①] 这直接导致西方大国在全球治理体系中占绝对优势地位，发展中国家的意见得不到充分体现。这也导致当前的制度型治理逐渐呈现出“弱化”趋势，其主要体现在以下三个方面：一是一些大国通过意识形态、价值观划线，强行对全球治理的多元参与主体进行区分，意图打造闭合排他性的全球治理领域的联盟，最后陷入俱乐部制度主义的困境。[②] 这也使制度治理“弱化”为制度霸权、规则霸权、“伪多边主义”（小圈子多边主义、本国优先多边主义、有选择的多边主义）。二是主导大国以意识形态划线利用国际组织排挤他国，搞对立对抗。这使得国际组织在安全治理中的功能与作用不断退化，最后沦为西方国家实现自身利益的工具。在西方国家眼中，国际规则就是普世价值，国际社会就是以意识形态划线的封闭的、单一的联盟对峙。三是制度治理强调国家的绝对理性与自利，认为任何形式的合作都是基于纯粹的利益与算计，忽视了全球安全治理实践中的道德、伦理、文化等其他因素。

制度型治理的弱化归根结底源于西方二元对立的认识论，虽然这种认识论有力地推动了世界的发展进步，在治理规则与制度的实践中也具有较强的可操作性，但容易陷入内部/外部、自者/他者、国内/国外的对立，从而造成非黑即白、非好即坏、非敌即友的静止、单一、片面的思维误区。

以整体关系主义为认识论的和合共治，从“场域”和“关系”的角度理解与把握事物，超越了认识论上容易产生的二元对立。整体关系主义认识论更看重“关系理性”而非“个体理性”，更多地遵循互助逻辑而不是自助逻辑，可以帮助各主体更好地超越自身利益，增进互助与合作的动力。

简言之，和合共治认为国际关系的实质并非权力、利益与资源的争夺而是关系的建构。整个世界就是一个可穷尽一切的关系网络。和合共治的关系主义本体论与整体关系主义认识论也为全球治理提供了一种整体性、融合

---

① 徐秀军：《金砖国家与全球治理模式创新》，《当代世界》2015 年第 11 期，第 43 页。

② 丑则静：《维护践行多边主义，破解全球治理之困》，《红旗文稿》2021 年 10 月。

性、总体性的视角，能较好地超越不同行为体、议题、元素之间的矛盾与张力，还能较好地避免陷入“物化”和“二元对立”之中。

## 四　和合共治：非传统安全维护的中国探索

在深度全球化与科技发展突飞猛进的当下与未来，非传统安全日益成为国家安全、区域安全、国际安全与全球安全的重要内容。传统的国家中心主义、零和博弈、安全自保的理念和思维已经越来越难以满足新形势下非传统安全治理的新需求。在新形势下，中国非传统安全治理需要进行和合共治的探索。

### （一）树立和合共治的非传统安全治理新理念

在国际层面，树立共同、综合、合作、可持续的全球安全观，树立利益、责任、安全与命运的“共同体”意识，以维护世界和平、促进共同发展为目标，以维护公平正义、推动互利共赢为宗旨，以国际法和公认的国际关系基本准则为基础，维护联合国宪章宗旨和原则，形成更加包容的全球治理、更加有效的多边机制，相关国家还要超越零和乃至负和博弈思维，开展多层次、多渠道、多样式的对话、沟通、协商与谈判，加强安全领域合作，推动地区间、国家间达成多边多元合作治理框架，协同共治，携手应对全球性挑战，在维护“自者”安全的同时兼顾“他者”的安全，相互为对方创设良好的安全环境，才能维护不同国家的共同安全和各自安全，才能推动人类命运共同体建设。

在国内层面，践行总体国家安全观，就是要实现发展与安全、传统安全与非传统安全、国外安全与国内安全、自身安全与共同安全、国土安全与国民安全的全面统筹。一是实现从消极安全到积极安全的转变，既要关注化解危机，重视事后“救火式”应急管理，也要重视事前的“防火式”预警预防，还要对事后的治理评估、反思与革新及改善。二是实现从“安全自保”到“安全互保”、从“利益博弈”到“命运共同”的理念提升，从零和式的“安全对抗”向国家间和合共建的“安全共享”实践转变，才能对外求和平、求合作、求共赢、建设和谐世界，对内求发展、求变革、求稳定、建设平安中国。

## （二）加强对全民的非传统安全宣传和教育

新形势下我国学界和智库需要加强非传统安全的深入系统研究，推进非传统安全知识的全民科普宣传和教育，尤其是要加强对公务人员的非传统安全的宣传与教育，将非传统安全教育纳入学校与公众的国防教育、国家安全教育之中，要加强对国家安全法律等知识的宣传与教育。应依托政府与高校联办的培训机构，加强对政府相关部门领导与公务人员的安全培训，提升决策层的非传统安全认知与管理水平，注重对各类突发事件中的公民应急技能的培训。一是帮助民众全面了解和清醒认知中国乃至全球面临的各种非传统安全威胁的历史、现状与未来的发展趋势，增强他们非传统安全治理的责任感、使命感。二是推进国家安全与国防教育，增强国民认知与了解安全知识、强化安全意识、内化安全素养、转变安全观念、端正安全态度、担当安全责任、提升安全能力，调动他们维护非传统安全的主动性、积极性与自觉性，形成政府、社会与国民协力共治的强大合力。三是推动一些重要的、潜在的乃至代际的非传统安全问题尽早进入国家乃至国际社会治理的决策视域，有效维护国家发展、主权、安全与利益。

## （三）推动建立中国非传统安全治理体系

### 1. 健全非传统安全治理的法律法规体系

依法治国是我国法治文明建设的一项极为重要的内容，也是非传统安全治理变革的基石。近年来，我国在生物安全、网络安全、数据安全、个人隐私、出口管制等方面的法律法规完善有重大进展，为这些领域的安全治理变革提供了法律依据。从未来我国面临的重大非传统安全挑战看，我国还应在跨境传染病防控、生物武器、网络生物战、跨境数据安全、新型智能化战争、数字科技、太空博弈等新型前沿领域，推进相应法律法规、规则和技术标准的完善，并要十分注重对国际法的追踪与研究，积极参与和主导国际非传统安全法律体系的制定与修订。

**2. 建立健全组织领导体系**

牢固树立总体国家安全观，加快构建统筹传统安全和非传统安全的“大安全”新格局。坚持党的领导与政府主导，完善集中统一、高效权威的国家安全工作领导体制。在中央国安委层面应建立专门的非传统安全“信息”“咨询”“决策”“协调”“监督”机构。其他部门也应设立专业的非传统安全机构；各级政府也应设立相应的非传统安全机构，打破央地脱节、部门分立、信息孤立、条块分割现象，将非传统安全目标置于各级政府改革与发展的各个环节之中。

**3. 建立健全全社会支撑体系**

在国内层面，多部门要积极参与，联防联控。打破部门壁垒、权限障碍，建立资源共享、优势互补、监管互认、执法互助等多层次、多渠道、多类型的联动共治网络与联防联控安全治理的长效机制，促成政府主导、军民融合、平战结合、多部门合作、全社会有序参与的共治格局。

**4. 建立健全维安队伍体系**

各级政府应依法协调各关涉部门的安全维护力量，平战结合，组建常态化的维安队伍。形成全要素、多领域、高效益的深度发展格局，推进各领域力量综合运用，建立完善军地联合应对重大危机和突发事件行动机制，建成与打赢信息化战争相适应、应急应战一体的国防动员体系。重视武装力量在非传统安全维护上的专业、高效、迅速的优势，建立军地协同和平战结合的军事队伍体系，据此建立针对（特别）重大安全问题的特种安全队伍；要特别重视科技研发，加强维安队伍的专项能力建设。

### （四）提升非传统安全治理能力

在非传统安全治理中，需要提升“硬实力”与“软实力”，善用“巧实力”加“反制力”。首先，在物质技术层面，需要加强国防军事、科学技术、经济基础等“硬实力”建设；加强军队应对非传统安全能力建设。人民军队除了能捍卫祖国统一，有效维护国家领土、领空、领海主权和安

全，还必须增强海外非战争军事行动的能力，具备维护新型领域安全与利益，维护海外安全利益的能力。在参与全球安全建设中，军队既要有打赢战争的能力，又要具备应对非传统安全威胁、促进世界和平的能力。其次，在文化价值层面，需要加强文化、规范、制度、信仰、价值与法制等“软实力”建设。再次，在维稳能力与文化价值复合层面，需要加强军事威慑与政治外交相结合、刚性强制与柔性治理相结合等“巧实力”建设，推进多元行为体合力共治和化解各种非传统安全威胁与危机。最后，在当前世界形势复杂多变，霸权主义、单边主义、贸易保护主义频频抬头，并毫不掩饰地制造贸易壁垒，抹黑我国国际形象，损害我国国际声誉，围堵和遏制中国崛起和发展，侵犯我国核心利益。所以，对于国际反华势力故意、蓄意和敌意的破坏，需要研究制定反制举措，必要时可通过巧设技术性壁垒、加征关税、金融管制等“反制力”建设予以有力回击，维护我国国家安全与利益。

## 五　结语

“全球化为人类带来了共享安全文明的便利，也带来了共度危机灾难的可能”[①]。各种非传统安全更多地表现为跨国性的人类安全与公共安全，是全球治理的重要议题与核心内容。中国非传统安全治理不仅需要预防和化解社会矛盾、提高安全风险防范，维护中国国家的主权、安全、发展，还要助推“平安中国”和“一带一路”建设，维护海外利益。因此，中国非传统安全治理一方面需要树立“全球安全观”和总体国家安全观，放眼世界的趋势与潮流，基于全球性视野、前瞻性思维和战略性考量，以全人类共同的利益为思考基点，关注人与人、人与物、人与环境之间的互动效益，协调各个主体之间的共存与合作，优化、整合国际社会的多种力量与元素；另一方

① 余潇枫主编《中国非传统安全研究报告（2018~2019）》，社会科学文献出版社，2020，第2页。

面，需要立足本土的历史与现实，根植于中国的历史传统与哲学精神，以总体国家安全观为指导，树立起共商、共建、共赢的理念意识，建构具有中国视角、中国语境与中国范式的非传统安全治理体系和治理能力现代化理论分析框架，探索一种能够包容更多主体、族群、文明并超越以西方为中心的治理理念与模式，形成“和合共享”价值共识，防止不同行为体间的相互认知误解与战略误判，建构“安全互保、风险共担、命运共同”机制，基于“和合共生”，达成“和合共建”，实现“和合共享”，才能实现全球公共福祉和全球公共利益，才能有利于为新时代全面维护国家的主权、安全、发展与利益提供思想理论支撑与智力支持。

# 专题报告

Special Reports

## B.2

# 中国非传统安全研究的现状、特点与展望（2020~2021）

魏志江　李乾*

**摘　要：** 随着新冠肺炎疫情防控取得成效，人类社会开始思考“后疫情时代”的发展。“后疫情时代”的非传统安全研究与此前有何差异，相对疫情期间的研究而言有何反思与进展，疫情防控常态化的背景下有何新探索，这些都是值得非传统安全研究者们去思考的问题。本报告对2020~2021年我国学者对非传统安全的研究成果进行分类梳理，指出现有研究趋于常态化、阶段化特征明显、跨学科色彩愈发浓厚等特点，并对今后我国非传统安全研究的发展从预测和应对、研究的深度和广度、研究的价值取向等方面进行展望。

**关键词：** 非传统安全　非传统安全治理　后疫情时代

* 魏志江，博士，中山大学国际关系学院教授、博士生导师，主要从事中国与朝鲜半岛关系、非传统安全与东亚国际关系研究；李乾，中山大学国际关系学院博士生。

在新冠肺炎疫情防控取得成效的情况下，世界渐渐步入“后疫情时代”。关于“后疫情时代”这一概念，并不存在一个统一的定义。有人认为，“后疫情时代”并非想象中的疫情完全消失、一切恢复如前的状况，而是疫情时起时伏且迁延较长时间，对各方面都产生深远影响的时代[①]；亦有人认为，所谓后疫情时代即人们关注的重点在于疫情之后的社会发展，如果说疫情时期在很大程度上是所谓的“战时”状态的话，“后疫情时代”则是不同于“战时”状态的日常状态[②]。而对于国际关系研究者来说，新冠肺炎疫情则可能会改变人类历史进程，或将成为“新冠肺炎疫情前（B. C.：Before Corona）的世界”和“新冠肺炎疫情后（A. C.：After Corona）的世界”的历史分界点。[③] 而关于如何理解后疫情时代的全球秩序，则需要特别关注力量与人心、地缘与观念、陆地与海洋、政治与经济、大国与小国、技术更新等几组核心要素，且在可预见的未来，全球秩序将处在一种分裂的状态。[④] 总的来说，新冠肺炎疫情无论对国内社会的稳定与发展，还是对国际秩序的维护与保障，都产生了极为深远的负面影响。

如果说新冠肺炎疫情的暴发确实具有划时代的特征和意义，能够把世界历史的洪流斩为“前”与“后”两个阶段，那么更值得我们注意的则应是这把“刀”本身的属性问题。与一战、二战、冷战等标志性分界事件不同，新冠肺炎疫情带有十分典型的“非传统”标签。在政治、军事等传统安全领域的事件之外，人们难以预料会突然暴发此类非传统安全事件，且跨越国界，给世界秩序和国际格局都带来深刻变革。这里产生了一对矛盾的现象：一方面，以新冠肺炎疫情为代表的非传统安全事件的出现，深化了我们对于非传统安全的理解和认识；另一方面，我们在对非传统安全进行深入研究和探讨的同时，却并不总能预测或妥善解决未知或已知（周期性的）的非传

① 王竹立：《后疫情时代，教育应如何转型?》，《电化教育研究》2020年第4期。

② 喻国明：《重拾信任：后疫情时代传播治理的难点、构建与关键》，《新闻界》2020年第5期。

③ 史本叶、马晓丽：《后疫情时代的全球治理体系重构与中国角色》，《东北亚论坛》2020年第4期。

④ 施展：《后疫情时代的全球秩序》，《俄罗斯研究》2021年第5期。

统安全问题。也就是说，在“出现—研究—预测”这一链条中，总是呈现一种线性反复的逻辑，而无法达成一个闭环。诚然，对任何事物的认知都是一个波浪式前进和螺旋式上升的过程，但非传统安全问题的出现总是会显得比传统安全问题更加无迹可寻，难以去判断和把握。也许，这就是我们孜孜不倦去探索其奥秘的根本动力。

在“后疫情时代”，关于非传统安全的研究我国学者都做了哪些工作，分为哪些类型，呈现出何种特点，出现了哪些变化，这些问题都值得去探讨。本文意在梳理2020~2021年国内学者对非传统安全问题研究的现状，总结出相关研究的特点，进而提出一些存在的问题并对非传统安全研究的趋向进行展望。

## 一　2020~2021年中国非传统安全研究现状

2020~2021年，国内学者对非传统安全问题的研究产生了较大的转向。其中，最为突出的就是有关新冠肺炎疫情的研究大幅减少，且不再局限于这一具体疾病，更多研究从生物安全、公共卫生等较大范围的角度展开讨论。此外，总体国家安全观、海洋安全、边疆安全等非传统安全热点问题的研究依然成果丰硕。总的来看，2020~2021年中国学者对于非传统安全问题研究的议题可分为以下几类。

### （一）总体国家安全观研究

习近平总书记指出，当前我国国家安全内涵和外延比历史上任何时候都要丰富，时空领域比历史上任何时候都要宽广，内外因素比历史上任何时候都要复杂[①]，明确了国家安全工作必须要坚持总体国家安全观。陈锡敏从教育的角度出发，认为总体国家安全观是一个复杂的体系，为了使受教育者形

① 中共中央党史和文献研究院编《习近平关于总体国家安全观论述摘编》，中央文献出版社，2018。

成正确的国家安全观念，当前总体国家安全观教育需从以下几个方面着力：全面把握总体国家安全观的整体性、人民性和统筹性的显著特征；正确认识非传统国家安全威胁的隐秘性、严重性、普遍性和应对的特殊性，引导国家安全观的更新和转变；充分认识政治安全的极端重要性，始终把政治安全教育放在首位；高度重视国家文化安全，坚定文化自觉和文化自信。[①] 齐琳从总体国家安全观的建构历程着手，认为中华人民共和国成立以来，其安全观的发展与中国国力从“站起来”到“富起来”，再到“强起来”的历史进程相适应，中国的国家安全形势经历了“以阶级斗争为纲”“以经济建设为中心”“安全与发展同等地位”三个阶段，中国的国家安全理论也相应地根据国家、社会的发展状况，持续地补充和完善，最终构建了中国特色的国家安全理论——总体国家安全观，其具有人民性、总体性、非传统性、实践性和动态性五大特征，体现了马克思主义群众路线、唯物辩证法以及以民为本的中国传统文化思想等理论内涵。[②] 张颖对习近平总书记“守望相助”的安全理念进行了研究，指出该理念涉及周边安全、金融安全、公共卫生安全、全球治理、国家间关系、区域与次区域合作等方面内容，包含“好邻居、好兄弟、好伙伴”三个不同的层次，分别从周边安全、共同价值观和构建全球伙伴关系等不同视角审视安全问题，其中“守”体现了中国安全观的防御性原则，“望”体现了中国安全观的国际性原则，“相助”体现了中国安全观的共同性原则，实现“守望相助”的路径包括加强政治互信、建设集体安全机制、强调在国际社会中相互支持以及通过合作实现彼此的安全诉求。[③] 刘跃进、王啸、陈将对总体国家安全观的基本特征进行了研究，指出习近平总书记提出的总体国家安全观，内容丰富，寓意深刻，具有旗帜鲜明的人民性、统筹全局的总体性、兼收并蓄的兼容性、思维方式的非传统性、

---

① 陈锡敏：《总体国家安全观教育需把握的几个着力点》，《思想理论教育》2021 年第 5 期。

② 齐琳：《中国总体国家安全观的建构历程及其特征》，《区域与全球发展》2021 年第 3 期。

③ 张颖：《守望相助：习近平安全理念的理论创新与实践路径》，《国际安全研究》2021 年第 3 期。

指导现实的实践性和不断发展的开放性六个基本特征。[①] 廖祥忠从网络安全角度出发，指出网络文化安全是基于互联网平台巨大重构力而催生出的覆盖文化艺术创作生产、传播与消费全过程、全要素的文化安全形态，属于新兴的非传统安全领域，在状态呈现上具有虚实相生的特征，在演变过程上具有显隐交织的特征，在受众构成上具有新老交叠的特征，新时期在总体国家安全观的指导下，我国网络文化安全治理成效显著，为网络文化发展营造了良好的环境，而面对国内国际、线上线下复杂的形势与背景，应在建设国家网络文化安全保障体系、发展积极健康网络文化生态、完善网络文化安全应急处突综合治理机制、构建全球网络文化空间共同体等方面加大力度，提升我国网络文化安全治理能力和现代化水平，助力更高质量、更高水平的平安中国建设。[②] 贾庆军从国内安全保卫学出发，认为总体国家安全观对国内安全保卫学研究提出了新要求，即不仅要研究传统安全问题，也要研究非传统安全问题，不仅要研究国内安全问题，也要研究外部安全问题，只有这样才能做好国内安全保卫学教学，才能培养出新时期需要的国内安全保卫人才，才能更好地维护国家政治安全与社会政治稳定。[③] 张琳、赵佳伟指出，中国共产党的国家安全观逐步实现了从传统安全、非传统安全到总体国家安全的历史演进，党对国家安全重要性的认识不断提高，国家安全的内涵和外延日益丰富，国家安全的要素从多元走向系统，海外利益安全和共同安全日益凸显，必须始终坚持党对国家安全工作的领导，必须坚持国家利益至上、政治安全和人民安全的有机统一，必须坚持走中国特色国家安全道路，必须做到统筹发展和安全，为党和国家兴旺发达、长治久安提供有力保证。[④]

---

① 刘跃进、王啸、陈将：《总体国家安全观的基本特征》，《甘肃政法大学学报》2021 年第 2 期。

② 廖祥忠：《总体国家安全观视阈下网络文化安全的内涵特征、治理现状与建设思考》，《现代传播》（中国传媒大学学报）2021 年第 6 期。

③ 贾庆军：《总体国家安全观下国内安全保卫学研究新探》，《社会科学动态》2021 年第 12 期。

④ 张琳、赵佳伟：《中国共产党国家安全观的百年演进与现实启示》，《学习与探索》2021 年第 12 期。

## （二）公共卫生安全研究

在疫情防控常态化的“后疫情时代”，关于公共卫生安全的研究仍然较为火热，且学者们的关注重点更加多元，从疾病本身拓展到了各个领域。解楠楠、邢瑞磊认为，新冠肺炎疫情暴发以来，全球地缘政治竞争由双边贸易、区域安全向全球性、全领域方向发展，呈现出体系性特征，后疫情时代国际体系转型不确定性和不稳定性增强，大国之间竞争与合作同步增长成为常态，国家安全日益复杂化，区域经济和安全竞争加剧，国际安全治理重要性上升，为此有必要探索开放性安全共同体理念和国际安全清单，以区域和国际组织为平台，构建国家、区域和国际三级联动全球治理体系。[①] 李想认为，新冠肺炎疫情使非传统安全与公共卫生安全问题又一次进入学界视线，受到国际社会普遍关注，公共卫生安全问题作为非传统安全的重要内容，不同程度地影响着世界范围内政治、经济、外交等领域的安全，提升了各个国家和国际社会应对公共卫生危机的能力，并提出维护非传统安全是必然趋势，各国要强化公共卫生应急机制建设，国际社会要重视“软安全”合作，大国更要勇于担当。[②] 马勇、蔡雨欣从中缅合作出发，指出新冠肺炎疫情暴发以来，中缅积极开展抗疫合作，深化了两国政府和人民对中缅命运共同体的认同，也为两国推进公共卫生安全合作带来新机遇，但缅甸脆弱的公共卫生体系、中缅边境地区严峻的非传统安全问题、缅甸不稳定的社会基础等因素对中缅深化公共卫生安全合作构成了巨大挑战，对此中国应利用后疫情时代公共卫生安全领域的合作机遇，深入了解缅甸公共卫生体系建设和民众卫生健康的实际需求，进一步拓展双方的合作空间，为中缅公共卫生安全合作创造有利的环境。[③] 周玫琳对跨国卫生合作历史进行了研究，指出作为最早

① 解楠楠、邢瑞磊：《从公共卫生危机到地缘政治危机——新冠肺炎疫情地缘政治化的生成机制、影响与对策研究》，《上海对外经贸大学学报》2021 年第 3 期。

② 李想：《非传统安全视域中公共卫生安全的影响与反思》，《现代交际》2021 年第 4 期。

③ 马勇、蔡雨欣：《中缅公共卫生安全合作：现状、挑战及前景》，《南亚东南亚研究》2021 年第 1 期。

聚焦亚洲的区域性跨国卫生组织，远东热带医学会是以英国和日本为代表的帝国及其殖民地政府协商成立并运作的，依托帝国医学的知识积累、实践经验与组织体系，推动了由国际联盟卫生组织主导的国际卫生合作，在倡导国际卫生规范、建立区域性疾病监测防控体系、联结亚洲与世界公共卫生事业等方面取得了一些成绩，但也存在一些问题，如其帝国主义特质及殖民性所导致的医学关切不平等，以及执行力不足等，在激烈的帝国间角力中，中国参与了该组织主导的区域卫生治理并发挥了积极作用。① 岳宗凤认为，中缅公共卫生安全合作作为共建“一带一路”和孟中印缅经济走廊的重要合作内容及发展战略，是中国跨境非传统安全领域的重要一环，应该把公共卫生安全纳入国家安全视域，只有构筑起强大的公共卫生安全体系，才能维护人民的生命健康安全，才能保障人民的幸福安康，而强大的公共卫生安全体系离不开国际合作，中缅公共卫生安全合作应以总体国家安全观为指导，秉持新型理念、携手共治，造福两国人民。②

### （三）生物安全研究

自新冠肺炎疫情暴发以来，众多学者在关注疾病本身之余，对于生物安全的重视也越发明显。一方面，这是党和国家把生物安全纳入国家安全体系的政策导向要求；另一方面，这也是加强和深化对以疫情为代表的疾病非传统安全研究的必然选择。余潇枫从微生物的视角出发，指出微生物安全是生物安全的重要内容，不仅涉及传统安全与非传统安全，而且更多的是一种传统安全与非传统安全相互交叉的“交织安全”，微生物威胁的“宏观安全化”决定着微生物安全维护的价值取向，人与微生物之间共存、共生的实质是人与自然的共同进化，因而微生物与人类紧张关系的实质是非传统“占争”，随着微生物与人类发展相互依存、相互作用关系的加深，微生物

① 周玫琳：《全球卫生史视域下的亚洲跨国卫生合作——以远东热带医学会为例》，《国际政治研究》2021 年第 3 期。

② 岳宗凤：《命运共同体视域下的中缅公共卫生安全合作》，《公关世界》2021 年第 22 期。

将对人类社会发展产生积极作用。[①] 刘长敏、宋明晶认为，美国对生物武器、生物恐怖主义及生物技术滥用等蓄意生物威胁问题格外关注，逐步推动该类议题“安全化”，其中合理的安全化和“过度安全化”现象并存，合理的安全化部分基本实现了美国应对蓄意生物威胁的战略目标，满足了预防生物武器威胁的安全需求，而对生物恐怖主义的“过度安全化”操作导致美国肆意发动生物反恐战争，对生物技术滥用问题的“过度安全化”也造成国家资源的浪费，这对全球生物安全产生了双重影响，在促进和推动美国与其他国家、相关国际组织生物安全合作的同时，也有可能产生“生物安全困境”，阻碍生物科学技术的交流与进步，并恶化国际生物安全环境。[②] 蔡秀华等则认为，以界壳论来探讨生态环境安全问题是可行的，并对古文明衰落、全球变暖、生物入侵等问题进行了论述，指出“界壳现象”广泛存在于自然界和人类社会中，是处在系统外围能护卫系统且与环境进行交换的中介体，是系统的一部分，又和环境毗邻，而生物入侵是典型的界壳论问题，一个物种离开原来的栖息地，进入另一个原不是它生息的地方，即从一个该物种生存的界壳进入另一个新界壳中生活，如若大量繁殖，会对生态环境造成危害。[③] 贺买宏、李潇潇采用头脑风暴结合德尔菲流程设定军队中心医院科室生物安全构成的要素，通过失效模式与影响分析计算各科室的生物安全风险优先指数，使用文献计量与层次分析法评估生物安全风险要素的风险概率、严重性和可监测性，采用单因素方差分析对比不同类型科室生物安全风险的差异，指出目前军队中心医院生物安全风险较高的科室主要集中在内科类和外科类科室，专科类科室的生物安全风险相对较低，且在各生物安全要素方面，各类科室的风险分布也呈现不均衡的样态。[④]

① 余潇枫：《以非传统安全视角认识人类与微生物的复杂关系》，《新华月报》2021 年第 18 期。

② 刘长敏、宋明晶：《美国应对蓄意生物威胁战略探究——基于安全化理论分析视角》，《国际政治研究》2021 年第 4 期。

③ 蔡秀华、于瀛、曹鸿兴、彭誉葆、范雯杰、吕文忠：《界壳论探讨生态环境安全》，《环境生态学》2021 年第 5 期。

④ 贺买宏、李潇潇：《非传统安全视角下军队中心医院科室生物安全管理等级研究》，《中国消毒学杂志》2021 年第 7 期。

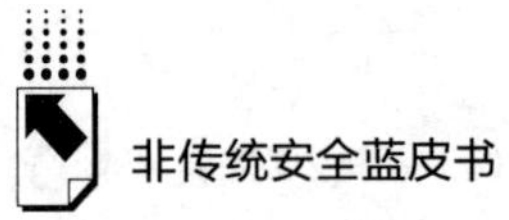


## （四）边疆边境非传统安全研究

边疆边境非传统安全研究领域同样存在政府明确的政策导向和学者们高涨的研究热情的情况，因而近年来的研究成果较为丰硕。谢贵平、朱家福指出，随着共建“一带一路”的推进，中国由地区性大国向全球性大国迈进，国家利益不断拓展，传统边疆安全治理理念与方式已经难以有效应对日益复杂多元、叠合交织的多维边疆非传统安全威胁的新挑战，边疆非传统安全治理体系与治理能力现代化是全面建设社会主义现代化强国时期安全治理转型、时代发展需求与理论反思再建构的内在诉求，新形势下，中国边疆非传统安全治理只有立足于广义边疆观与总体国家安全观，以及各种非传统安全威胁的时代性和特殊性，基于全球性视野、前瞻性思维和战略性考量，转变理念，创新思维，以人类命运共同体建设为价值追求，建构中国视角、中国语境与中国范式的中国边疆非传统安全治理体系与治理能力现代化的理论分析框架，才能为全面维护国家的主权、安全、发展与利益提供理论支撑和智力支持。① 刘爱娇、赵婷认为，边境安全素来是国家安全中的重要问题，西藏地区由于其特殊的地理位置和民族、宗教因素，对我国边疆的安全有着重要的影响，而影响西藏边境安全的因素主要有毒品、走私及民族问题，解决这些问题首先要加强边境管控，实现打击和减少边境毒品流入的目标，其次要在中央政策指导下，处理好民族和宗教问题，巩固好民族关系，促进西藏地区经济社会发展。② 韩荣玉、柏华明从云南边疆民族地区入手，认为该地区非传统安全国防教育虽然取得了一些成绩，但也存在对非传统安全问题认识缺位，非传统安全国防教育内容理论化、形式单一、满意度和实效性较低等问题，对此，当地应重视学校非传统安全国防教育，加强村民村落的非传

---

① 谢贵平、朱家福：《中国边疆非传统安全治理体系与能力现代化的理论建构——基于广义边疆观与总体国家安全观视角》，《思想战线》2021 年第 2 期。

② 刘爱娇、赵婷：《西藏守土固边推进情况及对策研究》，《西部学刊》2021 年第 3 期。

统安全国防教育，并充分发挥基层组织的作用。[①] 丁正晗、马亚雄认为，外国人携带传染病病原进入中国境内的情况具有普遍性、主动性、选择隐瞒性，而国（边）境防疫部门在处理此项工作时存在一定程度的片面性、被动性以及信息不对称性的问题，因此应发挥制度优势，建立联动机制，坚持政治建警，提高相关人员的非传统安全认识，借鉴国外经验，走具有中国特色的边境防疫工作路线。[②] 田俊迁认为，边境是国家的外壳，是国界相邻之处，内外交织或叠加的冲突在边境区域爆发的概率高，必须使用传统与非传统相结合的方式才能应对影响边境安全的诸多因素，因此边境安全是国家安全中最显著、最重要的组成部分，目前影响国家边境安全的问题从边境区域来分有国内、跨国和国外三种类型，维护边境安全就需要细化维护陆海空全方位边境安全方略，树立为他国着想的安全观，对具体问题采用不同解决办法并在必要时利用现代科技预防边境安全事件的发生等。[③] 刘雪莲、杨雪从中国的边境安全治理入手，认为目前存在着“上”“下”不对等、“内”“外”不对等以及“开”“关”不对等三重治理困境，这三重困境形成的背后有其现实合理性，从而很难从根本上得到转变，未来可以通过确立主体分层的精细治理、构建内外联合的协同治理和实现手段灵活的长效治理促进边境安全治理水平的提升，维护中国的边境安全。[④]

### （五）非传统安全合作研究

在“后疫情时代”，地区和国家尝到“超级非传统安全威胁”的苦果之后，合作应对的观念再次盛行，学者们的相关研究也较为丰富。王哲认为，中蒙俄经济走廊在非传统安全领域的合作，对于保障沿线国家的政治经济安

① 韩荣玉、柏华明：《云南边疆民族地区非传统安全国防教育现状及对策研究——以滇东南地区为例》，《文山学院学报》2021 年第 2 期。

② 丁正晗、马亚雄：《公安机关应对外国人入境传播传染病对策研究》，《广西政法管理干部学院学报》2021 年第 3 期。

③ 田俊迁：《论“边境安全”的几个问题》，《贵州民族研究》2021 年第 2 期。

④ 刘雪莲、杨雪：《新时期维护我国边境安全的思路转向与精准治理》，《云南师范大学学报》（哲学社会科学版）2021 年第 5 期。

全具有重要作用，共同的利益追求与目标指向是中蒙俄经济走廊非传统安全合作的重要基础，但这一区域的发展仍受到不充分的政治互信、落后的制度建设、域外大国对本地区事务的干预等负面因素的影响，未来中蒙俄经济走廊的持续健康稳定发展，需要依靠三国遵循人类命运共同体理念，坚持“五通”原则，共同打造中蒙俄经济走廊非传统安全合作的新屏障，推动构建后疫情时代“新型周边国家关系”。[①] 李志斐以澜湄地区的安全问题为研究对象，指出该地区的安全问题以非传统安全为主，涉及跨境犯罪、社会公共卫生、环境安全、信息网络犯罪等广泛议题，呈现出明显的复合性与联动性的结构特征，深刻地影响着该地区的政治、经济和社会安全，但长期以来，澜湄地区的非传统安全治理属于“碎片化”治理模式，机制不合理，治理政策、资金、技术、人力和物力的投入分散，且缺乏持续性，导致该地区的安全问题无法从根本上被解决，澜湄合作机制的建立，从合作治理内容、结构、参与主体等方面，推动了该地区非传统安全治理逐步向“平台化”模式演进和发展，从根本上促进了澜湄地区国家之间的务实合作与非传统安全问题的解决。[②] 邓浩分析了上海合作组织安全合作的进程、动力与前景，认为上合组织已成为欧亚地区名副其实的“稳定器”，并为地区和全球安全治理贡献了新智慧、新方案，上合组织成员国命运共同体意识明显增强，共同安全利益不断扩大，安全合作需求持续升高，为下一个十年上合组织构建安全共同体奠定了坚实基础，未来上合组织的安全合作之路必将越走越宽广，不仅为维护地区和全球安全作出更大贡献，也将为推动建设新型国际关系、构建人类命运共同体作出更具价值的有益探索。[③] 范佳睿对东盟进行了研究，认为冷战后以东盟为中心的区域合作架构在非传统安全议题上因势利导，增强各国对安全威胁的共同认识，依托既有地区合作机制凝聚共同利益，形成了增强政策和行为意图确定性的“威胁—利益”转化机制，在

① 王哲：《非传统安全合作视域下中蒙俄经济走廊建设》，《北方经济》2021 年第 2 期。

② 李志斐：《澜湄合作中的非传统安全治理：从碎片化到平台化》，《国际安全研究》2021 年第 1 期。

③ 邓浩：《上海合作组织安全合作的进程、动力与前景》，《当代世界》2021 年第 9 期。

一定程度上化解了这种非传统安全困境，东盟国家与中日韩三国对安全利益的共识虽有待增强，但对安全威胁的预估已趋于一致，这是化解当下全球性非传统安全困境的一个地区性积极表征。①

### （六）媒体和话语安全研究

进入“后疫情时代”，人们开始对此前的一些现象和行为进行反思，而在疫情肆虐的日子里媒体所扮演的角色、发挥的作用和产生的影响，就是一个十分值得探讨的话题。林瑾、喻国明认为，在社会结构遭遇圈层化变革的背景下，平台型媒体正遭遇着关系超载带来的一系列问题，关系超载正解构和重构着社会认同，使得认同危机频发，而非传统安全问题的出现又进一步加剧了圈层化社会下的群体分裂、情绪失控和共识缺失等现象，因此平台型媒体亟须立足于当前的社会背景，进一步提升非传统安全语境下对认同危机的防范和化解能力，以一种共同体的视角，从技术逻辑到信息流动再到价值维度作出系统性反思和探索，将平台型媒体建设为能形成人与人之间安全而自由的沟通连接、能实现群体间高效而优质的信息和情感交流、能推动基本共识达成并促进微型群体间民主协商的重要平台。② 苏妍嫄、张亚明、刘海鸥通过挖掘非传统安全威胁下网络群体集聚特征，刻画舆情扩散图谱，并基于系统论思想阐释网络舆情涌现生成逻辑，进而揭示出网络舆情跨时空演化机理，提出多主体协作治理路径，即非传统安全威胁下网络舆情涌现扩散受到事件、主体、环境多种因素相互作用影响；在时效性、根植性、不均衡性、异化效应影响下呈现阶段演化、空间集聚、等级扩散、话题衍生等跨时空群体集聚演化态势。因此，应充分发挥政府、媒体、智库以及公众多主体功能优势，实现网络舆情

① 范佳睿：《因势利导：化解非传统安全困境的东盟路径》，《国际安全研究》2021 年第 1 期。

② 林瑾、喻国明：《非传统安全语境下的认同危机和平台型媒体的认同重构》，《传媒观察》2021 年第 1 期。

“棱锥形”治理，不断推进国家治理体系和治理能力现代化建设。[①] 刘昌华则认为，语言文字规范标准建设是网络空间语言生活建设的重要内容，也是网络空间语言生活发展的重要基础，网络空间语言生活的有序运行仰赖几个方面的语言文字规范标准，即语言文字的通用基础标准、语言文字信息化的基础技术标准、主要应用于信息化领域的语言文字规范标准、网络空间语言生活中具体领域的语言文字规范标准，网络空间的语言文字规范标准建设，有助于加强我国在语言文字领域和网络空间的国际话语权，是国家非传统安全的重要保障。[②] 赵秀凤、赵琳运用“空间—时间—价值”模型对特朗普政府能源安全话语的趋近化策略进行分析和批评，发现在空间趋近化上，特朗普政府将民主党及俄罗斯、伊朗、中国等与美国存在能源利益冲突的国家定位为消极的外部实体；在时间趋近化上，主要运用从过去到现在的概念转移，强调外部主体的入侵行为，且利用各种时态塑造这一行为的延续性；在价值趋近化上，主要运用内部和外部主体意识形态对抗手段，强调冲突加剧会引发现实危险，三维趋近化策略旨在唤起美国民众对能源威胁的迫近感，为其能源新政寻找合法化依据。[③]

### （七）校园安全与安全教育研究

在我国疫情防控过程中，学校成为被重点关注的场所，因此其安全与对学生们的安全教育就显得十分重要。杨清华、许仪在“政策主体—政策工具—政策目标”框架下，以现行的一些省级学校安全政策文本为研究对象，发现政府和学校的政策主体地位稳定，多元共治模式初现端倪，且政策工具以“命令—控制”型工具为主，其他工具为辅，但政策目标未能突破传统安全思维局限，对非传统领域安全的关注缺位，因此应强调政府职责与多元

① 苏妍嫄、张亚明、刘海鸥：《非传统安全威胁下网络群体集聚舆情传播治理研究》，《情报理论与实践》2021 年第 6 期。

② 刘昌华：《网络空间的语言文字规范标准建设与国际话语权》，《新闻潮》2021 年第 7 期。

③ 赵秀凤、赵琳：《趋近化理论对于非传统安全话语的阐释：一个案例研究》，《天津外国语大学学报》2021 年第 3 期。

共治并重、政策工具综合运用和创新应用并重、学校安全传统领域与非传统领域并重。[①] 顾家瑜、朱水成、宁晓玲认为，加强高校学生国家安全教育不仅能够帮助学生树立正确的国家安全观，还能对高校、社会和国家产生重大而深远的意义，为进一步增强高校学生的国家安全意识、丰富扩展高校思政教育内容、帮助大学生健康成长及维护高校和社会稳定，高校可以从扩展国家安全教育内容、丰富国家安全教育形式等方面入手，着力构建高校国家安全教育常态化机制。[②] 徐明春认为，非传统安全事件对高校安全治理工作、高校安全稳定提出了新挑战，使其安全治理体系与能力建设中出现理念错位、法律缺位、目标缺项、部门缺合等困境，需要在理念上树立综合安全观、法律上加强校园安全立法、实践上形成多元参与互动治理格局、治理主体上加强专业化与职业化建设。[③] 张文泽从公安院校的角度出发，认为随着警务实战训练的推进，公安院校在招录体制改革的影响下，其定位、使命、任务发生了新的变化，公安院校实战化训练面临着传统安全和非传统安全的共同挑战，应辩证看待实战化训练与训练安全，准确把握实战化训练中存在的安全意识薄弱、训练不规范、装备保障不到位、应急预案和应急体系不完善的问题，通过建立校园安全委员会、树立正确的训练安全观、制定训练大纲、加强超前装备建设的措施来提高警务实战化背景下公安院校训练安全系数。[④]

## （八）非传统安全法律研究

非传统安全问题存在范围广、跨度大、形式多样等显著特点，因而其相关立法工作进展较慢，不论是国内法还是国际法都不够完善。对此，我国学

① 杨清华、许仪：《学校安全条例研究与政策建议——基于10个省级地方性法规的文本分析》，《高校后勤研究》2021年第3期。

② 顾家瑜、朱水成、宁晓玲：《将国家安全教育纳入高校思政教育的必要性与策略探究》，《教育探索》2021年第5期。

③ 徐明春：《非传统安全视域下高校安全治理困境研究》，《黑龙江教育》（高教研究与评估）2021年第6期。

④ 张文泽：《公安院校实战化训练安全问题探析》，《辽宁警察学院学报》2021年第3期。

者进行了一定研究。蔡艺生、翁春露通过对83份援引《国家安全法》的涉及非传统安全领域的案例进行实证考察发现，《国家安全法》适用案例整体呈上升趋势，但相关案例数量极少；《国家安全法》被援引法条多集中于总则章节；涉及二审及再审审理程序的案例占比不低；各诉讼主体将《国家安全法》与生产生活领域具体安全法规相混淆，其适用疏漏成因在于各诉讼主体对国家安全概念与个人权利的混淆、对《国家安全法》司法功能的误解，因此应出台专门司法解释、树立当事人正确认知、发展国家安全理论，完善非传统安全视域下的《国家安全法》司法适用规范。① 朱应平从地方性法规入手，认为地方通过制定地方性法规或者规章维护国家安全方面的立法，是贯彻宪法和法律、行政法规的需要，也是实践中维护多种国家安全的需要，地方所涉维护国家安全的立法事项可以分为传统国家安全方面和非传统国家安全以及其他相关法律方面的实施事项，目前地方关于维护国家安全的立法模式主要是制定单行性的法规或者规章，以及在相关的地方性法规和规章中增加维护国家安全的相关内容，地方性法规和部门规章可以有机地结合起来运用，地方开展维护国家安全立法的内容取决于上位法的事项范围和立法框架，但总体来看，地方立法主要限于涉及相关行政机关职权职责、相对人和社会组织行政法上的权利义务的设置。② 宋颖认为我国目前已形成以传统国家安全领域立法为主、非传统国家安全领域立法齐头并进的国家安全法律体系，但仍然存在一些不足，如国家安全存在立法空白区，法律效力层级有冲突，法条多为原则性规定而缺乏具体制度构建等，应理顺国家安全法律体系内部法律之间的位阶，避免影响专门领域法律的独立性，增强体系内部协调性，填补国家安全立法的盲区，优化《国家安全法》的体系架构，关注非传统国家安全领域的法律及相关实施方案的制定。③

---

① 蔡艺生、翁春露：《非传统安全视域下〈国家安全法〉司法适用实证调查——以2015年至2020年83篇裁判文书为分析样本》，《北京警察学院学报》2021年第5期。

② 朱应平：《地方维护国家安全立法的几个问题》，《上海法学研究》2021年第1卷。

③ 宋颖：《我国国家安全立法的不足与完善》，《甘肃社会科学》2021年第5期。

## （九）其他非传统安全研究

在以上类别之余，还有诸多学者从细分领域对非传统问题进行了研究，如智慧城市①、人工智能②、风险评估③、情报应用④、交通运输⑤、意识形态安全⑥、粮食安全⑦⑧、灾害环境⑨、福利体制⑩、“军事+”⑪、水安全⑫、固体废物⑬、风险扩散⑭、网络空间⑮等。总体来看，我国学者们的非传统安全研究广度进一步扩大，学术旨趣越发丰厚，成果遍地开花。新领域的扩展意味着新问题的发现，而新问题的发现又要求解决之道的探索和规律的总结，这是一个良性发展的过程。

① 潘和平、许雨晗、魏偲琦：《新型智慧城市“非传统安全”评价及对策研究》，《安徽建筑大学学报》2021 年第 3 期。

② 张纪腾：《新局与危局：人工智能的国家安全问题思辨》，《信息安全与通信保密》2021 年第 5 期。

③ 汪衔石：《现状、困境及对策：对西印度洋非传统安全的风险评估》，《情报杂志》2021 年第 4 期。

④ 张记炜：《欧盟应对非传统安全威胁过程中的情报应用——基于军事行动分析》，《情报杂志》2021 年第 11 期。

⑤ 耿彦斌、胡贵麟、姜长杰：《交通运输支撑国家安全的现状、问题与路径研究》，《公路》2021 年第 5 期。

⑥ 胡芳、王婧涵：《构建国家意识形态安全关系治理体系的新探索》，《三峡大学学报》（人文社会科学版）2021 年第 4 期。

⑦ 朱晶、李天祥、臧星月：《高水平开放下我国粮食安全的非传统挑战及政策转型》，《农业经济问题》2021 年第 1 期。

⑧ 于宏源、李坤海：《粮食安全的全球治理与中国参与》，《国际政治研究》2021 年第 6 期。

⑨ 王国平：《论产业升级的灾害环境》，《科学发展》2021 年第 8 期。

⑩ 郑彬睿：《福利体制的国家安全保障功能研究》，《太平洋学报》2021 年第 7 期。

⑪ 林东：《多域战争：战争冲突形态从传统军事对抗向“军事+”对抗转变》，《人民论坛·学术前沿》2021 年第 10 期。

⑫ 郭利丹、李琼芳、黄永春：《跨境流域水安全共同体内涵解析与实现机制》，《世界经济与政治》2021 年第 4 期。

⑬ 关婷、查道炯：《固体废物跨国转移的动力机制与治理逻辑》，《国际政治研究》2021 年第 4 期。

⑭ 张春颜：《非传统安全视域下灾害性公共危机的风险扩散与弹性治理——基于扎根理论的 109 个案例分析》，《上海行政学院学报》2021 年第 6 期。

⑮ 耿召：《网络空间技术标准建设及其对国际宏观规则制定的启示》，《国际政治研究》2021 年第 6 期。

## 二 2020~2021年中国非传统安全研究的整体特征

综观2020~2021年中国学者对于非传统安全所进行的研究，除了定量研究缺位等问题外，还可以发现以下几个整体性特征。

第一，研究趋于常态化。过去两年由于新冠肺炎疫情的暴发，学者们的研究多集中于此，显示出一波研究热潮和高潮。在我国疫情得到了卓有成效的控制，取得了举世瞩目成果的背景下，有关新冠肺炎疫情的研究逐渐饱和，成果的广度和深度都达到了一定程度，因而研究热度逐渐冷却，学者们的研究又回归常态化。一方面，此现状反映出学界不再盲目跟风，依照现实世界实际显露的现象和发生的事件展开相关研究，并非一哄而上，蹭热点、蹭流量，保持了学术的克制和理性。这种克制和理性是极为重要的。在非传统安全学术共同体尚未成熟建立之时，只有这样才能有效规避学术“撞车”，优化学术资源的配置，部分缓解学术资源“浪费”的问题。另一方面，“后疫情时代”的到来对学者们的非传统安全研究提出了更高的要求，我们如何在常态化研究中把握动态甚至预知变态，是一个值得深思的问题。简言之，研究者们需要培养从“静”中抓“动”的敏锐意识，在对一般规律进行探索之余去发掘特殊规律，增强对于“黑天鹅”事件的感知和应对。

第二，阶段化特征明显。2020~2021年我国非传统安全研究趋于常态化，但若将之放在一个较长时间段中来看，则呈现出明显的阶段性。这种阶段性并非“常态—动态—常态”的循环，而是一种“常态—动态—变态—新常态”的渐进式阶段性过程。可以看到，在一段时间的常态化研究后，突然出现动态性或变态性事件，那么这一类型的问题则会成为新一阶段的常态研究。此种阶段性反映出我国非传统安全研究内容的深化，对学者们的工作也提出了挑战，需要学者们具备更加复杂综合的学科背景或多人通力合作来完成。另外，除前述如何从“常”中取“动”、“动”中取“变”的问题之外，由常态向新常态的理念转变同样需要关注。我们需要明白，事前的风平浪静和事情解决之后的风平浪静一定是不同的两种社会状态和学术状态。

在经历一个非传统安全风险周期后，依然原地踏步是绝不可取的。也就是说，如何在“常”中取“新”同样是极为重要的问题。

第三，跨学科色彩越发浓厚。经过新冠肺炎疫情的洗礼，学者们越发意识到单一学科背景确实无法很好地去理解诸多新型非传统安全问题。在“后疫情时代”，跨学科的研究就成为时代赋予的必然要求。事实上，无论是学术需求，还是现实要求，跨学科研究已然成为一个不可回避的话题。学术需要创新，需要贴近现实，而现实世界需要指导，需要进一步发展，这些都离不开跨学科的方式与手段。究其根本，唯有跨学科的思维才能更好地求“新”。可以看到，2020~2021 年我国学者对于非传统安全的跨学科研究大幅增加，如与教育学、法学、生物学、新闻学等学科的有效结合，催生了一大批优秀的研究成果。事实上，只有如此，才能更好地将已发生的变态性非传统安全事件，转化为新阶段的新常态问题来进行研究。

## 三　非传统安全研究的未来展望

在“后疫情时代”，由于此前经历了“超级非传统安全威胁”的恐慌，我们对于非传统安全研究的未来展望就显得尤为重要。毕竟，危机之后不仅需要反思，同样需要期望。依照文章开头所述学者的观点，若历史能以新冠肺炎疫情为界划分，那么，我国非传统安全研究同样可以以此为界进行划分。当然，过去乃至当下的非传统安全研究都未在全国范围内形成开放合作的格局，国内不同学科之间缺乏交互性，不同机构的研究人员之间缺乏合作[①]等问题，但在一些方面也出现了积极转向。以新冠肺炎疫情为界，未来我国非传统安全研究有如下几个方面值得期待。第一，应对重大突发性非传统安全危机的经验和相应的研究应有所强化。一方面，在新常态研究的推动下，学者们的预测能力与水平会有所提升，对于可能发生的重大风险能够进行一定程度的

① 陈玉梅、付欢：《中国非传统安全研究的知识图谱分析——基于 CiteSpace 的可视化方法》，《浙江大学学报》（人文社会科学版）2021 年第 3 期。

预知；另一方面，事后的应对研究会更加准确与科学，学术拥堵的现象会进一步缓解，因而更加高质高效。第二，非传统安全的研究广度和深度会进一步提高。这不仅是应对本次“超级非传统安全威胁”的必然要求，而且是“后疫情时代”和保障人民生命安全的必然要求。唯有进一步扩大非传统安全的研究范围，并对具体的问题进行深入的研究，才能提炼出并把握住整体性的规律，从而更好地应对未来可能到来的未知危机。第三，新冠肺炎疫情使学者们开始思索单一学科应对非传统安全危机的无力。可以说，单一人员或组织、单一学科或机构都不能够全面应对大规模的非传统安全事件，且现有的非传统安全理论也亟须反思和更新。因此，理论性的、跨学科的、综合性的非传统安全研究越来越成为此后研究的方向，值得学者们去共同努力。

我国非传统安全研究已历经 40 余年，现在正处于一个最大的转折期，即非传统安全事件成为历史的转折点。这是非传统安全研究的巨大机遇，同时也是前所未有的挑战。于学术而言，无论什么样性质的事件基本上都会推动其发展，但安全研究必须严格把握住正向的价值判断。特别是非传统安全领域，格外需要坚持正确的价值取向。一方面，虽然局部地区依然存在动荡，但传统安全问题已然没有非传统安全问题对人类生命的威胁程度深；另一方面，非传统安全具有涉及面广、形态复杂、难以把握等特点，使之易于被政治化，成为国内政治和国际关系发展转变的筹码。本次重大的非传统安全危机，固然极大地推动了相关研究的发展，但此类事件是全人类唯恐避之不及的，不能仅将之作为学术的“养料”来看待。作为非传统安全的研究者，我们必须要坚守生命安全的底线，尽力去思考如何以人民为中心来做学问。或许，把握住这样的学术底线，非传统安全研究才能更加贴近现实、贴近科学，从而更好地造福人类。

**B**.3

# 面向重大传染性疾病疫情的城市社区治理：功能定位、实施困境与发展路径*

毛子骏　梅　宏　徐晓林**

**摘　要：** 重大疫情事件严重威胁着人民生命安全，对国家经济、民生、治理机制产生多维度的冲击。作为国家治理体系中的群众基层自治组织，社区在承载社会保障、文化宣教、治安管理等多重政府职能的同时也是抓早抓小、落实落细各项防疫措施的重要主体，需要根据疫情态势和治理资源进行主动调适，构筑起坚固的战疫防线。本文以武汉市基层社区应对新冠肺炎疫情的实践为例，梳理总结基层社区在疫情防控中的功能定位及实施困境，并提出“平战结合”的复合型治理路径，以期为提升中国疫情防控治理能力提供发展对策。

**关键词：** 疫情防控　突发卫生事件　社区治理　应急管理

2020年突发的新冠肺炎疫情蔓延至全球约200个国家和地区，造成数百万人不同程度的感染①。同时，疫情也导致全球范围内的生产停摆、资源

---

* 本文是国家自然科学基金项目“重大突发公共卫生事件中的社会治理体系建设——以武汉市为例”（项目编号：72042016）。

** 毛子骏，华中科技大学公共管理学院，华中科技大学非传统安全研究中心教授、博士生导师，主要研究方向为数字政府、非传统安全；梅宏，华中科技大学公共管理学院硕士研究生，主要研究方向为大数据与数字治理、信息安全和风险；徐晓林，华中科技大学公共管理学院，华中科技大学非传统安全研究中心教授、博士生导师，主要研究方向为电子政务、智慧城市、非传统安全。

① Coronavirus disease（COVID-2019）situation reports［EB/OL］，世界卫生组织官网，https：//www. who. int/emergencies/diseases/novel-coronavirus-2019/situation-reports。

危机和民众恐慌，并滋生分裂主义等问题，侵蚀经济全球化和国际合作的长期成果[①]。针对重大疫情的防治防控，医学专家往往难在短时间内研制出有效疫苗，因此必须借助物理隔离的社会管理方式控制其传播，而社区便是隔离管理的主要场域。社区是疫情联防联控的第一线，也是外防输入、内防扩散最有效的防线。武汉作为中国新冠肺炎疫情防控最早的主阵地，为中国防疫阻击战的胜利做出巨大贡献，从实践上证实了社区在疫情防控中举足轻重的地位。

近年来，学界对城市社区治理问题进行了大量研究，研究主题聚焦于四个方面：一是对养老、医疗、物业等社区服务的研究，重点关注各类社区服务的功能定位、供给模式及优化策略[②][③]；二是结合中国国情，对国家、社会、市场和网络等不同治理模式进行比较分析，并形成了自治理论、公民社会理论、整体治理理论等特色治理理论[④][⑤]；三是提出衡量社区治理能力的一般性分析框架，囊括社区治理的基础资源、治理主体、治理路径等要素[⑥]；四是对不同治理主体的社区民主参与状况进行调查，剖析监督、选举、协商等基本民主权利的行使情况及存在的问题[⑦][⑧]。然而，现有研究通常关注常规情境下的社区治理运转，鲜有探讨在有风险、应急等危机情境下

---

① 唐珏岚：《新冠肺炎疫情给经济全球化带来哪些影响》，《学习时报》2020 年 3 月 23 日，第 2 版。

② 王辅贤：《社区养老助老服务的取向、问题与对策研究》，《社会科学研究》2004 年第 6 期，第 110~113 页。

③ 张磊、刘丽敏：《物业运作：从国家中分离出来的新公共空间　国家权力过度化与社会权利不足之间的张力》，《社会》2005 年第 1 期，第 144~163 页。

④ 刘娴静：《城市社区治理模式的比较及中国的选择》，《社会主义研究》2006 年第 2 期，第 59~61 页。

⑤ 尹浩、陈伟东：《城市社区治理：研究进路与发展态势》，《学术论坛》2016 年第 6 期，第 131~134 页。

⑥ 郎友兴、葛俊良：《让基层治理有效地运行起来：基于社区的治理》，《浙江社会科学》2014 年第 7 期，第 63~69+157 页。

⑦ 许开轶、朱晨晨：《基层协商民主的制度认同论析》，《政治学研究》2018 年第 4 期，第 80~89+127~128 页。

⑧ 任中平、张露露：《新时代基层民主选举与民主治理的均衡发展——以四川省基层民主发展的路径演化为例》，《探索》2018 年第 6 期，第 72~79+2 页。

社区应当如何定位其功能，调转运作的研究。少数相关研究也未针对重大传染性疾病防控展开探索。例如，周永根借鉴美日灾害风险管理模式，构建了基于社区的灾害风险治理的基本框架[①]；何继新等以韧性城市理论、风险脆弱性理论等为学理依据，从伦理、功能、经济、社区、技术等角度建构起社区安全韧性的循环发展模态[②]。

在新冠肺炎疫情防控中，由于行政体制条块分割、人口流动加速、单位制解体等因素的综合作用，社区治理始终面临责大权小、协同不畅等问题[③]，面对重大疫情时，如何准确定位社区的功能与职能，并辅以相应的制度和资源支持充分发挥社区的应急潜能，切实将社区这张防控网兜住、兜实，是推动国家防疫治理体系和治理能力现代化的重要抓手，也应是当前政府和学术界亟待探讨的焦点问题。

## 一　社区治理在疫情防控中的功能定位

在重大疫情中，疫情防治防控成为基层社区的首要任务。根据基层防疫治理的总体部署要求，社区防疫功能总体上可分为疫情监测、封闭管理、人力支持和生活保障四大部分。在武汉市社区防疫实践中，由于任务繁重，基层防疫力量明显不足、社区工作者压力巨大。按照中共湖北省委组织部为打赢疫情防控阻击战提供的坚强组织保证的工作提示和省委教工委的统一要求，武汉市疫情防控指挥部积极号召党员下沉社区，同时鼓励各社区根据地方疫情态势自主招募志愿者以保障社区防疫功能实现。为系统准确地定位社区防疫功能，本文从三个途径进行了分析整理：①湖北省、武汉市及其各区新冠肺炎疫情防控指挥部发布的官方文件；②《湖北

① 周永根：《基于社区的灾害风险网络治理模式探析》，《城市发展研究》2017 年第 7 期，第 118~124 页。

② 何继新、贾慧：《城市社区安全韧性的内涵特征、学理因由与基本原理》，《学习与实践》2018 年第 9 期，第 84~94 页。

③ 门理想、王丛虎：《“互联网+基层治理”：基层整体性治理的数字化实现路径》，《电子政务》2019 年第 4 期，第 36~45 页。

日报》和《长江日报》关于社区防疫举措的新闻报道；③武汉市参与防疫工作的社区工作者、下沉党员、志愿者、街道管理人员及物业管理人员等的访谈资料。以政策文件的部署要求为框架，以官媒新闻报道和实践操作为补充，最终梳理出新冠肺炎疫情防控期间武汉社区的主要防疫功能（见表1）。

**表1　新冠肺炎疫情防控期间武汉社区主要防疫功能列表**

| 类型 | 社区功能 | 主责单位 |
| --- | --- | --- |
| 疫情监测 | 对社区公共场所、居民住所等地进行消毒 | 各级城管部门、环卫部门 |
| | 在出入口设立检查点，对来往人员按“通行证登记+扫码+测温+戴口罩”管理 | 各区疫情防控指挥部、社区党组织、社区居委会、派出所 |
| | 发放口罩、消毒水等防护物资 | 各区疫情防控指挥部、社区卫生服务中心 |
| | 4类人群摸排（确诊病例、疑似病例、发热症状患者、密切接触者） | 各区疫情防控指挥部、区疾控中心、社区卫生服务中心 |
| | 转运4类人群至医院或隔离点 | 各区疫情防控指挥部、社区居委会、派出所 |
| | 配合开展流行病学调查工作，统计上报辖区内病例数据 | 各级公安部门、民政部门、统计部门、区疾控中心、社区居委会 |
| 封闭管理 | 关停商铺，限制社区内聚集流动 | 各区疫情防控指挥部、市场监督管理局 |
| | 严格登记外来人员信息，做好相关安置工作 | 各社区党组织、社区居委会、派出所 |
| | 巡查社区内异常情况，如夜间集贸、闲逛等 | 各社区党组织、社区居委会、派出所、小区物业 |
| | 减少社区出入口，严控居民进出 | 各社区党组织、社区居委会、派出所、小区物业 |
| 人力支持 | 针对参与疫情防控的党员、基层人员和普通居民进行考核激励 | 各区组织部、区人社局、各直属单位党委 |
| | 为防疫人员提供咨询、培训、保障（如排班、休息安排）等服务 | 各街道办、社区居委会、人员派出单位 |
| | 招募疫情防控的社区志愿者 | 各区委宣传部（文明办）、区团委 |

续表

| 类型 | | 社区功能 | 主责单位 |
|---|---|---|---|
| 生活保障 | 物资保供 | 配送基础生活物资,如蔬菜、肉蛋、水果、调料等 | 各社区党组织、社区居委会、小区物业 |
| | | 配送医药、温度计等医疗物资 | 各区疾控中心、社区党组织、社区居委会、社区卫生服务中心 |
| | | 排查并上报住宅区内天然气、水电供应状况 | 各社区居委会、小区物业 |
| | | 调配并发放社区定点捐赠物资 | 各社区居委会、小区物业 |
| | | 分拣快递、外卖并配发给对应居民 | 各社区居委会、小区物业 |
| | 人文关怀 | 关心关爱困难群体、高龄老人、残疾户 | 各社区党组织、社区居委会、小区物业 |
| | | 为社区居民提供防疫知识科普,消除疫情谣言 | 各区疫情防控指挥部、公安机关网监部门、社区党组织、社区居委会 |
| | | 设置24小时服务热线,回应居民诉求 | 各区疫情防控指挥部、社区党组织、社区居委会、小区物业 |
| | | 密切关注居民心理状况,排查并上报异常状况 | 各社区党组织、社区居委会、小区物业 |

## （一）实时的疫情监测

对社会风险的及时感知与捕获是国家防疫治理能力现代化的基本体现。由于新冠病毒在潜伏期内或无症状感染者体内也具有极强传染性，及时发现并隔离传染病源、精准追踪并清理潜在的风险区域对于控制疫情蔓延至关重要。按照属地管理原则，社区必须负责本辖区内的疫情风险排查，做到即时发现、即时上报、即时救治和即时清理，以有效保障本辖区内的风险清除及环境安全。一是排查摸清底数，不留防疫死角。针对辖区内所有住户实施地毯式排查，一旦发现疑似感染症状患者或密切接触者，立即派人陪同到医院就诊，根据医院出具的隔离通知或居家观察通知，做好安置隔离和医学观察。同时，参照对比卫生系统的疫情数据，仔细校对并上报辖区内的有关统计数据。二是为缓解疫情暴发阶段的医护资源紧张状况、实现病患分类，协助落实对“四类人员”的分类收治和管理：对确诊患者、轻症患者进行集中隔离，对重症患者则转诊到定点医院治疗；针对疑似患者、密切接触者以及不明原因的发热患者，社区负责送至规定的康复隔离点[①]。随着疫情防控态势逐渐向好，凡是确诊患者将一律送往医院救治。三是保障辖区环境卫生安全。在区城管部门、环卫部门领导的指挥下，社区负责督促物业对居民住所、公共场地进行定期消毒，或组织社区工作人员、下沉党员及志愿者进行统一消毒。

### （二）弹性的队伍管理

主体多元的活跃治理生态是保障社区高效运转的必要动力[②]。自新冠肺炎疫情暴发以来，基层社区成为国家防疫战线的“排头兵”，积极开展病患救助、物资运送等防疫工作。随着疫情呈现快速扩散态势、基层防控工作日趋严峻，社区工作者难以有效执行任务，下沉党员、志愿者等防疫力量开始逐渐加入社区防疫工作中。纵观基层防疫队伍，主要包括以下主体：一是社区工作者。在疫情防控指挥部的统一协调下，社区党组织、居委会等承担着供需对接、人员调配、防疫知识宣传等重要防疫任务。二是下沉党员。以市域为界限圈定各级党政机关和企事业单位的党员干部坚守疫情防控一线，以骨干党员为先锋，并将其他下沉党员统一编入基层抗疫队伍，对口支援市内各个社区。三是志愿者。志愿者是疫情防控工作队伍的有力补充，根据社区疫情态势和资源缺口，社区联系区委宣传部、团委等有关上级单位确定并满足人员需求，以保障社区防疫工作的有序推进。此外，为强化激励约束，社区会对下沉人员的工作表现作出评价，并反馈给派出单位作为年度考核依据。对于先进典型，区、街道将给予通报表扬。对于玩忽职守、抗拒命令的人员，社区将向派出单位报告以沟通协调。对于造成恶劣社会影响的人员，社区将上报上级纪检部门介入调查，根据调查情况给予通报批评或其他处置。社区指派专人负责下沉人员及志愿者的管理，对其身体损耗及心理压力进行密切观察，发现问题并及时协调心理辅导介入。

---

① 张茜、胡蔓：《武汉集中收治隔离“四类人员”全力疏通救治“堰塞湖”》，《湖北日报》2020年2月6日，第2版。

② 王东、王木森：《多元协同与多维吸纳：社区治理动力生成及其机制构建》，《青海社会科学》2019年第3期，第126~131+141页。

### （三）精细的公共服务

闭合式的社区管控向基层公共服务施加了巨大压力，短时间内社区面临着多样、紧迫的居民服务需求，必须及时提供精细服务，满足居民个性化诉求。宏观审视新冠肺炎疫情防疫工作，社区主要解决以下几大服务需求：一是生活需求。随着居民粮食、蔬菜等日需品的消耗，社区承担起运输生活物资的重任。通过叫号、分时段分发的方式，社区利用小广场定期分发物资，并对病患、孤寡老人、孕产妇等特殊群众建立清单、落实包保责任。社区还会定期排查辖区内水电气的供应状况，发现问题后及时与有关职能部门协调解决。二是医药需求。除抗疫储备的医药需求外，社区内还存在部分患有长期慢性病、恶性病而需服药的患者，必须及时排查并掌握辖区内此类患者的用药需求，与医药店对接药物供求并购买所需药物，确保社区内其他病患的正常治疗。三是资讯需求。新媒体、自媒体的兴起丰富了信息传播渠道，社区可利用信息平台及时通报社区疫情数据及抗疫进展，帮助社区居民了解疫情态势、普及防护知识，并倾听民众意见反馈，不断改进公共服务，从而形成传播力强、认可度高、内容本土化的融媒体矩阵。四是心理需求。重大疫情暴发初期，往往会产生社会恐慌。社区应充分发挥宣传动员功能，对空巢老人、残疾人、特困户等弱势群体进行定期探访、困难帮扶。针对隔离期满回家的住户，社区工作者在避免感染的前提下，也需及时安抚被隔离者的情绪，必要时邀请心理专家进行心理辅导和帮助。通过细致的人文关怀，不断增强社区居民的安全感、信任感，逐步引导民众回归理性、社会恢复有序。

## 二　社区治理在疫情防控中的实施困境

在重大疫情事件中，社区作为连接政府和群众的桥梁，能够灵活响应各类应急指令，快速控制辖区居民行为。灵活有效的社区行动依赖于物资、人员、信息等必要要素的辅助支持。必要要素的缺位会影响社区的“弹性治理”、限制其功能发挥。这些必要要素的缺位客观上构成了社区治理在疫情防控中的实施困境。

### （一）物资困境

防疫救援物资的合理配置是社区应对各类突发事件和重大危险源的坚实基础，也是社区作为应急响应和抢险救灾前线的必要职能。物资储备不足通常是社区防疫治理面临的主要困境。造成物资储备不足的主要原因包括：一是平时应急物资储备不足。如在分配区域物资中，未能充分考虑到该区域的突发风险及承灾能力，从而造成社区应急物资储备无法满足自身处理紧急突发事故的基本需求。二是物资调拨问题。大规模、多类别的应急物资需求，需要多个物资供应部门、交通运输部门和基层社区之间的信息共享和有效沟通。这使得跨区域的应急物资调拨任务极其艰巨。三是物资排查问题。随着疫情态势的发展及潜在风险的变化，社区只有定期对应急物资进行排查摸底、及时更新储备目录并采购相关物资，才能有效保障社区应急物资的储备安全。若社区缺乏对应急物资的动态管理与跟踪，造成物资过期、缺失、损坏等问题，将不利于可持续的防疫管理。

### （二）人员困境

面对差异化的利益诉求和多元化的社会主体，社区工作者必须在最短时间内实现对居民诉求的精准把握和贴近满足，有效打通保障公共服务的“最后一公里”。繁重的防疫工作通常会造成防疫人员不堪重负的困境。尤其在公租房小区，辖区内困难群众多、危重病患多，居民对政策理解和认同水平低，往往导致社区防疫队伍防控工作压力极大。根据《中华人民共和国居民委员会组织法》规定，社区内一般拥有 100~700 住户就要成立居委会。实际中，武汉市江岸区多数社区拥有 3000 左右住户，平均一名社区工作者负责 200 至 400 住户，或 600 至 800 人的服务工作，实际工作量远超负荷。另外，若基层防疫人员未经系统培训，不具备处理防疫工作的基本技能和素质，则会导致工作效率低下、任务完成度不高等问题。这将进一步加大社区人员疫情防控的难度。

## （三）信息困境

在防疫治理中，如何保障基层社区工作能够快速地上传下达和灵活便捷，公开透明的防疫信息共享是关键。诸如身份信息、每日体温等社区住户基本信息的核实检查是社区防疫工作者的重要任务。同时，由于社区居民有掌握基础防疫知识和技能的迫切需求，社区也承担着科普宣传的重任。而技术、知识及舆论等认知局限成为阻碍社区信息搜集及传播的关键困境。首先，我国智慧城市的建设以及大数据、云计算等信息技术的发展更多还是服务于公共事务的综合治理和宏观战略，忽略了基层社区的数字化转型，未能实现真正意义上的互联互通。有关技术成果可能难以充分发挥其态势研判、资源整合、云上互联的智慧优势。其次，科学家对于新型病毒的认知需要耗费一段时间，但社会公众防疫知识的宣教需求则是紧迫的，这种时间矛盾客观上造成了防疫宣传工作在短时间内缺乏科学准确的知识支撑。最后，互联网的普及虽拓宽了信息散播渠道，但也使舆情复杂度加深，疫情治理态势也更具复杂性和不确定性。国际媒体以及国内部分民间媒体不负责任地发布夸张言论，歪曲事实，将严重损害政府形象、破坏社会秩序。

## （四）制度困境

为及时降低病毒扩散风险和不确定性，社区必须在极短时间内动员力量执行防控决策，但囿于政治纪律、行政编制等制度设计，社区的响应处置可能不够及时。我国治理的执行机制由纵向垂直管控和横向属地管理两部分构成，区级以上政府往往将本职任务逐项逐条下放到各区政府、街道，透过自上而下的压力传导，社区无条件地辅助多项任务执行，导致承担任务落实的基层社区面临责大权小、执行混沌等现实窘境，致使社区运转失衡、动力不足。此外，在基层财政分配机制上，街道的财政款项并未给社区设置专项经费，社区资金的开销流转必须向辖区街道申请报销，社区自身没有财政自主权，这也造成其行事空间狭小的尴尬局面。总之，制度约束和资金限制将可能会造成重大疫情下社区治理的失灵问题，不利于快速隔绝疫情蔓延。

## 三　平战结合的复合型社区防疫治理逻辑

重大传染性疾病防治不是一项单靠政府力量就可以独立实施的单线程任务，也不是即时利用权力、信息等资源就能得到有效处置的常规风险事故，现代社会的流动性和复杂性，加剧了疫情防控治理难度。有效的国民经济动员是保障未来防疫治理有序、高效的治理逻辑，即国家能够有组织、有计划地由平时状态过渡到战时状态，充分调动国家资源潜力和经济实力，以保障战时需要①。基于基层现状，社区普遍存在责大权小、队伍规模小、公众参与度低等问题，在应急状态下可动员的潜力明显不足，无法实现有效的国民经济动员。社区应当将疫情管理机制和常态管理机制视为防疫治理体系的“双轮”，并驾齐驱、共同推进，靶向式提升应对重大突发公共卫生事件的动员和处置能力，做到平战结合的复合防疫治理，从而实现对疫情风险精准、迅捷的调适和布控。

### （一）平时状态：应急常态化的社区善治

以往针对突发公共卫生事件所建立的基层应急管理系统通常是面向危机情形的，忽视了预案、演练等防疫预先环节，造成实战状态下各治理主体的措手不及、功能缺位。若要提前做好充分的应急准备，将常态化的防疫工作吸纳进社区应急管理中，不但要充分培育高素质的社会防疫力量，还需重建公民信任、筑起以广大人民群众为坚实后盾的常规防疫战线（见图 1）。

---

① 陈德第：《新时期国民经济动员理论框架》，《北京理工大学学报》（社会科学版）2003 年第 3 期，第 44~48 页。

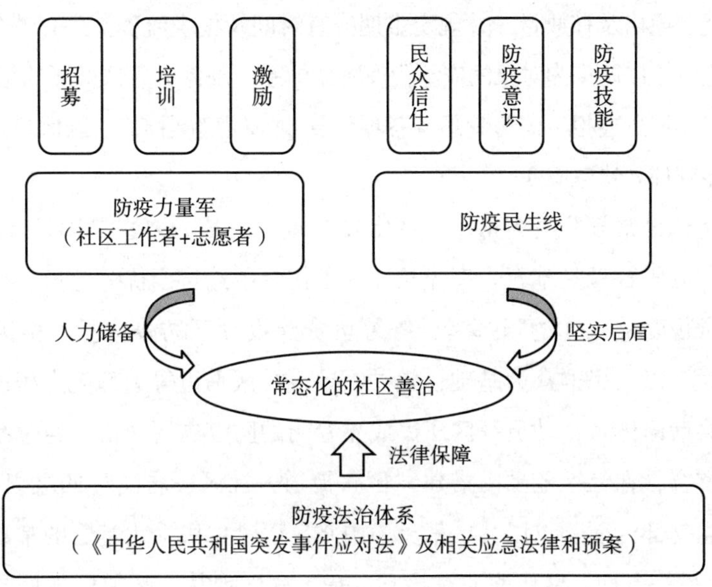


**图 1　平时状态的社区防疫治理**

一是完善防疫法治体系。疫情突发时，防疫防治是第一要务，必须直接赋予社区等基层单位各项紧急特权，避免冗余的行政审批程序耽误时间，而构建针对疫情突发时的法治保障体系是重要手段。目前，中国已经初步形成以《中华人民共和国突发事件应对法》为基本，以相关单行法、行政法规、部门规章、应急预案等为依托的应急管理法律体系①。但就突发公共卫生事件这一具体问题而言，相关法律内容还不足以支撑防疫治理工作做到有法可依，尤其针对基层社区方面的防疫法律内容还有待进一步完善和修订。例如，在权力圈定上，依法规定基层单位可灵活采取各类应急举措、征用单位和个人财产等，允许紧急情况下的运输优先权，增强制度弹性。又如在信息监管上，充分保障人民群众对基层社区防疫工作的知情权、监督权和表达权，同时加大媒体、社会组织等的社会监督力度，但也要坚决打击制造和散播谣言等产生恶劣社会影响的行为。再如在应急物资管理上，依据辖区实情以明确应急物

① 靳昊：《应急法治，为了长久安宁》，《光明日报》2020 年 2 月 15 日，第 7 版。

资的种类、规格及存放量，并规定定期排查时间及检查流程。只有健全完善以社区为主体、以防疫为对象的应急管理法律体系，确保应急情形下的组织机构、责任分工、消息通报、监督管理等各项信息要点明确顺畅，才能保障重大疫情下的有序管理和快速应变。

二是建设常规防疫力量军。在常规治理中，核心要素是动员社区力量。一方面，队伍数量是基石。率先从社区工作者中选拔出优秀党员、社区精英等作为常规防疫工作的指挥者，统筹负责建设社区防疫力量、推进防疫工作。同时，以人民群众为基础，党委领导、社区书记等干部应当积极建构权威的公共话语体系，动员社区居民成立专门的防疫志愿队伍。通过系统化的招募及整合，在社区范围内搭建“区—街道—社区—居民”四级组织架构，形成以党支部为引领、以社区精英为中坚、以基层民众为基石的常规防疫力量军①。另一方面，队伍素质是核心。基于社区现状，必须稳步提升社区工作者及网格员的薪酬待遇，并定期对防疫队伍进行专业技能培训和应急演练，掌握疫情期间消毒、输送、治安、统计、信息协同等任务规范及注意事项。为了保障防疫队伍力量不懈怠、不架空，社区必须设计动态考核和激励机制，针对社区防疫队伍的组织结构、人员组成、专业素质、举办活动等各方面建立实用的绩效考评体系，并将考核结果与晋升、奖金激励等挂钩，切实推进社区疫情治理工作常规化。

三是构筑常规防疫民生线。构筑稳固的常规防疫民生线，必须尊重辖区固有的社会文化形态，有步骤地吸纳本土内生性规则以实现基层民众的积极动员和配合。首先，基层民众的信任是基础。在崇尚礼治的中国传统背景下，居委会、物业等社区组织可灵活运用诸如“人情”“面子”的交往逻辑，通过拉家常、主动服务等日常互动与社区居民建立情感关联，营造良好的邻里氛围，从而最大限度地获得居民认同和支持②。其次，基层民众的防

① 杜伟泉、朱力：《基于权力关系重构的共治型城市社区治理机制探析》，《学习与实践》2019 年第 2 期，第 101~108 页。

② 田先红、张庆贺：《城市社区中的情感治理：基础、机制及限度》，《探索》2019 年第 6 期，第 160~172+2 页。

疫意识是关键。由于重大疫情是突发、偶然的，多数居民并未具备正确认知疫情的科学态度，或轻视病毒的传染性和扩散性，或夸大疫情后果的危害性，容易造成社会恐慌和秩序混乱。社区应当在公告栏、微信群或上门走访时对于常见流行性传染病的病理知识进行科普宣传，确保民众对于疫情的发展具备科学认知和理性判断。最后，基层民众的防疫技能是保障。基层民众只有学会合理自保，才能最大限度地降低感染风险。社区应当定期进行疫情防护相关的宣传教育，尤其对于老人、残疾人等特殊群体，通过横幅、视频、传声筒、面谈等多渠道强化居民防疫理念，以便在疫情实战状态下居民能够采取正确做法和行为。

### （二）战时状态：联防联控的社区防疫治理

面对重大疫情，社区应在最短时间内实现从常规到应急运行系统的有效切换，调动一切组织、装备、物资等应急资源，从而减缓公共卫生事件对于国家体制运行的冲击。社区是防疫战的主战场，依托党员、社区精英、普通工作者、基层群众等广泛社会力量，建立从党建指挥，到多主体执行，再到技术辅助和人文关照的综合应急响应体系，对于有效落实疫情防控尤为重要。这需要改变过去单一、碎片的社区运行方式，从联动协同的整体视角推进社区防疫治理模式的转型升级（见图2）。

一是党建引领的指挥体系。在应急情形下，利用主导力量进行宏观布局和系统指挥、摆脱基层治理困境是社区疫情防控的现实需要，党员精英则是社区主导力量的重要构成①。及时成立的国家、省、市三级疫情防控指挥部，同时囊括各级卫健委、交通运输部门等成员单位，在组织上保障新冠肺炎疫情防控取得阶段性胜利。在社区层面，党组织也是落实优化人民本位、以问题为导向的社区疫情综合治理体系的航向器，必须发挥其引领指挥作用。首先，依据辖区内疫情形势，党员干部需快速制定并调整应急行动方

① 陈毅、阚淑锦：《党建引领社区治理：三种类型的分析及其优化——基于上海市的调查》，《探索》2019年第6期，第110~119页。

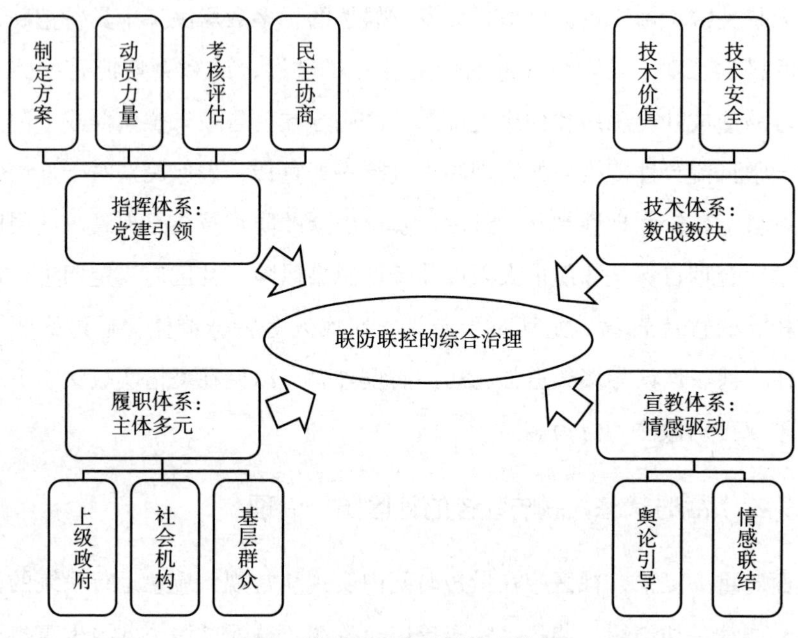


**图 2　战时状态的社区防疫治理**

案，做好上传下达、统筹指挥、分配协调等各项任务。其次，紧急动员社区内全体党员、社区工作者、志愿者等主体，将其有序编入防疫队伍中，为基层防疫治理提供智力保证和人才资源。再次，推进落实民主测评、民主推荐、举报等干部考评机制，将防疫工作者的个人实绩纳入党员选拔任用和培养体系中，不断提升党员队伍质量①。最后，通过社区利益相关者的共同协商及议论，民主接纳社会主体要求参与防疫治理的利益诉求，努力化解矛盾、推进自治，增强基层党建公共性。

二是主体多元的履职体系。社区碎片化样态催生了基层治理主体与社区规章制度之间的断裂，主体彼此疏离、功能解体，造成失控无序的社会状态，社区治理陷入恶性循环②。党的十九大报告提出要打造共建共治共享的

① 高松、刘睿宁：《新时代背景下基层党组织治理现代化研究》，《云南民族大学学报》（哲学社会科学版）2019 年第 2 期，第 17~25 页。

② 钱志远、孙其昂：《横纵联合："互构型"社区治理体系研究》，《学习与实践》2018 年第 5 期，第 87~95 页。

社会治理格局，社区的防疫治理也不例外，打造活跃多元的防疫生态系统，有助于增强社区的活力和效能。对于社区与上级政府之间，应避免行政压力的层层传导或加码而造成社区不堪重负。在综合考虑社区实际承载力的前提下，圈定社区防疫的具体职责和任务，同时设计更加灵活、便捷的信息上报制度，避免信息重复上报、漏报而造成基层资源严重浪费。对于社区与社会机构之间，疫情期间，超市、农企、物业等机构是满足居民生活需求的重要载体，如何保障其工作人员健康安全的同时，维持正常经营、提供必要的防疫服务，是社区面临的治理难题。必须精准研判社区疫情发展态势及居民需求程度，与社会机构搭建协商平台，明确疫情状态下经营所需要的防护措施、物资供给量、输送路径等所有细节，并给予适当补贴和奖励。必须严格管控社区内进出人流量，同时有意识、分步骤地向基层民众放权，培育居民共同抗疫的互助精神和权责意识①，形成和谐、温暖的社区抗疫氛围。

三是数战数决的技术体系。新型技术的融合应用是防疫治理智能化的必然选择，数据作为生产要素的价值在防疫治理中逐渐显露。一是实时监测疫情动态。依托铁路部门、电信运营商等机构提供的人员轨迹信息，数据挖掘技术能够合理推断确诊患者的出行路径、接触历史，并借助大数据模型定级区域风险并预测疫情发展态势。二是精准调度应急资源。“大数据+区块链”通过分区域的路况分析和需求预测能够对救援物资的预生产、预调拨、库存管理等环节进行智能供应管控，判断最优运输路线并适度调配资源，确保应急资源的精准高效对接。三是智能提供公共服务。社区能够利用社交媒体通报疫情信息、清理屏蔽谣言、科普防护知识。同时，远程问诊、在线购物等线上服务也能够在减少人员流动的前提下保障居家需求。因此，在现代计算机、网络通信等技术支撑下，技术治理能够更好融入防疫治理中，提高技术水平和处置效率。技术驱动也变革了过去的行政制度规则，必须配套制定符合客观社会规律的技术管理规则。一方面，社

① 曹飞廉、万怡、曾凡木：《社区自组织嵌入社区治理的协商机制研究——以两个社区营造实验为例》，《西北大学学报》（哲学社会科学版）2019 年第 2 期，第 121~131 页。

区必须明确不同职能技术的运作模式和应用特点，并结合疫情防控任务和责任主体，做到懂技术、会技术、利用技术，真正将技术内化为有效控制疫情的效能；另一方面，推进技术相关法律规章的宣贯落实，既要积极鼓励数据主体开放共享数据资源，也要严格保障数据隐私安全，避免数据泄露、篡改等侵犯主体数据权的行为。

四是情感驱动的宣教体系。面对由“平时状态”向“战时状态”的骤然转变，工具型情感治理对于社区促进邻里关系具有不可或缺的基础价值。工具型情感治理是指社区人员利用信任、身份认同、关系纽带等柔化方式安抚居民情绪、化解纠纷或稳控环境，从而完成自上而下的治理任务。社区率先通过官方信息发布平台及时通报疫情实况，破除各种传闻谣言，而针对老人、身体残疾者等弱势群体，有必要上门慰问，及时安抚其情绪、告知真相。疫情期间，基层民众难免存在焦虑、苦闷等负面情绪，利用柔性化的情感工具构筑起信任、包容等积极情感联结，促使人与人之间的互动交往更加有效，有效减弱在实施一系列封闭管控举措之后居民的抵触情绪，避免不必要的麻烦[①]。此外，新冠肺炎疫情防控中防疫人员的情绪状况和基本需求往往被忽视，造成大量医护人员、志愿司机等的过度劳损、抑郁，给国家带来了巨大损失。未来也必须要将防疫人员纳入社区的工具型情感治理中。

## 四　结语

赢得疫情防控阻击战，关键在基层、在群众。在新冠肺炎疫情防控中，社区成为抢险救护、封闭控制、供给服务和维持稳定的主战场，为阶段性胜利做出了卓越功绩，但也暴露出运作风险、技术风险和制度风险等叠加的应急危机。提升社区防疫治理能力，除了从实践操作层面强化社区危机应对能

---

① 文军、高艺多：《社区情感治理：何以可能，何以可为?》，《华东师范大学学报》（哲学社会科学版）2017 年第 6 期，第 28~36+169~170 页。

力、提高管理和技术水平，更关键在于组织、流程、制度和理念的深化与升级。透过社区疫情治理的现实动因和功能定位，建立“平时”与“战时”相结合的社区防疫治理体系，从顶层管理、队伍建设、宣传教育、技术互联等方面进行针对性治理改进，以期全面、科学、精准地预防或控制疫情。同时，由基层治理问题入手可进一步剖析国家应急管理体系和安全保障机制的缺陷和漏洞，既要从基层察觉和剖析实际问题，也要从整体层面把握应急治理的变革方向，从基层到国家、从微观到宏观，不断剥丝抽茧、寻根究底，方能切实保障国家主权安全和人民权利，也能进一步推进国家治理体系和治理能力现代化。

# B.4

# 中国国际私营安保的兴起与发展

王梦婷*

**摘　要：** 私营安全产业于20世纪六七十年代在西方兴起，于20世纪90年代开始向全球拓展，国际私营安保公司由此产生并呈现出爆发式的发展态势。相比于西方较为成熟的国际私营安全产业，中国国际私营安全市场近十年得到了初步发展。巨大的中国海外安保供需落差，使得国家和社会开始考虑中国国际私营安保在海外利益保护体系中的作用。中国国际私营安保提供的安全服务能基本满足海外企业和公民的需求，无论在服务能力还是话语方面均体现出了其专业性和忠诚性。但中国国际私营安保若要进一步良性发展，亟待在理论与实践中的创新性探索。

**关键词：** 中国　国际私营安保　私营安保产业

安全市场化（security marketization）是安全领域的重要发展之一，也是全球化过程中国际政治体系转型的重要现象。私营安全产业于20世纪六七十年代在西方兴起，于20世纪90年代开始向全球拓展，国际私营安保公司由此产生并呈现出爆发式的发展态势。私营安保公司对各国国内公共安全以及国际安全都产生了深远的影响。

"私营安保公司"在联合国雇佣军问题工作组的报告、《蒙特勒文件》

---

* 王梦婷，浙江大学公共管理学院博士研究生。主要研究方向：国际私塾安保与海外利益保护。

和《国际私营安保行为守则》有统一的定义，即“提供军事和（或）安保服务的私营商业实体”。军事和安保服务特别包括武装护卫和保护人员与物品，例如运输队、大楼和其他地点；维修和操作武器系统；羁留犯人；向地方部队和安保人员提供咨询或培训。[①] 私营军事安保公司主要服务对象包括国家、国际组织和非政府组织、跨国公司等。鉴于历史政治文化背景、雇佣兵渊源以及巨大的海外利益，[②] 西方的国际私营安全产业比较成熟，形成了英国杰富仕（G4S）、瑞典塞科利达（Securitas）、西班牙保赛固（Prosegur）等知名的国际私营安保巨头。我国国际私营安全市场近十年得到了初步发展，并且有其自身的逻辑和特定的发展过程。本文主要探讨中国国际私营安保公司兴起的国际背景与发展现状。

## 一　国际私营安保的兴起背景

### （一）国际安全态势的急剧演变

冷战因苏联的解体而突然结束，超级大国间的权力平衡被打破，“权力失衡”的国际格局使得国际安全领域产生了许多新现象，包括国际私营安全产业的兴起。首先，国际环境总体趋向和平，但地区性与国内冲突的逐渐增加，事实上冷战时期被抑制的冲突和矛盾在冷战后得到从未有过的释放；同时，传统大国的国际安全战略开始趋于孤立主义和保护主义，国内的发展与安全成为其主要考量的内容。于是，国际上大量的安全需求不能得到满足，出现了一定程度的“安全真空”。其次，冷战的结束也标志着“超军事化”时代的结束，各国开始裁减军队，缩减军事经费，导致“主权武装”力量大幅缩减，而技能丰富的退伍军人为私营安全产业提供了大量人

① “International Committee of the Red Cross. Montreux Document”, https://www.icrc.org/en/doc/assets/files/other/icrc_002_0996.pdf.

② Rita Abrahamsen and Anna Leander, *handbook of private security studies*. London: Routledge, 2015.

力资源。由此，安全的市场需求和人力储备共同导致了国际私营安保公司的兴起。

在全球化时代，国际行为体在面临复合交织的安全威胁时，无法独善其身，这也就在推进国际安全领域相互合作的同时，也推动了国际私营安保公司的发展。一方面，全球化的纵深拓展使得越来越多的非国家行为体出现在国际舞台，如经济全球化推进了跨国商品与服务交易，使得跨国企业不断涌现；政治全球化推进了跨国间的合作，催生了各类的国际性组织和区域性组织；文化全球化增进了人们广泛的交流与互鉴，增加了国家人口流动的规模和频率。另一方面，全球化也使全球安全风险凸显，除了一直存在的传统安全威胁，恐怖主义、跨国有组织犯罪、海盗、重大传染病等非传统安全威胁日益严峻，且呈现出区域爆发和全球蔓延的态势。全球化时代不断加速的人流、物流、信息流，叠加跨国性的安全风险，既放大了原有安全威胁，又催生了新的安全威胁。这些全球性安全威胁具有跨国性、长期性和交织性，往往使单一主权国家既难以独立应对，也无法在短期内解决，这就导致了全球共担安全风险的局面，加深了国际行为体间的相互依存。为应对共同的安全威胁，多元行为体在国际范围内相互合作，国际组织、区域组织及各类合作机制不断涌现，包括国际私营安保公司在内的非国家行为体开始兴起并发挥着日渐显著的作用。

### （二）国际私营安全产业的快速发展

知名市场研究公司 Grand View Research 的研究报告显示，包括国际和国内的军事、安全和警务服务在内的全球私营安保服务市场，将于 2025 年达到 1671.2 亿美元的市场规模。[①] 欧洲的私营安保公司在全球私营安全市场占有大量份额，据欧盟相关数据，欧盟的安全行业创造了近 2000 亿欧元的

---

① “Security Market Analysis By System, By Service, By End-use, By Region, and Segment Forecasts（2018-2025）”, https：//www.grandviewresearch.com/press-release/global-security-market.

营业额，为 470 万人创造了就业机会。[①] 中东地区的私营安全产业也有相当大的规模，2017 年中东地区的商业安全市场的产值约为 26 亿美元，预计将在 2022 年增长到 56 亿美元。[②]

目前，英国、美国、以色列、南非等国家的私营安保产业比较发达。在英国，私营安全公司的雇员数量将近是公共警务人员数量的两倍。[③] 官方数据显示，英国外交和联邦事务部（Foreign and Commonwealth Office）与英国私营保安公司签订的合同支出从 2003 年的 1260 万英镑增加到 2012 年的 4890 万英镑。[④] 在美国，Robert H. Perry & Associates 公司发布的 2017 年《美国安全外包产业白皮书》显示，美国的安全外包产业由 8000 家私营安保公司和 80 万安保人员组成，在美国全国范围内总值为 440 亿美元，其中约 245 亿美元是国外安全服务的外包，其余的是国内安全服务的外包。[⑤] 以色列则以完整的安保产业链而闻名，建立了“私营军事—安全—工业复合”体制，覆盖整个军事和安全领域。私营军事安全产业是以色列经济尤其是出口经济的支柱产业，在国际体育赛事以及世界各地的机场等都会发现以色列安保公司或其子公司在提供安全服务。[⑥] 以色列还设有专门部门——以色列国防部对外军事援助和武器出口办公室负责以色列国防出口的调控和管理。该部门的职责包括审批所有的防务出口以及向以色列国防部出售国防工业产品，包括电子组件、导弹艇和坦克等。南非的安全产业市场化程度也很高，根据南非警务部门 2017 年度的统计，南非私营安保人员数量共约 48 万人，

---

① DG Migration and Home Affairs, “Security Research and Industrial Policy”, https://ec.europa.eu/home-affairs/what-we-do/policies/industry-for-security_en.

② Frost & Sullivan, “Overview of the Middle East Commercial Security Market”, https://ww2.frost.com/frost-perspectives/overview-middle-east-commercial-security-market/.

③ CoESS, “Private security in Europe in 2015”, https://www.coess.org/newsroom.php?page=facts-and-figures.

④ “Britain is at centre of global mercenary industry, says charity”, https://www.theguardian.com/business/2016/feb/03/britain-g4s-at-centre-of-global-mercenary-industry-says-charity.

⑤ Robert H. Perry & Associates, “U.S. Contract Security Industry White Paper”, https://www.roberthperry.com/uploads/2017WhitePaper.pdf.

⑥ Shir Hever, *The Privatisation of Israeli Security*. London: Pluto Press, 2018, p. 22.

是南非警务人员的数量的近3倍。①

在国际安全领域，私营安全产业主要分布于“受冲突影响和高风险”地区。这些区域存在着政治、经济、社会等复合交织的安全风险，高风险意味着高安全需求。在这些区域活动的国际私营安保公司与战争冲突紧密相关。以伊拉克为例，自2003年美国发动伊拉克战争开始，美国部署到战区的每十人中就有一人受雇于私营安保公司，他们的工作包括物流、武器系统的运营支持，以及军事训练等。而随着伊拉克政府的垮台和联军的撤离，更多的私营安保公司涌入该国。大量私营安保公司被联盟临时管理局（the Coalition Provisional Authority）雇用来训练伊拉克警察部队、军队以保护政府设施和油田，同时他们也为美国政府人员、国际组织人员以及跨国企业员工提供安全保障。根据统计，截至2004年春季，伊拉克境内就有估计超过20000名私营安保人员。他们被60多个不同的私营军事安保公司雇用，为美国政府、英国政府、联盟临时管理局、跨国公司和国际非政府组织工作。② 这些私营安保人员大多数是来自智利、斐济、以色列、尼泊尔、南非、英国和美国等国家的退役军人或警察。

## 二　中国国际私营安保的兴起原因

### （一）海外利益保护成为国家安全治理的重要内容

在全球私营安全产业蓬勃发展的背景下，中国的国际私营安全产业随着我国海外利益保护的需求激增而兴起并受到广泛关注。中国迅速拓展的海外利益，在“风险—安全”与“话语—实践”带来的客观安全威胁和“本体

① South African Police Service，“Annual Report for 2017/18”，https：//www.saps.gov.za/about/stratframework/annualreports.php.

② Deborah D. Avant，*The market for force：The consequences of privatizing security*，Cambridge：Cambridge University Press，2005，pp. 1-3.

性不安全”[①] 的刺激下，产生了大量迫切的安全需求，这便是中国国际私营安保公司出现的直接现实原因。

近十年来，中国海外利益在全球不断拓展和深化，而且“一带一路”倡议施行的空间范围和时间跨度使得中国海外安保的需求急剧增长。共建“一带一路”国家已经成为中国对外投资合作的核心布局区域，包括蒙古，东盟 10 国，西亚 18 国，南亚 8 国，中亚 5 国，独联体 7 国，中东欧 16 国。“一带一路”倡议覆盖范围广，且沿线国家多为发展中国家，“海外安全风险”的程度和等级有所不同。“经济学人智库”（The Economist Intelligence Unit，EIU）对于共建“一带一路”国家进行了风险评估，建立了一个评分系统，给风险最小的国家打 0 分，给风险最大的国家打 100 分。在对非洲、东欧、中亚、中东、南亚和东南亚地区 44 个国家的风险评估中，约 70%的（31 个国家）得分在 50 以上，这意味着它们是具有中高安全风险的国家。[②] 很多国家和地区长期受困于恐怖主义、犯罪活动（绑架和抢劫）、政治冲突、社会动乱（罢工）、传染病等安全威胁而始终处于政治动荡和社会经济不稳定的局面，可将这些国家和地区归为“受冲突影响和高风险区域”。根据中国对外承包工程商会的统计，中国对外承包工程在“一带一路”沿线市场业务总体规模不断扩大，占比呈上升趋势，2017 年的“一带一路”沿线市场对外承包工程业务新签合同额占比近 60%。[③] 而且以基础设施互联互通和国际产能合作为主的大型项目和综合性项目逐年增多。

“受冲突影响和高风险区域”的安全威胁给安保能力不强的中国企业带来了巨大损失，海外安全需求急剧增长，海外利益保护逐渐被提上议

---

① 本体性安全（ontological security），也有翻译为本体安全、本体论安全的；本体性不安全（ontological insecurity）是指因生存性焦虑、认同性缺失、前景性恐慌等非直接物质性威胁而导致的不安全。

② The Economist Intelligence Unit，http：//www.eiu.com/public/thankyou_download.aspx?activity=download&campaignid=OBORSept2016.

③ 中华人民共和国商务部和中国对外承包工程商会：《中国对外承包工程发展报告（2017-2018）》，中华人民共和国商务部官网，http：//fec.mofcom.gov.cn/article/tzhzcj/tzhz/upload/dwcbgc2017-2018.pdf，第 3~8 页。

事日程。“海外利益保护”的安全化过程体现于“海外利益保护”的政策话语的演变：从“外交为民”到“四位一体”的领事保护机制，再到“海外中国平安体系”，说明“海外利益保护”从一个公共问题逐渐上升为政治议题（见表1）。2004年，阿富汗、伊拉克、苏丹等“高风险”地区发生多起严重的海外安全事件，尤其是国有企业的海外劳工重大伤亡事件，开始引起政府的高度重视，海外安全保护开始“制度化”。我国外交部设立了涉外安全事务司，并提出“外交为民”的理念。2011年的利比亚撤侨是中国首次使用军事力量，即使用护卫舰和远程军用运输机协助撤侨，2015年的也门撤侨是中国首次使用军事力量，即中国海军直接进入外国领土执行的撤侨行动。这一系列的撤侨行动，在表明了军事力量开始参与中国海外利益保护行动的同时，也说明海外公民的保护成为中国外交新的首要紧急任务。外交部逐步建立起由外交部、驻外使领馆、地方政府和企业四位一体的领事保护机制。“坚定维护国家利益和我国公民、法人在海外合法权益”更是中国外交的重要成绩，并被写入了党的十八大报告。2015年7月出台的《国家安全法》明确规定了“国家依法采取必要措施，保护海外中国公民、组织和机构的安全和正当权益，保护国家的海外利益不受威胁和侵害”。

**表1　“安全事件—政策话语”演变列表**

| 时间 | 海外安全事件 | 政策话语 |
| --- | --- | --- |
| 2004 | 阿富汗、伊拉克、苏丹发生严重的海外劳工死伤事件 | 外交部设立涉外安全事务司；中国政府开始关注海外安全，提出“外交为民” |
| 2011 | 首次使用军事力量协助利比亚撤侨行动 | 开通中国领事服务网；逐步建立由外交部、驻外使领馆、地方政府和企业四位一体的领事保护机制；“坚定维护国家利益和我国公民、法人在海外合法权益”被写入中共十八大报告 |
| 2015 | 首次使用军事力量直接参与也门撤侨行动；伊斯兰极端组织（ISIS）公布樊京辉被该组织绑架并杀害 | 《国家安全法》（2015年7月）中规定“国家依法采取必要措施，保护海外中国公民、组织和机构的安全和正当权益，保护国家的海外利益不受威胁和侵害” |

续表

| 时间 | 海外安全事件 | 政策话语 |
| --- | --- | --- |
| 2018 | 共建"一带一路"持续推进，海外安全事件频发 | 提出建构由"法律支撑、机制建设、风险评估、安全预警、预防宣传和应急处置"六大支柱构成的"海外中国平安体系"① |

资料来源：作者自制。

### （二）国际私营安保公司被纳入海外利益保护体系

随着"一带一路"倡议的推进，我国外交部进一步明确提出建构由"法律支撑、机制建设、风险评估、安全预警、预防宣传和应急处置"为支柱的"海外中国平安体系"。巨大的海外安保供需落差，使得国家和社会开始考虑中国国际私营安保在海外利益保护体系中的作用。

首先，政府对于海外企业制定的"谁主管谁负责、谁用工谁负责"和"不培训、不派出"原则，刺激了国际私营安保公司的兴起和发展。目前，基于"谁主管谁负责、谁用工谁负责"的基本原则，驻外企业作为境外机构和人员的主要派出方，在安全维护中承担着主体责任，需要做好风险预防和控制。政府明确规定了"不培训、不派出"原则，"将外派员工出国前培训作为一项硬性指标加以落实，通过外包、出国培训、专业机构培训等方式，针对公司海外项目和机构负责人、境外安保工作负责人、专职安保人员和普通外派员工的不同岗位要求，对其进行全覆盖、针对性培训，提高安全防范意识和能力，增强安全管理综合能力，切实落实'不培训、不派出'制度"。② 而且，政府鼓励海外企业"借用第三方资源，充分利用安保公司、保险公司、中介机构、国际组织等资源，通过参加保险、外包或成为SOS国际救援组织会员等方式，将海外安全风险防范

① 郭少春：《打造外交为民的海外中国平安体系》，《人民日报》2018年10月5日，第5版。

② 外交部领事司：《中国企业海外安全风险防范指南》，中华人民共和国外交部官网，http://cs.mfa.gov.cn/lsbhzn/t877276.shtml；商务部：《境外中资企业机构和人员安全管理指南》，中华人民共和国商务部官网，http://images.mofcom.gov.cn/ge/accessory/201202/1329201491998.pdf。

工作交由专业权威机构负责实施和保障，接受24小时不间断的安全援助”。[①] 这就说明了政府鼓励海外企业雇用国际私营安保公司进行安全培训、风险管理等安全维护措施。

其次，多元利益相关方呼吁培养国际私营安保公司来维护海外利益。2012年3月，在全国政协十一届五次会议上，对外友好界委员集体发起了《关于加强海外机构和公民安全保护的提案》，认为国际私营安保公司是维护海外利益的有力工具，既能避免部署中国军警到海外安全保卫可能带来的外交风险，也大大地提升了海外公民安保水平。具体的提案内容包括：建议制定相关法律法规，允许中国安保公司走出国门，承担更大的安全防范任务；探讨结合中国国情建立与美国“黑水”公司类似的安保公司，为高风险地区的中国驻外机构和企业提供武装安全保障；适当放宽中国境外运营的安保公司权限，如允许其在战乱地区拥有防卫性轻武器。[②] 2019年3月，先丰服务集团的主要股东中信集团的董事长张懿宸在全国政协联组讨论中表示，海外安保公司的角色是海外市场能接受的，可以扮演军队无法扮演的角色。日常情况下是提供安全保障网络的安保公司，紧急情况下可成为急先锋。[③]

除了海外安保服务巨大的供需落差，国际私营安保公司自身的低政治敏感性也是其在海外安保体系占据不可或缺位置的重要原因。国际私营安保公司作为私营行为体，其在搜集信息、安全预警、安全应对等方面发挥作用，可以避免或预先阻止军队或者公安部门的直接公开干预，这也在国际层面一定程度上降低了海外安保的政治敏感性。

由此，政府逐渐开始考虑将国际私营安保公司纳入海外利益保护体系中，并鼓励中国的国际私营安保公司走出去，商务部牵头制定的《关于改进境外企业和对外投资安全工作的若干意见》中明确指出，指导和支持国内有条件、

---

① 外交部领事司：《中国企业海外安全风险防范指南》，中华人民共和国外交部官网，http://cs. mfa. gov. cn/lsbhzn/t877276. shtml。

② 《中国领保新支点》，新华网，http://www. xinhuanet. com/globe/2018 - 01/17/c_136882649. htm.

③ 《海外安全成制约“一带一路”的瓶颈》，财新网，http://companies. caixin. com/2019-03-07/101389079. html。

有能力的安保企业灵活采取收购改造、参股控股、合资合办等多种形式“走出去”,依照当地法律法规开展业务。我国境外企业和国家机构也开始聘用商业安保公司来分担以前由军事力量承担的安保任务,例如保护个人、车队和基础设施,提供后勤和物流服务。如华远卫士坦桑尼亚分公司多次协助中国驻坦桑尼亚大使馆维护使馆秩序。

## 三　中国国际私营安保的发展现状

### （一）中国国际私营安保的基本概况

自 1984 年深圳市公安局成立全国首家保安公司以来，各地公安机关相继成立了 2800 多家保安服务公司和培训机构，2006 年公安部决定将不再经办保安公司，大量原属公安机关的保安公司开始改制，与公安部脱离，成为独立企业。[①] 目前，中国民营安保服务企业已发展到 1.3 万余家，保安从业人员发展到 640 余万人。[②] 私营安保产业在国内公共安全维护中发挥重要作用。从 2003 年起，中国民营安保服务企业走向海外，现已有 30 余家走出国门，2017 年海外营业额约 10 亿元人民币。[③] 目前，中国国际私营安保公司主要有四类：一是基于国内扎实业务拓展海外业务的传统安保公司，这些公司往往是国内知名的安保公司，有成熟的国内业务，将业务由国内拓展到海外，且业务涉猎较广，如华信中安、中军军弘、中安保集团、德威、伟之杰等；二是专门从事海外安保业务的安保公司，这类公司专注于高风险区域的安保工作，如中国海外安保集团、先丰服务集团、汉卫国际安全护卫；三是专门从事海外安全风险咨询和管理的公司，这类公司不从事安全维护，只为

① 《国务院法制办负责人就〈保安服务管理条例〉答记者问》，中国政府网，http://www.gov.cn/zwhd/2009-10/21/content_1445357.htm。

② 《公安部等部门联合表彰全国先进保安服务公司和优秀保安员》，新华网，http://www.news.cn/legal/2022-01/27/c_1128307440.htm。

③ 成锡忠：《民营安保“走出去”确立民营安保服务企业的法律地位》，环球网，https://opinion.huanqiu.com/article/9CaKrnKcKdr。

海外企业提供风险咨询服务，如安库咨询（icover）、东方锐眼、中安华盾等；四是基于安防业务而推进安防安保一体化的企业，如中安保、中安科等。

**表 2　中国国际私营安保公司的基本信息**

| 序号 | 公司 | 成立时间 | 注册资金 | 海外机构分布区域及数量 | 主要业务 |
|---|---|---|---|---|---|
| 1 | 伟之杰 | 2002 | 1000 万元 | 中东、东非、东南亚、南美;4 个 | 安全培训,安全咨询,陆上护卫 |
| 2 | 中安保 | 2003 | 1.1 亿元 | 东南亚和中东;7 个 | 安全培训,安全咨询,陆上护卫 |
| 3 | 华信中安 | 2011 | 1 亿元 | 中东、非洲、中亚、东南亚;21 个 | 安全培训,安全咨询,陆上护卫,海上武装护卫 |
| 4 | 中军军弘 | 2013 | 1 亿元 | 中东、非洲、中亚、东南亚;28 个 | 安全培训,安全咨询,陆上护卫,海上武装护卫,安防技术 |
| 5 | 先丰服务集团（上市公司） | 2013 | 8.32 亿元 | 东非、东南亚、中亚、中东、北非;4 个 | 安全培训,安全咨询,陆上护卫,物流运输,安全保险,后勤保障 |
| 6 | 中安华盾咨询服务 | 2013 | 100 万元 | 暂无 | 安全培训,安全咨询 |
| 7 | 安库风险信息技术服务 | 2013 | 120 万元 | 暂无 | 安全培训,安全咨询 |
| 8 | 汉卫国际安全护卫 | 2014 | 5000 万元 | 东南亚、中亚、非洲;7 个 | 安全培训,安全咨询,陆上护卫,海上武装护卫 |
| 9 | 华远卫士 | 2014 | 8000 万元 | 中非;2 个 | 安全培训,陆上护卫 |
| 10 | 中国海外保安集团 | 2015 | 5000 万元 | 中亚、中东、东南亚、东非、南非;7 个 | 安全培训,安全咨询,陆上护卫 |
| 11 | 中安科（上市公司） | 2015 | 12.8 亿元 | 东南亚、欧洲、澳洲、泰国;4 个 | 安防技术,陆上护卫,物流运输 |
| 12 | 山东德威 | 2016 | 1000 万元 | 东南亚、中亚、非洲;10 个 | 安全培训,安全咨询,陆上护卫 |
| 13 | 中海安 | 2018 | 1000 万元 | 东南亚、中亚;5 个 | 安全培训,安全咨询 |

注：成立时间指的是中国安保公司开始海外业务的时间，而不是公司成立的时间。

资料来源：通过天眼查、各公司官网等信息搜集。

中国国际私营安保公司的注册资金、海外机构数量及业务内容等信息说明其有能力为海外企业提供安保服务（见表2）。根据表2中13家中国国际私营安保公司实力的信息，我们可以分析中国国际私营安保的总体能力。一是从成立时间和规模看，中国国际私营安全产业是随着中国海外利益的扩大而兴起和发展的。二是从安保公司的类型和注册资金看，目前中国国际私营安全产业主体还是以传统的国内大型安保公司为主，它们有资金、人力、客户等基础，占有“走出去”的先天优势，业务也更加多元和丰富。专门的国际私营安保公司和安防企业在知识和技术方面更具有优势，也在迅速发展。三是从海外机构分布区域及数量看，中国国际私营安保的业务范围与我国海外企业“走出去”的路线是相对一致的，也属于“一带一路”倡议实施的重点区域范围。四是从安全业务内容看，中国的国际私营安保公司的主要服务内容为：安全培训，安全咨询，陆上护卫（武装和非武装），海上武装护卫，安防技术以及物流运输。具体来说，安全培训指的是为企业提供安全威胁和风险管理理论、国际和各国的安保规则，以及危机应对实操等课程，旨在提高企业和员工的安全防范意识和能力，增强其安全管理综合能力。安全咨询主要是对海外项目的安全成本进行核算并纳入预算，对所在国和地区的风险进行识别、评估并设计应对方案等。陆上护卫指的是维护驻地和营地的财产和人身安全，包括武装护卫和非武装护卫，对中国国际私营安保企业来说，提供最多的业务是油气项目营地及管线安保、工程建设项目安保等。海上武装护卫指的是应对海盗威胁的货船护卫。安防技术主要指的是研发和出售闭路监控摄像机、红外报警器、电子门禁系统等安防工具和设备。物流运输主要指的是相关设备和人员的运输服务等。

### （二）中国国际私营安保的独特优势

相较于西方和东道国本地的国际私营安保公司，中国国际私营安保企业具有政治、文化和成本优势。中国政府和国有企业出于政治忠诚和文化沟通的考虑，更信任中国国际私营安保企业，认为它们更能维护企业的信息、利益和安全。华信中安集团董事长殷卫宏曾指出，凡是关涉能源、矿产、港口等国家战略项目时，应避免雇用西方安保公司，尤其是雇用它们做安全风险评估服务。因为安全风险评估需要提供项目平面图、功能区划分、重点部位、组织架构、安全管理制度、安保方案、应急预案等详细的基础信息，而这些可能涉及情报部门要比较费劲才能拿到的数据和资料。使用中国的安保公司，能够避免泄密。[①] 山东德威集团的董事长李晓鹏认为，私营安保公司可以对政府行为起到补充作用，政府不方便或者没有精力处理的情况，可以由安保公司来做。[②] 另外，中国“走出去”企业是能源、基建和制造业，基建和制造业的安保投入有限，“安保成本没有列入大多数海外项目的预算，安保费用的支出主要靠从其他经费中‘挤’，比例远低于国际通行的3%的标准，绝大多数不到1%”[③]，所以它们倾向于选择成本低廉的安保服务。西方国际私营安保公司价格昂贵，中国国际私营安保公司具有成本优势。[④]

中国国际私营安保公司除了向多元利益相关方展示其安全能力，还通过话语强调其作为“安全专家”的忠诚性和专业性。首先，通过为中国企业和中国战略服务的话语强调其忠诚性。如伟之杰的使命是“护国利民，安保天下”。[⑤] 华信中安开展海上护航业务也是为了“保卫中国利益”。[⑥] 中国海外保安集团的宗旨是“为海外项目保驾护航”，强调“安保天下，利国利民”。[⑦] 山东德威集团提出的口号是“配合国家发展战略、服务境外中资企业机构、服务海外中国人”。[⑧] 其次，通过强调其知识和技术说明其“安全

---

① 殷卫宏：《民营安保公司是推进“一带一路”倡议不可或缺的力量》，信德海事网，https：//www. xindemarinenews. com/china/17147. html。

② 《“一带一路”战略里，最先赚到钱的也许是安保企业》，《南华早报》，https：//www. getworld. cn/news/initDetail？ id=4490。

③ 罗颖：《关于中国安保企业进军海外市场的思考》，中国经济网，http：//m. ce. cn/gj/gd/201901/24/t20190124_ 31352764. shtml。

④ 一支由12名中国警卫组成的团队每天的费用为700美元~1000美元，这个价格等同于一名英国或美国安保人员。参见 Charles Clover，“Chinese private security companies go global”，https：//www. ft. com/content/2a1ce1c8-fa7c-11e6-9516-2d969e0d3b65。

⑤ 参见伟之杰安保集团官网，http：//www. vss911. cn/About. aspx？ Id=158。

⑥ 参见罗兰：《中国保安海外护航》，《人民日报》（海外版）2017年4月27日，第5版。

⑦ 参见中国海外保安集团官网，http：//www. cosg-ss. com. cn/。

⑧ 参见山东德威安保集团官网，http：//www. dewesecurity. com/gywm。

专家”的身份。如先丰服务集团在官网中写道“凭借在最严峻的环境中获得的第一手经验，通过整合安保、物流、保险和工程服务来定制解决方案，帮助前沿市场的客户应对复杂的挑战”。[①] 中安科的使命是“用科技创造安全”,[②] 中安保强调“我们用最安全的视野审视世界”。[③] 最后，通过塑造员工的“军人”形象和企业的“军事”文化来说明其忠诚性和专业性。中国国际私营安保公司不仅将员工塑造成“安全专家”，同时也强调员工的军事背景，并将这些员工的背景和经验与“爱国、忠诚、尊严、奉献”等价值观和企业文化联系起来。比如，中军军弘将其海外安保队伍称为“海卫队”，强调员工的军事和武警背景，以及军事技能和军人精神。

然而，中国的私营安保服务与更为成熟的英美国际私营安全产业相比，还处于起步阶段，且在服务内容上也有区别。美国国际私营安全产业是在美国政府尤其是军警情报部门的扶持下发展起来的，因此美国的私营军事和私营安保服务都非常发达，军事服务包括情报收集和分析、武装护卫、军事培训等都是美国国际私营安保的重要内容。英国国际私营安全产业是在警务领域公私合作的背景下发展起来的，所以是在警务外包的基础上不断拓展自己的业务，英国国际私营安全产业不提供军事性服务，但是有非常完善的非军事性安全服务供给体系，包括设施和设备的维护和修理、物流运输、通信维护、后勤保障、非武装护卫、安全风险评估及咨询、安全培训、安防技术等完整的私营安全产业链。

相较于英美等国际私营安全产业发达的国家，中国的国际私营安全产业兴起于中国“一带一路”倡议和海外利益保护的背景下，还处于起步阶段，并初步形成了包括安全培训，安全咨询，站点安全（武装和非武装），海上武装护卫，安防技术以及物流后勤等服务内容的产业体系，但是除了海上武装护卫的能力较强之外，中国国际私营安保的整体能力尤其是专业知识和技术仍有待提高。

---

① 参见先丰服务集团官网，http：//www. fsgroup. com/index. html。

② 参见中安科官网，http：//www. 600654. com/culture. html。

③ 参见中安保实业集团有限公司官网，http：//www. cspbj. com/OurCustomer/。

## 四 结语

全球疫情蔓延，新的国际安全威胁层出不穷，全球安全治理中的安全行为体纷繁多样，国际私营安保产业在冷战后蓬勃发展。对于中国来说，庞大急迫的海外安保供需落差刺激了本国国际私营安保公司的兴起。中国国际私营安保的兴起和发展，表明了中国打开国门走向世界与海外中国利益的初步形成，也表明了安全市场化在海外利益保护中被提上了重要的议事日程。然而，不容忽视的现实是：国际私营安保在不同国家的正当化进程反映了该国对于“政治—经济—安全”这一纽带的理解和态度，而私营安保的发展又反过来以不同的程度与方式影响本国的“政治—经济—安全”纽带的发展。中国国际私营安保企业的出现，意味着中国的私营安全产业也加入了国际领域安全市场化的进程中，为中国海外利益的积极保护开创了新的路径；同时也意味着中国的安全市场化对国内的法律制定与体制变革提出了新的要求，国家需要从统筹国内、国外两个大局的高度，把海外利益保护与路径探索纳入总体国家安全观的落实中，把海外平安中国体系的打造纳入平安中国方略的考虑之中。

中国国际私营安保产业的发展不仅打破了安全领域的国内与国外，公共与私人的边界，而且也与中国的政治、社会和军事密切相关，甚至对未来的政治、社会和军事的改革产生一定的影响。然而，这是一个十分重要且重大的课题，需要有更多的专家学者来共同研究探讨。本文仅是对中国国际私营安保兴起的背景与成因和发展的现状与问题做了初步探索，以期在此基础上对中国国际私营安保展开进一步详尽深入的研究，也为与这方面相关的专家学者和政府决策者提供一个前期性思考与初步的逻辑建构。

# B.5

# 中国贸易安全：风险分析与评述

李 佳　吕天悦*

**摘　要：** 在受到疫情冲击之后，中国对外贸易重获平稳发展，在2020年成为全球货物贸易第一大国，贸易总额跃升为全球首位。与此同时，中国也致力于提高贸易便利化水平，促进与周边国家和地区的贸易合作，在多边贸易机制建设上取得了诸多成果。然而，随着疫情后国际环境的新变化，中国对外贸易面临的风险与机遇也将发生新的变化。本文通过对“贸易安全”相关文献的梳理分析，认为现阶段中国的贸易安全风险主要包括新冠肺炎疫情、国际贸易商品竞争乏力、多边贸易机制缺位等；同时，中国的贸易安全也在新航道和新通道的开辟、绿色贸易合作、多边贸易机制的建构上迎来机遇。

**关键词：** 贸易安全　国际贸易　贸易竞争力

2020年以来，全球经济贸易受到新冠肺炎疫情的严重影响，货物与服务贸易总额下降5.6%。虽然自2020年下半年以来，全球贸易在逐步恢复，但是贸易恢复的趋势仍呈现出不平等、不均衡的特点，全球贸易前景充满风险与挑战。在受疫情冲击之后，中国对外贸易重获平稳发展，在2020年成为全球货物贸易第一大国，贸易总额跃升为全球首位。与此同时，中国也致力于提升贸易便利化水平，促进与周边国家和地区的贸易合作，在多边贸易

---

* 李佳，浙江大学跨文化与区域研究所副所长、副教授；吕天悦，浙江大学国际组织与国际交流专业研究生。

机制建设上取得了诸多成果。随着疫情下国际环境的新变化，中国对外贸易面临的风险与机遇也将发生新的变化。2021 年商务部发布《“十四五”对外贸易高质量发展规划》，明确指出中国“贸易安全发展面临新挑战”。目前来看，中国的贸易安全风险主要包括新冠肺炎疫情、国际贸易商品竞争乏力、多边贸易机制缺位等。

## 一　贸易安全：定义与内涵

### （一）现有文献梳理

国外有研究将“贸易政策”与“国家安全”视作两个变量并结合起来探讨两者之间的关系。一方面，国家的贸易政策能够成为服务于国家安全的工具。在国家政策制定上，对外贸易政策并不会一直保证国家安全，反而一些国家会利用贸易政策来保护自身政治的独立性与自主性。[①] 另一方面，部分国家的贸易政策也会对自身或他国安全造成风险威胁。比如贸易壁垒作为经济制裁的一种手段，在为本国带来有限经济利益的同时，往往会引发国家之间的冲突与公共利益的损失。[②] 随着贸易安全研究的深入，对于贸易和国家安全之间关系的分析也更加细化。有学者从生产要素的角度入手，认为国家生产要素的多寡能够起到维持和打破国际经济秩序平衡的作用，而一国对于脆弱和敏感生产要素的依赖性更能使国家安全产生风险。[③] 此外，也有文献从国际贸易法的角度指出国际法的建构对于维护国际经济秩序起到了关键

① Holsti K. J., “Politics in Command: Foreign Trade as National Security Policy”, *International Organization*, 1986, 40 (3), pp. 643-671.

② Willett T. D., “U.S. Trade Policy and National Security”, *Cato Journal*, 1983, 3 (3), pp. 24.

③ Rosecrance R., Thompson P., “Trade, Foreign Investment, and Security”, *Annual Review of Political Science*, 2003, 6 (1), pp. 377-398.

作用。[①]

国内关于贸易安全的关注，伴随着我国加入世贸组织而产生，其概念不断细化，内容也在不断丰富。早在 2001 年，夏兴园和何传添两位学者就从贸易安全的概念入手，对中国加入 WTO 的挑战与机遇做出了展望。其中前者从国家贸易竞争力的角度审视中国的贸易安全，后者则更多关注到了国家的贸易环境以及贸易对人民生活水平的提升程度。[②] 此后，美国贸易政策的变化、国际贸易法问题（《海关法》）、大型国际突发事件（如“9·11”事件）、对外贸易依存度等都成为国家贸易安全的测度指标。[③] 2009 年何传添进一步对经济全球化背景下中国贸易安全进行了阐释，认为国家的贸易安全在不同的时代背景下有着不同的目标，但总体来说贸易安全关乎贸易竞争力、贸易环境、国内的福祉三个方面，并从对外贸易竞争力和国际贸易环境两方面分析了当时国家贸易安全的主要风险。[④] 何剑等通过对贸易安全相关文献的归纳，提出了从贸易“能力”与“环境”来审视贸易安全的两种维度。[⑤] 同时，随着研究不断深入发展，贸易安全的研究也呈现出领域的延展性和多维度性。有学者较为全面地重新梳理了贸易安全的相关研究，关注到了国际组织与全球治理维度对于贸易安全的影响，并从宏观、中观、微观三个层面分析贸易安全的内容。[⑥] 同时，粮食安全、能源安全、服务贸易安全

① Dixit A.,“International Trade, Foreign Direct Investment, and Security”, *Annual Review Of Economics*, 2011, 3 (1), pp. 191-213.

② 夏兴园、王瑛：《论经济全球化下的国家贸易安全》，《经济评论》2001 年第 6 期，第 118~120 页；何传添：《加入 WTO 有利于中国的贸易安全》，《国际经贸探索》2002 年第 1 期，第 25~28 页。

③ 颜剑英：《布什政府的贸易自由化战略与中国贸易安全》，《生产力研究》2007 年第 5 期，第 74~75 页；陈晖：《国际贸易安全与便利：我国〈海关法〉面临的新课题》，《国际贸易问题》2008 年第 8 期，第 119~123 页；王自立：《国家贸易安全提出的三个阶段》，《求索》2008 年第 11 期，第 76~77 页；赵立华、陈海燕：《基于外贸依存度视角的我国贸易安全分析》，《湖南科技大学学报》（社会科学版）2008 年第 5 期，第 63~67 页。

④ 何传添：《开放经济下的贸易安全：内涵、挑战与应对思路》，《国际经贸探索》2009 年第 3 期，第 18~22 页。

⑤ 何剑、徐元：《贸易安全问题研究综述》，《财经问题研究》2009 年第 11 期，第 19~23 页。

⑥ 匡增杰、孙浩：《贸易安全的理论框架：内涵、特点与影响因素分析》，《海关与经贸研究》2016 年第 4 期，第 105~112 页。

也同贸易安全研究联系起来，拓展了贸易安全的领域[①]。2018 年中美贸易出现摩擦时期，贸易安全的研究主要围绕中美之间的贸易摩擦展开，探讨了美国发动贸易摩擦的具体手段，以及对中国产业与能源安全的影响[②]。新冠肺炎疫情发生后，2020 年以来，贸易安全研究也关注到新兴贸易领域发展的影响，比如数字贸易与绿色贸易。[③] 也有学者提出在百年未有之大变局下，中美之间正在针对全球贸易治理展开激烈博弈。[④]

从文献数量上看，通过万方数据知识平台搜索“贸易安全”关键词，得出统计分析（见图 1）：国内关于中国贸易安全的研究多数在加入 WTO 的 2001 年前后开始猛增，并在 2011 年之后维持在很高的数量水平上，并在近十年来一直保持着较高的关注度。同时，对于贸易安全的研究也不断出现（见图 2）：从相关行为体来看，主要有中国、美国、欧盟和世界贸易组织（WTO）；从与贸易安全相关领域来看，主要有粮食安全、食品安全、经济安全、能源安全、网络安全等；对贸易安全研究的关键词则包括“国际贸易”“贸易壁垒”“风险”等。可见，贸易安全的内涵与涉及领域也在不断丰富与延展，并主要聚焦于中国与世界其他主要经济体的贸易关系上。

关于疫情以来的全球贸易形势，《WTO 年度报告 2021》指出全球贸易受新冠肺炎疫情影响深远，贸易保护主义仍然对疫情后全球经济的恢复产生

---

① 李泽红、李静楠、杨洋等：《中俄天然气贸易安全格局与态势》，《资源科学》2018 年第 11 期，第 2143~2152 页；姚磊：《试论服务业全面开放下的贸易安全与监管》，《上海经济研究》2016 年第 1 期，第 44~51 页；崔戈、焦玉平：《国家粮食安全视角下的中国大豆贸易》，《社会科学》2019 年第 2 期，第 13~28 页。

② 彭岳：《中美贸易战中的安全例外问题》，《武汉大学学报》（哲学社会科学版）2019 年第 1 期，第 154~167 页；张建霞、黄蕊：《中美贸易摩擦对我国产业安全的影响研究》，《现代管理科学》2019 年第 9 期，第 47~49 页；陈淑梅：《中美经贸摩擦安全化视域分析》，《亚太经济》2020 年第 5 期，第 52~59 页。

③ 顾学明、孙瑾、卫平东：《我国绿色贸易融资发展的内涵、逻辑与前景》，《国际贸易》2021 年第 2 期，第 4~11 页；刘典：《全球数字贸易的格局演进、发展趋势与中国应对——基于跨境数据流动规制的视角》，《学术论坛》2021 年第 1 期，第 95~104 页。

④ 张晓通、陈实：《百年变局下中美全球贸易治理的竞争与合作》，《国际贸易》2021 年第 10 期，第 21~27 页。

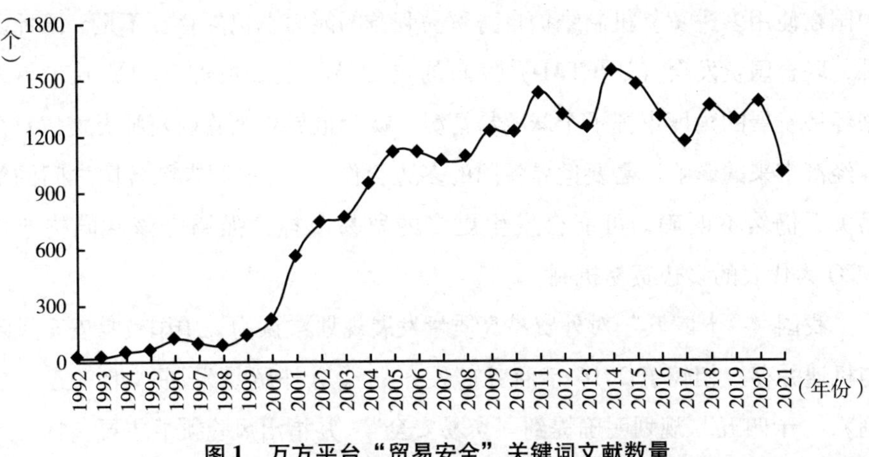


**图 1 万方平台“贸易安全”关键词文献数量**

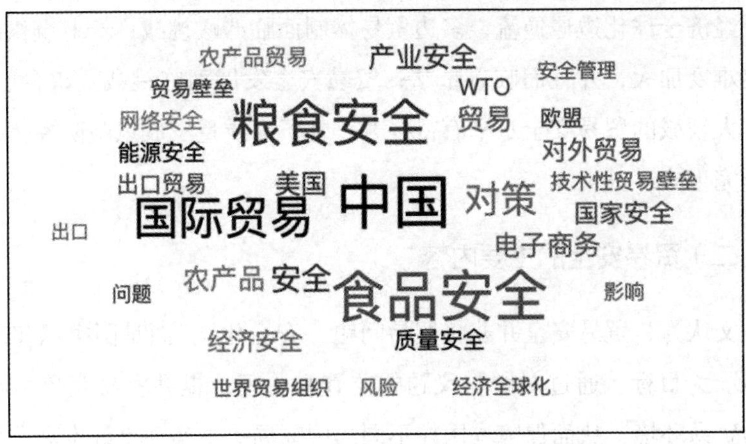


**图 2 万方平台“贸易安全”相关关键词热点**

不利影响。[①] 疫情影响下，运输和旅游服务贸易额的下降幅度最大，疫情初期，有 335 个国家采取贸易限制措施。此外，反倾销手段在疫情期间使用次数也在增多。美国、印度、澳大利亚分别是使用反倾销手段调查最多的国家，反观中国在 2020 年上半年没有使用任何反倾销手段调查。这也体现出

① *WTO Anuual Report 2021*，WTO，https：//www. wto. org/english/res _ e/publications _ e/anrep21_ e. htm.

中国在使用多边贸易机制维护自身贸易利益的能力上仍然存在不足。除此之外，联合国贸发会（UNCTAD）发布的《贸易与发展报告 2021》从世界未来经济发展的角度审视了全球贸易情况，认为世界要消除新冠肺炎疫情对全球经济带来的影响，需要世界各国的多边合作。[①] 它强调未来各国之间的贸易关系仍然不明确，可能会发生更多的贸易摩擦，强调应该共同构建以 WTO 为代表的多边贸易机制。

我国《“十四五”对外贸易高质量发展规划》认为，中国贸易安全风险与机遇并存。相较于 2016 年商务部发布的《对外贸易发展“十三五”规划》，“十四五”规划明确提到“贸易安全”，并指出风险挑战主要包括：新冠肺炎疫情带来深远影响，经济全球化遭遇了逆流，国家政策外溢影响持续显现；经济全球化遭遇逆流，多边贸易体制面临严峻挑战；产业链供应链畅通稳定难度加大，并且面临着重塑；贸易安全发展面临挑战，粮食、能源、技术三大领域的贸易安全水平有待提升，外贸高质量发展风险防控体系还需要不断完善。[②]

### （二）贸易安全的主要内容

本文认为，贸易安全并非将贸易问题“安全化”，而是国家以实现“安全贸易”为目标、通过对贸易议题的监管和治理，提升贸易竞争力与构建良好的贸易环境，从而保障本国在不同的国际局势中实现良好发展获取国家的贸易利益。国家对于贸易的监管和治理，是指国家能够通过贸易风险防控体系预测评估贸易发展存在的风险因素，针对贸易中的各种风险进行宏观或微观上的调控和管理，从而实现贸易安全的目标。诚如《“十四五”对外贸易高质量发展规划》指出的那样：“贸易摩擦应对、出口管制、贸易救济等风险防控体系应更加健全。”

---

① *Trade and Development Report 2021*, UNCTAD, https://unctad.org/webflyer/trade-and-development-report-2021.

② 《“十四五”对外贸易高质量发展规划》，中华人民共和国商务部官网，http://www.mofcom.gov.cn/article/gztz/tzbjg/202111/20211103220081.shtml。

同时，贸易竞争力与贸易环境也是贸易安全的重要组成部分，是衡量贸易安全的重要维度。石良平在《经济大国的贸易安全与贸易监管》中提出贸易安全主要关于两方面的问题：一是“强调能力的贸易安全”，即“在对外贸易发展面临风险或受到冲击时，一国的对外贸易具有足够的地域和抗衡风险并实现自身健康发展的能力”；二是“强调状态的贸易安全”，即“在贸易自由化的条件下一国对外贸易的生存和发展不受国内外不利因素的破坏和威胁的状态”。同时还对此进行了发展性总结，认为“状态”关乎“生存”，体现贸易安全具有“对外”特性；而“能力”关乎“发展”，体现贸易安全具有“对内”特性。①

关于贸易安全的测量，石良平则提出了三大指标：一是贸易竞争力，包括市场竞争力指标与贸易条件；二是贸易结构，包括贸易商品结构与贸易商品科技含量；三是贸易对外依存度，包括进出口依存度指标、市场集中度与贸易环境。② 2021 年，也有学者在之前研究的基础上建构了“对外贸易高质量发展的评价体系指标”，提出了“贸易发展环境”“贸易发展条件”“贸易发展能力”“贸易合作水平”四个一级指标及各指标项的具体测度。③

同时，贸易安全的领域、重点议题、安全目标会随着国际贸易局势的变化而不停更新，具有一定的实时性与延展性。中国在不同时期的贸易安全议题一直处于不断更新的状态。在 2001 年刚加入 WTO 之际，贸易安全的主要议题在于中国如何更好地应对与世界经济大市场接轨带来的冲击；在 2008 年金融危机背景下，学者们更多讨论的是金融危机冲击下贸易保护主义对国家相关产业对外贸易的影响与应对；2018 年贸易安全更多关注中美的双边关系，以及对于全球多边贸易机制缓和中美贸易摩擦发挥作用的思考；2020 年在新冠肺炎疫情影响下，中国在跃升为全球第一贸易大国之后，则需要考

① 石良平：《经济大国的贸易安全与贸易监管》，上海交通大学出版社，2015，第 19~21 页。
② 石良平：《经济大国的贸易安全与贸易监管》，上海交通大学出版社，2015，第 37~45 页。
③ 付文宇、赵景峰、李彦：《中国对外贸易高质量发展的测度与评价》，《统计与决策》2021 年第 22 期，第 130~134 页。

虑如何继续实现贸易高质量发展，克服全球整体贸易环境不佳所带来的影响，以及如何应对疫情后的各种不确定性。因此，关注到不同国际局势下贸易安全的不同重点问题，并对贸易发展的相关趋势作出预估也是至关重要的。

## 二　中国贸易安全：风险分析

自 2001 年加入 WTO 以来，我国市场逐步扩大开放，开启与国际市场接轨的进程。2021 年正值中国加入 WTO 20 周年，经过 20 年的实践与发展，我国已经成为世界第一大货物贸易进出口国和全球贸易强国。但同时也存在各种问题，比如，从贸易竞争力指数和贸易条件指数来看，中国 2021 年仍然面临着国际贸易竞争力较低、出口贸易处于全球价值量中低端水平的问题；服务业贸易占贸易总额比重不高，其中高科技相关的产品出口比例较低。但本文认为这类风险和挑战作为常态性问题可能会在一定时期内存在，不作为“风险”进行分析。本文所重点讨论的贸易安全中的风险与机遇，更关注其中的实时性和延展性，更关注有可能对中国贸易未来高质量发展造成影响的诸多短期因素。

### （一）新冠肺炎疫情的反复持续或者消解所带来的不确定性

新冠肺炎疫情已然对全球经济造成了广泛而深远的影响，全球贸易也遭受了货物流动量下降、全球供应链阻断的打击。全球货物与服务贸易总额在 2020 年下降了 5.6%，货物贸易总额在 2020 年下半年较 2019 年同期下降了 14.3%。尽管在 2020 年下半年之后贸易开始出现了复苏迹象，但 UNCTAD 发布的报告指出“贸易的复苏仍然是非常不平衡的，在未来的几年里新冠肺炎疫情所造成的伤害将持续对世界贸易造成影响”。商务部《“十四五”对外贸易高质量发展规划》指出了在新冠肺炎疫情影响下，“国际商品和要素流动受阻”“发达经济体政策外溢”“外部需求不稳定不确定”三个重要风险点。

一是国际商品和要素流动受阻带来的不稳定因素增多。首先，新冠肺炎疫情使全球经济进入“短萧条”“弱复苏”的经济环境，加之高金融风险、主权债务危机都使得全球经济复苏缓慢，造成对外贸易环境持续的相对不稳定；其次，各国经济复苏的程度与速度各不相同，呈现出“自扫门前雪”的发展态势，在这种环境下虽然贸易摩擦发生的可能性变小，但国家间贸易关系的隔阂造成的封闭措施时有发生，导致进出口贸易的不确定性增加；最后，新冠肺炎疫情让各国意识到全球产业链中某一环的缺位会导致整个生产分工失灵，从而形成重大风险，以至于现阶段价值链趋于区域化的发展态势，形成了以中国、德国、美国为中心的亚洲、欧洲、美洲区域价值链，减少了国际商品和要素的流动，在客观上减少了世界主要经济体之间的贸易往来。①

二是发达经济体政策外溢对国际贸易环境造成不利影响。在疫情的影响下，全球大部分政府采取较为宽松的货币政策，但到了 2021 年后，随着疫情影响减弱经济逐渐恢复，通货膨胀的问题逐渐浮现。有学者指出，“新兴市场经济体的经济发展较好但金融市场较为脆弱，发达经济体凭借其国际货币的地位，采用定量宽松货币政策，实质上是利用其金融优势对新兴市场进行事实上的掠夺”。② 发达国家如果继续采取宽松的货币政策不断向市场“注水”，那么发展中国家可能会遭受物价上升以及股市泡沫的压力，影响到国际贸易的稳定。

三是外部需求不稳定不确定对于中国贸易总量带来新的不确定性。在全球经济复苏缓慢、保护主义和逆全球化思潮升温背景下，我国贸易外部需求呈现出不确定性和不稳定性。2021 年前 10 个月，中国货物贸易出口量虽然总体上呈现上升的趋势，但总体上仍呈现出起伏。自从新冠肺炎疫情暴发以来，全球产业链呈现出区域化的趋势，许多发达经济体也选择保护国内本土

① 刘斌、潘彤：《新冠疫情背景下中国对外贸易的现状分析、趋势研判与政策建议》，《国际贸易》2021 年第 7 期，第 29~35 页。

② 项梦曦：《美联储政策转向引发外溢风险　新兴市场机遇与挑战并存》，中国金融新闻网，https：//www. financialnews. com. cn/hq/cj/202112/t20211223_ 235947. html。

产业，无法确保对于新兴经济体商品的需求。再加上自从中美贸易摩擦时期以来各国升高的贸易壁垒，外部需求的不稳定成为影响中国对外贸易，以及国内稳定经济价值创造的风险因素。另外，随着疫情防控中全球产业的逐渐复苏，美国、日本、欧盟等国家和地区正在布局本土企业的发展，比如近期法国公布的工业复兴计划“法国 2030”约 300 亿欧元。随着国际市场竞争的逐渐增强，中国将面临更加激烈的国际贸易环境。

### （二）战略性物资的高对外依存度带来的外部不确定风险

以粮食和能源贸易安全为例。我国是粮食与能源消费大国，保障粮食与能源的充足供给不但是贸易安全的重要内容，也是国家安全的必然组成部分。我国仍然处于优化国内粮食市场、绿色能源产业转型的过程中，粮食与能源的进出口贸易将仍然是影响粮食安全和贸易安全的重要因素。

我国粮食贸易安全的风险体现为大豆、玉米贸易对外依存度较高，而出口粮食国际竞争力较小。一方面，国际粮食贸易格局受到新冠肺炎疫情的影响，粮食作为战略物资的功能得到强化。而中国粮食进口来源国的集中化和单一化，可能会增加粮食海外贸易风险和不确定性；① 另一方面，中国粮食种业市场发展较混乱，导致国内出口粮食与跨国粮商的粮食相比市场竞争力弱，可能遭到“粮食霸权”的影响。② 同时，国与国之间粮食贸易所形成的粮食贸易网络逐渐趋于复杂化，法国、美国、加拿大、荷兰、南非、英国是全球粮食贸易网络中的核心国家，处于全球粮食贸易网络中的枢纽地位，而中国在其中的影响力仍然较低。③

能源贸易安全的风险主要体现在进口依赖与地缘政治上。国际能源格局产生新的变化，呈现出“生产西移、消费东移”的态势，中国能源对外依

---

① 王晓君、何亚萍、蒋和平：《“十四五”时期的我国粮食安全：形势、问题与对策》，《改革》2020 年第 9 期，第 27~39 页。

② 张亨明、章皓月、朱庆生：《“双循环”新发展格局下我国粮食安全隐忧及其消解方略》，《改革》2021 年第 9 期，第 134~144 页。

③ 聂常乐、姜海宁、段健：《21 世纪以来全球粮食贸易网络空间格局演化》，《经济地理》2021 年第 7 期，第 119~127 页。

存度正在不断攀升。① 我国现在仍然是世界能源消费第一大国。2021 年《BP 世界能源统计年鉴》指出，中国的一次性能源②消费占世界能源消费总量的 26.1%，同比来看美国的一次性能源消费仅占 15.8%。中国能源安全面临着进口依赖与地缘政治考量：进口依赖度不断攀升，国内石油战略储备不足，外贸结构没有明显改善，能源贸易运输通道过于单一，能源供给稳定性较低，以及主要能源进口国政治动荡频繁。③ 地缘政治格局对中国的能源贸易影响大，能源贸易一方面会受到美国等西方国家地缘政治牵制；另一方面也面临着印度、日本等能源消耗大国的竞争。④

### （三）多边国际贸易机制的缺位问题

贸易环境是贸易安全的重要组成部分，良好稳定的贸易环境能够促进中国贸易持续向好发展，为国内经济发展提供巨大动力。然而，现阶段的国际贸易环境呈现出全球贸易保护主义盛行，全球价值链区域化与碎片化，各国倾向于区域间签订自由贸易协定构建“小圈子”，全球多边贸易机制所能发挥的作用受限。

WTO 一直是全球贸易规则的建构者与国际贸易争端解决机制的提供者。同时，WTO 具有成员多、范围广、全球性的特点。目前，WTO 一共有 164 个成员国，其中有 117 个成员国是发展中国家。中国加入 WTO 以来，在全球贸易治理中的参与度和地位不断提升。维护这种全球多边贸易机制，对中国贸易稳定发展具有重要意义。然而，随着 WTO 改革的呼声越来越高，WTO 对于维系多边贸易秩序所发挥的作用逐渐变小。而国家之间通过签订区域贸易协定来构建区域经贸机制成为新的风尚。

---

① 陈辉吾、陈珊珊：《国际能源格局新变化与中国能源安全》，《前线》2021 年第 7 期，第 35~38 页。

② 一次性能源包括进行商业交易的燃料，含用于发电的现代可再生能源。

③ 杨宇、何则：《能源地缘政治与能源权力研究》，《地理科学进展》2021 年第 3 期，第 524~540 页。

④ 黄昶生、刘晓春：《缓和并非结束：中美贸易摩擦对中国能源安全的启示》，《价格月刊》2020 年第 8 期，第 85~89 页。

目前来看，WTO 改革困境所带来的直接贸易风险包括以下方面：一是全球争端解决机制失效及其前景的不确定性，使中国失去了国际贸易争端的仲裁手段，在 2020 年美国、印度、澳大利亚是全球使用反倾销手段调查最多的国家，而中国几乎没有使用过相关的国际仲裁手段；二是中国与美欧等发达国家之间的矛盾激化，主要体现在美欧发达国家不认可中国的市场经济地位，在国有企业政府补贴、透明度义务、人权问题上对中国发难；[①] 三是数字贸易规则谈判陷入停滞，2019 年 WTO《电子商务联合声明》体现出发达国家与发展中国家的利益诉求差距巨大，发达经济体仍然是数字贸易规则领域的引领者。[②]

同时，WTO 这一多边贸易机制的缺位也对贸易安全带来更深层和长远的风险。一是中国将面临更恶劣的国际经贸环境。受新冠肺炎疫情的影响，2020 年欧洲国家利用“人权问题”对中国发起贸易制裁，随后美国和加拿大加入其中。尽管中国随后对一系列贸易制裁做出了“反制裁”，但本应在全球贸易秩序中发挥缓冲作用的 WTO 在诸多国家对中国发起恶性贸易竞争事件中保持缄默。二是中国将处于“权力导向”和“部分成员主导”的国际贸易秩序中。尽管我国在 2020 年成为全球货物贸易第一大国，但在整体经济实力上和美国仍有差距。同时，中国在贸易结构和国际贸易竞争力上仍然存在短板，“权力导向”的国际贸易秩序对中国高质量贸易发展转型也会造成不利影响。三是对于国际贸易话语权的争夺会更加激烈，呈现出诸多新的议题和不确定性。面对国际经贸格局的变化，WTO 在数字贸易、法律程序的制定上仍面临着滞后问题。这种情况下的国际经济贸易规则是不确定的，因争夺贸易规则话语权而产生的国家间政治对抗将加剧。

### （四）新科技带来贸易规则话语权竞争与贸易壁垒的挑战

数字贸易和绿色贸易作为科技引领的新兴领域，对中国贸易安全的冲击

① “WTO 改革：机遇与挑战”课题组：《客观认识 WTO 当前困境以战略思维推进 WTO 改革》，《行政管理改革》2021 年第 7 期，第 19~29 页。

② 岳云嵩、霍鹏：《WTO 电子商务谈判与数字贸易规则博弈》，《国际商务研究》2021 年第 1 期，第 73~85 页。

主要体现在贸易规则话语权与贸易壁垒发展新形式两个方面。

数字贸易的风险主要集中在贸易规则话语权制定上。一方面，数字贸易占中国总体贸易的比重一直处于上升趋势。商务部发布的《数字贸易发展报告2020》显示，“十三五”时期，中国数字贸易额由2015年的2000亿美元增长到2020年的2947.6亿美元，增长47.4%；同期数字贸易占服务贸易的比重从30.6%增长至44.5%。近十年来，中国的数字服务贸易规模基本翻了一番[①]。然而相较于世界主要发达国家，中国的数字服务贸易占世界服务贸易的比重仍然较低，竞争力偏弱。2019年中国数字服务贸易出口额仅占世界服务贸易额的4.5%，而美国占16.73%，英国占9.6%。[②] 另一方面，数字贸易安全风险集中于数字贸易规则、数字治理体系、数字安全技术三个方面。其中“跨境数据流动”议题是数字贸易安全的核心，并得到了最多的关注与讨论。[③] 目前全球数字贸易规则体系尚未成熟，美国与欧盟凭借掌握核心资源，在数字贸易规则的制定上仍然占据主导地位。[④] 在未来数字贸易不断发展的势头下，中国若游离于全球数字贸易规则之外，将不利于维护未来国家数字贸易的高质量发展。

绿色贸易的风险主要体现在贸易壁垒的新形式上。“绿色贸易壁垒”是绿色贸易中最受关注的贸易风险因素之一。绿色贸易壁垒最早来自WTO突出各个成员国“环保例外权”的相关条款，这些规定的笼统和模糊性质为部分发达国家所利用成为控制国家贸易的重要条件之一。[⑤] 新冠肺炎疫情发生以来，欧盟坚持以绿色复苏为经济发展导向，与中国在绿色贸易方面建立

---

① 夏旭田、缴翼飞：《中国数字贸易十年翻一番：数字经济出海加速　规则安全等问题待解》，《21世纪经济报道》2021年9月6日，第1版。

② 王盛晓、李燕婷、焦晓松：《中国数字服务贸易的国际对比：基本格局及对策建议》，《商业经济》2021年第12期，第4~6页。

③ 刘典：《全球数字贸易的格局演进、发展趋势与中国应对——基于跨境数据流动规制的视角》，《学术论坛》2021年第1期，第95~104页；马其家、李晓楠：《国际数字贸易背景下数据跨境流动监管规则研究》，《国际贸易》2021年第3期，第74~81页。

④ 宗良、林静慧、吴丹：《全球数字贸易崛起：时代价值与前景展望》，《国际贸易》2019年第10期，第58~63页。

⑤ 封延会：《WTO与绿色贸易壁垒》，《甘肃行政学院学报》2002年第3期，第41~42页。

了合作伙伴关系，但仍有学者注意到欧盟的绿色新政与发展战略将形成新的贸易壁垒，主要是以“碳边境税”和“市场准入标注”的形式出现。① 目前来看，中国绿色贸易还存在着国际绿色商品竞争力较弱、国内产业创新能力较低的问题。

### （五）地缘政治与贸易竞争手段白热化与显性化带来的冲击

国际贸易竞争既有经济属性，也有政治属性。随着国际局势不断变化，国际贸易逐渐作为新的战争形式，被赋予了更多的政治属性。这一现象具体表现为地缘政治对国际贸易的影响变大，以及大国贸易竞争手段呈现出白热化与显性化特征。

一是我国对外贸易的市场集中度高而易受地缘政治影响，尤其是现在经济贸易“安全化”的趋势下，某一大国的政治行为可能会对中国的经济安全带来风险与威胁。虽然我国对外贸易依存度正在逐年下降，但市场集中度仍然较高。一方面，我国的对外贸易依存度自加入 WTO 后不断上升，在2006 年达到峰值，为 65.17%。在 2008 年全球金融危机后，对外贸易依存度逐步下降，并从 2016 年开始稳定在了 30%~40%的区间，2020 年中国的对外贸易依存度为 36.4%。横向来看，美国 2020 年对外贸易依存度为18.34%，英国为 33.89%，日本为 25.64%②，相较于世界其他主要发达国家，中国的对外贸易依存度仍然存在下降空间。另一方面，2020 年我国的进出口市场一半以上集中在东盟、欧盟、美国、日本和韩国，总共占据我国进出口贸易额的 54.3%。市场集中度偏高会对我国的贸易安全造成极大的风险，而有学者指出，未来全球贸易保护主义的加剧趋势会持续到 2030 年前后，这为世界各国的贸易政策带来了极大的不确定性。③

① 曲如晓、李婧、杨修：《绿色合作伙伴建设下中欧绿色贸易的机遇与挑战》，《国际贸易》2021 年第 5 期，第 32~40 页。

② 参见世界银行数据库，https：//data.worldbank.org/。

③ 张晓通、陈实：《百年变局下中美全球贸易治理的竞争与合作》，《国际贸易》2021 年第 10 期，第 21~27 页。

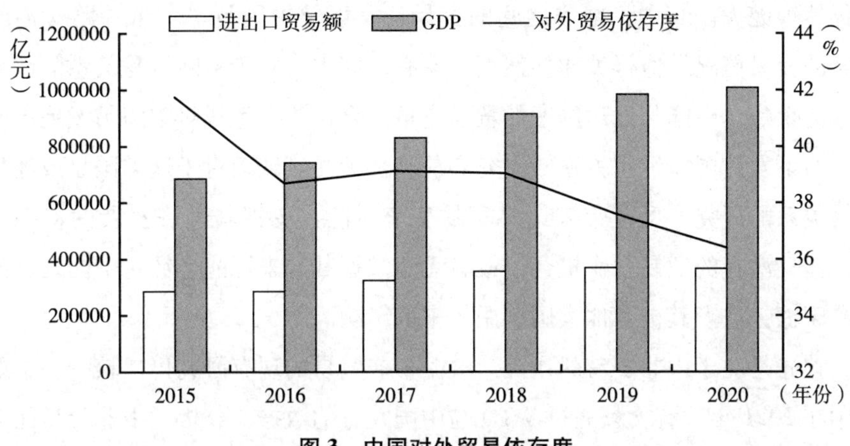


**图 3　中国对外贸易依存度**

二是贸易竞争手段呈现出强政治性特征带来新的权力竞争和规则角逐的挑战。国际贸易竞争的中心正在从国际市场竞争向国家之间的政治角力偏移。现阶段，学界对于国际贸易政策的博弈大多聚焦于中美之间的贸易摩擦。有学者指出“加征关税”“产业回归”“WTO 改革”等措施都是贸易竞争政治化的手段，旨在维护以美国为主导的国际经济贸易秩序。① 在中美竞争的主要焦点之外，部分国家和非政府组织也成为贸易政策博弈的一部分。同时，国际非政府组织也成为国际贸易规则领域中的政策工具。非政府组织通过对环境和劳工标准等问题的关注进而影响他国产业和贸易安全。发达国家主导下的国际非政府组织的关注点，往往与发展中国家的实际发展情况相背离，使发展中国家在国际经济贸易秩序中遭到边缘化和不公平的对待。②

## （六）缺乏对与发展中国家以及不发达国家的贸易问题的关注

中国与其他发展中国家以及不发达国家的贸易比重虽然不高，但贸易总

① 周金凯：《美国对华贸易政治的实施策略分析——中美经贸摩擦视角》，《上海对外经贸大学学报》2021 年第 3 期，第 49~59 页。

② 鄂晓梅：《NGO 和 WTO：国际非政府组织对国际贸易规则的影响》，《武大国际法评论》2010 年第 2 期，第 388~386 页。

额仍然很庞大。其中，中非之间的贸易往来以及中国与“一带一路”沿线国家的贸易情况最值得关注。然而，现有研究中，对于国际贸易关系的研究基本上聚焦于中国与发达国家的贸易竞争与合作，而忽视对中国与发展中国家、与不发达国家经贸关系的研究和前瞻性关注。缺乏对于这类国家或地区贸易关系的研究，可能带来诸多贸易安全风险：忽视其经济发展的动态情况，错失潜在的贸易合作机会，或者无法掌握其未来可能会针对中国发起的贸易摩擦，或者其被其他大国利用带来的影响。

首先是对于中非贸易的研究。关于中非贸易的现有研究仍然较少，主要集中在2021年，有文献通过WTO与中国官方的数据，分析了中非贸易往来中主要存在的问题：双方贸易额虽在逐年增加，但所占比例仍然较小；中国对非进口以原油等能源为主，可能会形成一定程度的依赖；中国对非贸易顺差地位逐渐转为逆差，贸易摩擦问题增多，特别是中国出口工业商品对当地企业造成冲击；西方国家的竞争与意识形态冲击，也会引起非洲各国对于中国的敌意。[①] 其次是对于“一带一路”沿线国家的研究。有很多文献从贸易网络的视角出发，指出“一带一路”倡议下中国与周边国家的贸易关系越来越紧密，贸易强度也在不断增加。然而，现有研究倾向于中国与各个沿线国家贸易往来中经济利益的分析，缺乏战略性和结构性的视角。一方面，中国与各个沿线国家的贸易关系强度各不相同，产生“中心—边缘”的贸易结构的倾向，[②] 而对于逐渐趋于“边缘化”的国家，缺乏相关关注与研究。另一方面，我国国内涉海省份在陆域与海域受“一带一路”建设影响具有强差异性，[③] 可能导致省际的进出口贸易恶性竞争。

① 王爱虎、李燕：《中非贸易发展现状分析》，《江苏商论》2012年第5期，第78~81页；张哲、顾丽姝：《21世纪中非贸易关系问题与对策》，《经济问题探索》2012年第6期，第66~72页。

② 黄果、樊瑛：《基于流网络的“一带一路”贸易效应分析》，《电子科技大学学报》2021年第1期，第138~147页。

③ 兰筱琳、兰国政：《“一带一路”陆海贸易通道耦合协调性评价研究》，《中国科学院院刊》2021年第11期，第1359~1370页。

## 三　中国贸易安全：机遇展望

贸易安全的机遇和展望有两层意义：一是现有贸易风险中，仍有许多贸易发展的突破口，能实现贸易风险的“转危为安”；二是关注贸易发展中新兴的趋势，能够维持贸易环境与贸易结构的长久安全，引领我国的贸易发展趋向。《“十四五”对外贸易高质量发展规划》提出了中国贸易发展的主要目标，强调要进一步增强中国贸易综合实力、提高协调创新水平、提升畅通循环能力、深化贸易开放合作、完善贸易安全体系。本文提出，新航道开辟和联通、绿色贸易合作发展、区域化贸易深度开放合作是中国完善贸易安全体系的三大突破点。

### （一）开辟和联通新航道和新通道

目前，海运依然是非常重要的贸易通道。2020 年中国海运进出口量达到了 24.6 亿吨，占全球海运贸易量的 30%。一方面，中国拥有多条传统航线。近洋航线有港澳线、马六甲线、暹罗线等 12 条；远洋航线有地中海线、西北欧线、美国线、加拿大线 4 条。[①] 完全依赖传统的航线不但面临“卡脖子”风险，也难以避免航线本身固有的问题，比如 2021 年 3 月，巨型货轮“长赐号”在苏伊士运河搁浅，造成航道堵塞，对世界各国造成了巨大的经济损失。

2016 年以来，我国国际陆海贸易新通道建设持续推进，正成为一条纵贯南北，横贯东西，有机衔接共建“一带一路”的复合型对外开放通道。在新冠肺炎疫情的影响下，更成了传统贸易通道的优良替代。这条向南通达新加坡等东盟主要国家，向北与重庆、甘肃、新疆等地相连，向东连接东北亚、北美等区域，向西直通中亚和欧洲的大通道，是一条惠及各方的共赢之道。比如，该通道的组成部分——中欧班列，开通十年来，大大地提升了我国与中东欧国家、西欧国家的贸易往来，陆运方式成为我国与中东国家和欧

① 刘德学：《中国主要海运航线》，《中国工程师》1998 年第 2 期，第 23 页。

洲国家的主要联通方式之一。中欧班列囊括了西、中、东3条通道运行线：西部通道由中国中西部地区经阿拉山口（霍尔果斯）出境，中部通道由中国华北地区经二连浩特出境，东部通道由中国东南部沿海地区经满洲里（绥芬河）出境。截至2021年7月，中欧班列累计开行达到41008列，自2017年以来大幅增长，2020年与2019年分别为12406列与8225列，增长50%。其中，国内开行中欧班列的省区市已有29个，开行超过百列的城市已有31个，通往欧洲23个国家的168个城市，主要集中在欧盟、俄罗斯；中欧班列运输货物类型多达5万多种；2020年年度货运值为560亿美元，较2016年的80亿美元提高了7倍；2021年上半年，西部通道、中部通道、东部通道分别开行3180列、1285列、228列，同比增长51%、27%、41%。[①] 又如，至2021年，重庆跨境公路班车历经五年，已相继开通了6条东盟班车线路（东线、东复线、中线、西线、亚欧线、新加坡线）、2条中亚班车线路（乌兹别克斯坦线、哈萨克斯坦线），不仅实现了中南半岛全覆盖，而且打通了我国西部省区市与中亚地区陆运通道的互联互通，成为西部陆海新通道的重要载体，连接起中亚、欧洲等国际市场。而2020年柬埔寨至中国北部湾港水果快线的成功开通，从柬埔寨果园中采摘的新鲜热带水果，到中国乃至亚欧国家民众的餐桌上，送达时间缩至4天，这也开辟了中国—东盟新的水果贸易通道。

同时，中国正在积极拓展北极圈的航海新路线，这一战略性的布局为贸易安全带来新的保障。随着北极冰川融化，北极东北航线将在2050年之前实现夏季完全通航，这将极大地缩短中国与欧洲之间的贸易航线距离。但是，该航线同时也受到了沿岸国家的密切关注，对于航线的开发权问题也是需要关注的重要问题之一。此外，“绿色贸易航线”也正在受到国际关注。联合国气候变化公约第26次缔约方大会（COP 26）上签署的《关于绿色航运走廊的克莱德班克宣言》，将“绿色走廊”定义为“零排放海上航线”，

---

① 参见国家铁路局官网，http：//www.nra.gov.cn/xwzx/tpsp/tpxw/202107/t20210712_190194.shtml。

承诺至 2025 年在全球两个或多个港口间至少建立 6 条绿色航运走廊，并希望至 2030 年进一步扩大绿色航运走廊数量，以及“至 2050 年实现航运业脱碳”的愿景。“绿色贸易航线”能够在未来成为我国开拓更多友好贸易航线互联互通的机遇。

## （二）以绿色贸易促进国际贸易合作

绿色贸易将是未来贸易发展的重点领域之一，其发展趋势对中国的贸易安全势必造成重大影响。中国作为世界最大的出口排放国，正在积极地探索应对气候变化的最佳途径。绿色贸易以绿色发展为最终目标，通过贸易和市场的手段来鼓励各国国家进行绿色生产，从而缓解人类对地球施加的压力。现阶段，绿色贸易议题主要包括鼓励环境友好产品和服务的贸易以及各国之间的碳关税与碳排放权交易。相比传统贸易领域，绿色贸易中的商品与服务能够更容易地实现国际合作。在未来，随着全球范围内绿色发展理念和绿色消费意识的不断推行，越来越多的跨国企业会加入这一领域，环境产品与服务的生产将成为新的经济增长点。①

绿色贸易逐渐发展的同时，全球正在不断形成碳排放市场机制。目前来看，各国在实践中对使用市场机制来应对碳排放寄予厚望，主要的形式包括碳税与碳排放交易权两个方面。有学者认为，在 WTO 体制下碳排放边境交易调整措施较为容易对他国的产业施加贸易保护引起国际贸易纠纷，而碳税在 WTO 体制下可以更好地解决产业竞争力的问题，但碳税的立法体系如今并不完善。② 中国有机会在该领域还不成熟的情况下，采取更积极的态度争取与维护自身利益。中国可抓住绿色贸易发展机遇，以现有的中欧绿色贸易合作与“一带一路”沿线国家绿色贸易合作为基础，继续在绿色贸易领域中寻求发展与合作。

---

① 顾学明、孙瑾、卫平东：《我国绿色贸易融资发展的内涵、逻辑与前景》，《国际贸易》2021 年第 2 期，第 4~11 页。

② 魏圣香：《气候变化应对机制的选择：碳税抑或碳排放权交易——基于 WTO 视角的分析》，《科技管理研究》2016 年第 22 期，第 243~247 页。

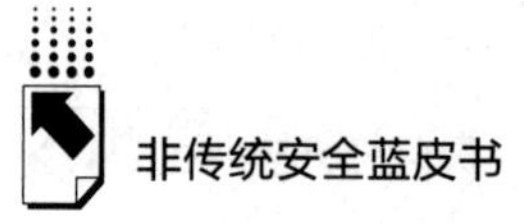


## （三）推动多边贸易机制建构

首先，积极参与以 WTO 为代表的多边贸易机制改革。加入 WTO 20 多年来，中国既是多边贸易体制的最大受益者，也是多边贸易机制的主要贡献者。WTO 前副总干事易小准指出，当前 WTO 难以达成全体成员都一致同意的协议，主要是受到“协商一致”原则的影响。虽然这项原则在历史上发挥过积极的作用，然而随着 WTO 成员数量增加，效率逐渐降低。在这个方面，中国主动提出的“在 WTO 开启一个投资便利化的开放式的诸边讨论”，在一定程度上解决了这一问题，目前获得广泛认可。在未来，中国在全球贸易中所占份额仍然巨大，能够在 WTO 讨论议题中拥有一定的话语权，起到举足轻重的作用。要抓住发展机遇，为多边机制的建构提供中国方案与中国智慧。

其次，努力探索与欧盟的贸易合作关系。中国与欧洲经贸关系的竞争性表现在欧洲国家对中国的企业与贸易持有警惕和怀疑态度，这种态度不仅来自中国经贸实力的加强，也来自欧洲对与自身不同的经济制度而产生的担忧：一是担心中国在欧洲市场上的积极投资，特别是在高科技领域的投资会让欧盟国家失去科技优势；二是欧盟国家的投资者抱怨进入中国市场所遇到的阻碍；三是中国国有企业在欧洲优势领域上的投资也会引起欧盟国家对公平的担忧。[①] 然而，中国与欧盟之间仍然存在共同合作与探索新型经贸机制建构的可能性。一方面，中欧之间一直保持着良好贸易往来。2020 年，中国是欧盟商品货物贸易出口的第三大伙伴（占比达 10.5%），同时也是欧盟货物进口的第一大伙伴（占比达 22.4%）。[②] 另一方面，在 WTO 体系之下，欧盟对中国采取了较为友好的态度。截至 2021 年 1 月，中国在反倾销争端

---

① European Parliament，EU-China Trade And Investment Relations In Challenging Times，https：//www. europarl. europa. eu/thinktank/en/document. html？reference = EXPO _ STU （2020）603492.

② 参见欧盟官方网站，Eurostat，https：//ec. europa. eu/eurostat/statistics-explained/index. php/China-EU_ -_ international_ trade_ in_ goods_ statistics。

解决中作为被指控人一共有 45 次，其中北美地区（美国、加拿大、墨西哥）有 32 次，占 71%；欧盟只有 9 次，占比 20%，而最近的一次是在 2018 年 1 月。[①] 同时，欧盟在法律法规上也积极改革反倾销法规，为中国在欧盟市场上的贸易行为减轻负担，这体现出中国与欧盟贸易之间的平衡和友好关系。

最后，积极巩固与发展区域性贸易合作机制。《中共中央关于制定国民经济和社会发展第十四个五年规划和二〇三五年远景目标的建议》提出，“中国实施自由贸易区提升战略，构建面向全球的高标准自由贸易区网络”。[②] RCEP 的签署成为中国参与高水平自由贸易区与自由贸易协定的起点，为中国在货物贸易、服务贸易、知识产权保护等领域带来了机遇。目前，我国与东盟各国的贸易合作已经初步成熟，逐渐建构起区域性国际经贸机制，在亚洲形成了以中国为中心的区域生产体系。我国应继续完善与东盟、日本、韩国的经贸合作机制，寻求贸易合作覆盖更广、更加便利、规则更加完善。在签署了 RCEP 后，我国也积极表示了加入 CPTPP 的意愿。相较于 RCEP，CPTPP 的贸易协定规则更加严格，在劳动和环境规则、竞争政策、国有企业、知识产权监管、互联网规则和数字经济等方面设定了更高的标准。这些高标准的要求，对于中国实现高质量贸易发展目标来说既是挑战，也是机遇。

## 四　结语

对外贸易是中国开放型经济的重要组成部分和国民经济发展的重要推动力量，是畅通国内国际双循环的关键枢纽。构建中国贸易安全体系对于我国的经济安全与整体国家安全而言具有重要的意义。当前，我国贸易安全的主要风险在于我国国际贸易竞争力存在提升空间，在国际市场中并不占据优势

① 参见 WTO 官网，数据经过作者计算，https：//www. wto. org/english/tratop_ e/dispu_ e/dispu_ maps_ e. htm？country_ selected = CHN&sense = e。

② 参见中国政府网，http：//www. gov. cn/zhengce/2020-11/03/content_ 5556991. htm。

地位；我国的国际贸易环境需要持续改善，在贸易保护主义趋势加剧的情况下，需要通过国际经贸机制的建构来为贸易提供安全环境。我国在推进对外贸易高质量发展的同时，需要准确把握贸易安全的风险和机遇，需要妥善处理贸易便利化与贸易安全之间的张力，需要建立贸易安全的系统性测度机制、贸易摩擦预警机制、贸易摩擦的系统应对机制，以及维护贸易安全的能力体系。

# 国际合作篇

International Cooperation

## B.6 中国与中亚国家的反恐安全合作

苏萍　朱新光*

**摘　要：** 中国与中亚国家通过上合组织等多边和双边合作组织，在反恐合作的理念培育、规制倾向、执行力等方面展开积极合作，对于各国反恐安全认知的养成、地区反恐安全合作组织专业化水平的提高、地区反恐安全规范化整合能力的提升、多边和双边联合反恐军演的常态化，以及加强地区国家间反恐安全合作的理解与信任，打击中亚恐怖主义势力的嚣张气焰等具有积极意义，但也不能忽视地区的反恐合作认同感式微、多边主义泛化的规制风险、反恐军事合作排他性的负外部效应等制约因素的存在。

**关键词：** 中国　中亚　反恐安全合作

* 苏萍，硕士，上海师范大学哲学与法政学院讲师，主要从事地区安全研究；朱新光，博士，上海师范大学哲学与法政学院教授，博士生导师，主要从事中亚非传统安全研究。

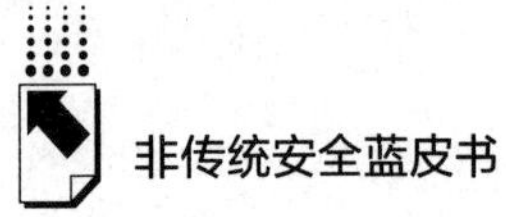


中亚国家独立后，受地区伊斯兰宗教极端主义的威胁、周边其他宗教极端主义势力的渗透等内外环境的共同影响，以及中亚各国主体民族与非主体民族之间矛盾的催化作用，“三股势力”在该地区蔓延，引起各国的高度关注。中亚各国在反恐安全合作偏好的选择上往往倾向非正式的制度安排，通过上海合作组织等与中国开展多边和双边反恐安全合作，探索具有不同程度的精确性、合作深度与授权程度的反恐安全合作。

## 一 中亚国家的反恐政策

通俗地讲，由于国际社会处于无政府状态，国家和地区间的矛盾和冲突在所难免，只有通过制度安排才能够限制或者改善这种无政府状态，维护国际安全。因此，作为制度安排最重要的载体，国际法和国际契约成为维持国际安全（秩序）的必要条件，这就要求任何国家间的安全合作设置，诸如安全合作议程的制订和执行等，都需要国家内部相关配套法律的对接方能有序进行。中亚地区的反恐安全合作也不例外，在打击恐怖主义的政策上，中亚各国深知恐怖主义的严重程度以及国家物质能力可影响各国政府对恐怖主义的反应①，因此各国应尽量减少恐怖主义对国家安全造成威胁，并根据实情来制定相应的反恐政策。

哈萨克斯坦认为宗教极端主义是对哈萨克斯坦国家安全的主要威胁，在政策上对其把控较严。比如，哈萨克斯坦的宪法在承认和尊重公民信仰自由的同时，禁止宣传或鼓吹宗教的优越感，并禁止外国宗教性质的政党活动，强调外国宗教组织在该国境内的活动以及外国宗教中心对国内宗教组织领导人的任命，需经国家有关机关同意。与此同时，哈萨克斯坦议会通过了关于禁止与恐怖主义和极端组织有关联的宗教团体在哈萨克斯坦境内活动的法案。该法案规定要反对任何形式的恐怖活动，严厉惩罚宗教极端主义活动，

① Mariya Y.，“Combating Terrorism in Central Asia：Explaining Differences in States’ Responses to Terror”，*Studies in Conflict & Terrorism*，2019，42（1），pp. 1021-1043.

禁止向宗教极端主义和恐怖主义团体提供财政帮助，防止为实施恐怖活动创造条件，同时将进一步加强对武器弹药销售和使用的管控，其中政府机关和民众对枪支弹药的存储、流通等，将受到专门监控和管理。此外，当局将进一步对与境外恐怖主义和极端组织有关的个人和团体加强处罚力度，有关联的宗教团体将被禁止在哈萨克斯坦境内活动。培养公民的政治和法律素质，优先保障国家安全，以及国家与社会团体、其他组织和公民个人在反恐方面的合作等。该法案还针对忽视反恐安保的相关责任团体和法人，制定了相应的处罚措施等。2013 年，哈萨克斯坦通过一系列与反恐有关的法律文件，比如，《哈萨克斯坦反恐活动组织原则》《恐怖事件造成自然人和法人财产损失赔偿原则》《进行反恐的国家机构负责人在处置恐怖事件中因合法行动造成自然人和法人损失的赔偿原则》《实施恐怖事件死亡人员以及处置其实施的恐怖事件时死亡人员丧葬原则》《恐怖事件受害人员社会康复原则》等。2016 年，哈萨克斯坦颁布《对哈萨克斯坦一些反恐问题法律进行修订和补充》，进一步强化对恐怖活动的惩罚力度，加强对非法宗教活动、个别种类武器流通、居民移居的监管，并增加由政府宣布进入紧急状态的情形，对参与恐怖活动者剥夺国籍等措施；同时还颁布了《批准对提供有助于预防和阻止恐怖事件情报的确认和奖金支付规则》，规定如果有人提供的情报有助于预防或阻止恐怖事件，主管机构须向其支付奖金。

吉尔吉斯斯坦宪法作为该国的根本大法，对宗教的性质与功能、权利与义务等给予明确的限定。该国宪法规定，宗教及各类祭祀团体应与国家分离；不允许按照宗教派别建立政党；宗教组织不得有政治目的和任务；宗教组织的神职人员和宗教仪式不得妨碍国家机关的活动；外国政党、社会组织和宗教组织及其代办处和分支机构不得有政治目的和活动；不得建立损害宪法、国家和社会安全的政党、社会联合会、宗教组织及其他组织，并进行相关的活动等。在打击恐怖主义势力上，吉尔吉斯斯坦颁行一系列相关法律。比如，《吉尔吉斯斯坦共和国反恐怖主义法》（2006 年）把恐怖主义界定为，进行危害人类甚至造成人员伤亡，后果十分严重，社会危害性巨大的爆炸、纵火或其他类似活动；企图破坏社会稳定、削弱或推翻现政权，进而恐吓或逼迫居民、国家机关、国际组织和其他组织为或不为某种行为，或为实现上述目的而采取的各种威胁手段。为此，该法规定，内务部、国防部、司法部、紧急情况部、边防部、国民卫队等作为反恐主体，拥有预防、查明和制止恐怖主义活动，实施反恐怖主义行动，将恐怖活动造成的后果降到最低，并负责由政府确定的特别重要设施的保护及安全等的责任与义务；还明确规定了国际反恐合作的法律基础、基本原则、主要目标和任务、合作形式等，指出在公认的国际法原则和准则、加入的国际条约、联合国安理会决议等构成其法律基础的前提下开展国际反恐合作。2017 年，吉尔吉斯斯坦议会通过该法修正案，规定国家安全委员会每年更新在吉国内被禁止活动的恐怖组织名单，以促使国内涉及反恐工作的部门跟踪其恐怖主义活动的发展动态，并将其消灭在萌芽状态。另外，《吉尔吉斯斯坦共和国反对政治极端主义法草案》也规定，政治极端主义是政党、宗教组织、非商业组织和国家权力机构的代表和公民，企图通过暴力改变吉尔吉斯斯坦共和国的宪法，篡取政权和侵犯国家主权、领土完整，组织非法武装部队，煽动民族、种族和宗教仇恨，鼓动群众从事有政治目的的非法活动。吉尔吉斯斯坦总统还签署法案，规定将剥夺参与恐怖组织和极端主义团体的吉尔吉斯斯坦公民所具有的公民权和国籍。该法案旨在强化对恐怖主义的打击力度，凡参与恐怖组织和极端主义团体的吉国公民，将被剥夺吉尔吉斯斯坦公民权和国籍。这些法律文件奠定了该国反恐行动的法律基础。2015 年，吉尔吉斯斯坦国家安全委员会还通过修正案，允许对境内含有恐怖主义内容的网站进行屏蔽。

乌兹别克斯坦的宪法规定，禁止成立以暴力改变宪法制度为目标、反对共和国主权、完整和安全以及公民的宪法权利和自由，宣扬战争以及社会、民族、种族和宗教敌视，侵害人民的健康和道德的政党和社会团体。按民族和宗教特征建立起来的军事化团体和政党，将禁止其活动。不仅如此，1998 年，该国还颁布《宗教信仰自由和宗教组织法》，将禁止建立宗教政党组织及其活动列入法律条文，全面限制未经批准的宗教活动，并规定，除了在乌兹别克斯坦政府登记的宗教神职人员外，禁止乌兹别克斯坦公民穿着宗教文化服饰出现在公众场合等；禁止传播宗教思想，禁止私人宗教教育，要求宗教组织向政府登记并提供成员名单等。另外，乌兹别克斯坦颁布《反恐怖主义法》，将恐怖主义分子绳之以法，打压其嚣张气焰。该法规定，反恐怖主义行动是为避免恐怖活动的发生和消除恐怖活动造成的后果以及保障人身安全、使恐怖分子不能为害而采取的专门的配套协调行动和措施；并将反恐怖行动区确定为实施反恐怖行动的地面、水域的单独区域、空间、交通工具、楼房、建筑物、设施场地及所属地域等。该法还规定反恐怖主义的原则：法治、人身权利、自由及合法利益的优先性，预防恐怖主义措施的优先性、惩罚的不可避免性，打击恐怖主义公开和非公开方法的结合，反恐怖行动使用力量和手段的统一领导等；并明确打击恐怖主义的乌兹别克斯坦国家机关：国家安全总局、内务部、国家边界保卫委员会、国家海关委员会、国防部、紧急情况部等。此外，该法要求乌兹别克斯坦的新闻媒体活动应与反恐怖行动负责人在反恐怖行动区域相互协作，禁止传播暴露反恐怖行动的专用技术方法和策略的，加大反恐怖行动难度、对公民的人身健康和生命安全构成威胁的，有助于恐怖主义宣传或为恐怖主义开脱的，关于参加反恐怖行动工作人员及为反恐怖行动提供协助人员的有关信息等。① 乌兹别克斯坦的刑法也明确将组织极端教派、利用互联网传播宗教思想、散发极端宗教传单等活动列为危害国家安全、妨碍公民信仰自由罪。这在一定程度上为该国打击恐怖主义势力提供了法律保障。

塔吉克斯坦宪法规定，塔吉克斯坦禁止把宗教规定为国家的意识形态；宗教组织与国家分离，不得干预国家事务；禁止以挑起宗教冲突为目的，或者煽动暴力推翻宪法制度和组织武装集团的社会团体建立及活动等。塔吉克斯坦刑法也明确规定与恐怖主义犯罪有关的“组织犯罪集团罪”“煽动种族仇恨罪、袒护犯罪亲属和宗教仇恨罪”“使用暴力夺取和维持权力罪”等罪名，并对其配置不同级别的刑罚，实现罪有其罚；并规定如果其他犯罪形式是为达到恐怖主义目的而实行的，也属于恐怖主义犯罪等。塔吉克斯坦还通

---

① 赵秉志等：《俄罗斯与中亚诸国反恐怖主义法述评》，《法学评论》2007 年第 1 期。

过《塔吉克斯坦共和国反恐怖主义法》，完善打击恐怖主义势力的法律框架体系。该法把恐怖主义活动界定为直接实施恐怖主义性质的犯罪，并规定塔吉克斯坦反恐怖斗争由塔政府负责，明确要求新闻媒体在反恐怖实施区域禁止泄露实施行动的战术和方法的，助长恐怖主义宣传、为其辩解的，泄露参与行动者情况及构成国家机密的，泄露有辱人质尊严和人格的有关信息等。与此同时，为遏制与消除极端主义，塔吉克斯坦的《打击极端主义法》将极端主义明确规定为法人和自然人表现出的极端行为，致力于动乱，改变国家宪法秩序，夺取和窃取政权，煽动种族、民族、社会和宗教敌视。对极端主义组织的规定是被法院判处取消或禁止活动的、从事极端主义活动的社会团体、宗教组织或其他非营利组织。对于极端主义活动，该法也做出明确规定。

土库曼斯坦的宪法也对宗教的权利、义务与责任做了明确规定，强调宗教组织同国家相分离，且不得行使国家职权；国家教育系统同宗教组织相分离，并具有世俗性；禁止建立以宣传鼓动宗教仇视情绪的政党和社会团体，并禁止它们开展活动；禁止按照民族或宗教特征建立军事团体和政党。这在一定意义上为打击恐怖主义势力提供了法律保障。2002 年，政府通过反恐立法，设立打击恐怖主义国家委员会和内政部打击恐怖主义和有组织犯罪司等，遏制宗教反对派，禁止政治多元化和宗教的多样性。

简言之，中亚各国通过宪法，以及《反恐怖主义法》《宗教信仰自由和宗教组织法》《反对政治极端主义法》等相关反恐法律法规，完善中亚反恐安全合作的法律体系，这对维护各国的国家主权和领土完整、确保该地区社会稳定、推动中国与中亚地区反恐合作发挥了重要作用。

## 二　中国与中亚国家的反恐安全合作

国际机制指的是在国际关系的一些特定领域里，一套被一组国家所接受的、共同期望的秩序和规则、计划、义务等。它分为正式国际机制和非正式国际机制。非正式国际机制不具有正式的国际法律地位，只具有政治或道德上的约束力，其成员国之间建立的是保证型的合作关系。国家选择非正式国际机制是国内层次和国际层次的激励因素共同作用的结果，包括国内偏好、承诺可信性需求和国家间相互依赖的结构特征。这表明该机制在精确性上只存在保证型的政治或道德承诺关系，不具备国际法意义上的权利与义务关系，因而对彼此的要求或行为禁止的规定较模糊；在合作深度上要求各方做出轻微的行为调整或不改变初始状态的行为即可；在授权程度上对授权第三方解释、解决机制规定、接受和发布遵守行为声明，以及进一步制定规则等的约束亦较弱，制度的约束力仅来自政治或道德。基于这种制度安排的逻辑，中国与中亚国家通过上海合作组织等开展多边和双边合作，推动该地区反恐安全合作的发展。

上合组织的前身是上海五国机制。机制成立初期，主要是解决中国与俄、哈、吉、塔的边境划界问题。随着中亚恐怖主义势力的蔓延，上合组织的功能定位从协商解决边界议定等传统地区安全问题，向解决经济等非传统安全问题转变，反恐问题遂成为该组织关注的重要议题，由此开启上合组织主导下的地区反恐合作进程。作为一种区域性反恐合作组织，上合组织努力借助成员国之间的各类元首和总理级的声明和宣言、部长级的公报、成员国之间签署的各种公约，以及各类联合军演等形式来显示团结，开展和强化越来越多的地区反恐合作。[①] 在这一过程中，中国与中亚国家关于反恐认知的养成曲折而漫长，反恐规制渐进发展，反恐合作组织的建构一波三折，反恐合作执行力多头并举等，由此构筑起地区安全合作的图景。

### （一）反恐安全认知养成的曲折性

中亚恐怖主义等“三股势力”由来已久，反对“三股势力”作为上合组织反恐合作的重要原则，经历了一个长期演变过程。早在上合组织成立

---

① Jean-Pierre Cabestan, “The Shanghai Cooperation Organization, Central Asia, and the Great Powers, an Introduction,” *Asian Survey*, 2013, 53 (3), pp. 423-435.

前，“上海五国”利用成员国本土的社会文化和政治传统，界定本地区的反恐原则，《上海五国阿拉木图联合声明》（1997 年）第一次就本地区的民族分裂和宗教极端主义势力表明立场，指出该组织对“任何形式的民族分裂、民族排斥和宗教极端主义都是不能接受的”，对一切旨在分裂国家和民族的敌对势力坚决予以打击，反对任何国家以“人权高于主权”原则等为借口，庇护民族分裂和宗教极端势力的做法。1999 年 8 月，“上海五国”第四次元首会议再次就民族分裂和宗教极端势力发表看法，重申遏制民族分裂主义和宗教极端主义对地区安全具有重大意义，提议各国“采取联合行动”打击两股势力的非法活动，维护地区稳定。[①] 这些原则立场，为中国与中亚国家反对民族分裂主义和宗教极端主义的认知共识、消除旨在煽动民族和宗教间敌意的破坏性力量的激进和极端主义行动，提供一种显性的“自我意识方式”[②]，成为该组织反恐安全合作的思想基础。

“9·11”事件后，国际恐怖主义势力甚嚣尘上，中亚的恐怖主义等“不仅是中亚国家所要面对的问题，而且也对中国和俄罗斯构成挑战，维护本地区稳定是上合组织所有成员的共同目标”[③]。为此，在《上海合作组织成员国外长联合声明》（2002 年）中，上合组织开宗明义地把反对恐怖主义列为该组织的首要任务，突出强调打击“三股势力”的必要性和紧迫性，呼吁各国在地区反恐问题上转换思路、凝聚共识、加强合作，共同打击恐怖主义等“三股势力”。[④] 同时还针对中亚“三股势力”相互联系和叠加渗透的特点，把中亚一些臭名昭著的“三股势力”，诸如“东突”“乌兹别克斯坦伊斯兰运动”“伊斯兰复兴党”“正义党”“伊斯兰解放党”“中亚圣战者

① 《上海五国元首会晤》，中国之声，http：//www. cnr. cn/wq/fivecountry/index6-000. htm，最后访问日期：2021 年 8 月 13 日。

② Kuralai I. Baizakova，“The Shanghai Cooperation Organization's Role in Countering Threats and Challenges to Central Asian Regional Security”，*Russian Politics and Law*，2013，51（1），pp. 59-79.

③ Naarajärvi，“China，Russia and the Shanghai Cooperation Organisation：blessing or curse for new regionalism in Central Asia?”，*Asia Europe Journal*，2012，10（2），pp. 113-126.

④ 《上海合作组织成员国外长非例行会议举行》，人民网，http：//www. people. com. cn/GB/paper39/5153/543047. html，最后访问日期：2021 年 8 月 12 日。

组织”“忠诚党”等列为恐怖主义组织和团伙予以重点打击，将其作为维护地区安全的重要手段。上合组织这一系列反恐原则的确立，标志着该组织在反恐认知上完成从片面的反民族分裂主义和宗教极端主义倾向，向以反恐怖主义等“三股势力”为核心的综合反恐观的转变，为地区反恐安全合作指明方向。

应该指出的是，恐怖主义向来以辐射面广、危害大等著称，因此仅靠地区反恐合作是难以为继的，只有依靠世界各国的共同努力，才能从根本上遏制其泛滥之势。上合组织在培育地区综合反恐意识的同时，也积极倡导跨地区的国际反恐合作理念，以实现反恐的多元共治。比如，《上海合作组织成员国元首杜尚别宣言》（2014 年）进一步深化在打击恐怖主义领域的合作。《上海合作组织成员国元首乌法宣言》（2015 年）指出，国际恐怖主义和极端主义的蔓延，各种恐怖组织趋向合流之势，恐怖主义的国际化趋势愈加明显，积极支持国际社会根据联合国安理会决议加强打击恐怖主义刻不容缓。上合组织提出要充分认识国际恐怖主义的危害性，在反恐认知上保持与国际社会的统一，通过树立国际化的反恐理念，加强与国际社会的对话合作，维护综合安全，打击“三股势力”，遏制跨国有组织犯罪，巩固国际信息安全，提高应对各种恐怖主义紧急事态的能力。①

不难看出，上合组织反恐认知的形成不是一蹴而就的，而是在地区恐怖主义威胁不断加剧的情势下逐渐形成和发展起来的。在这一过程中，该组织成员国的反恐认知发生潜移默化的转变，集中表现为：在反恐态度上从“事不关己高高挂起”转向“天下兴亡匹夫有责”，在反恐意愿上从被动应战转向主动出击，在反恐层级上从简单反恐转向综合反恐，在反恐程度上从局部反恐转向全方位反恐等，从而演变成高度一致的地区反恐共识。“上合组织为全世界展示不同种族、民族、宗教、文明和文化和平共处的典范，对

① 《上海合作组织成员国元首乌法宣言》，新华网，http：//www. xinhuanet. com/world/2015-07/11/c_ 1115889128. htm，最后访问日期：2018 年 8 月 3 日。

该区域各国共同打击恐怖主义和极端主义的威胁，消除中亚激进和极端主义的破坏性力量的行动，维护地区稳定与安全意义重大”①。

## （二）反恐安全规制的渐进性

上合组织在推动中国与中亚国家反恐合作的进程中注重法制化建设。1999 年 12 月，该组织在召开的中、俄、哈、吉、塔五国执法和安全部门领导人合作会议上，宣布成立协调各国在打击民族分裂主义和宗教极端主义势力等方面进行情报交流、司法协助的“比什凯克小组”，探讨反恐法制建设的可能性，为反恐法制化做前期准备工作。2002 年 5 月，在五国国防部长签署的联合公报上，又共同表达要用法律手段解决该地区的各种非传统安全问题的意愿，强调绝不容忍民族分裂主义和宗教极端主义，坚决反对这些势力在本国领土上从事针对别国的任何活动，并将采取有效措施打击。②

以此为契机，上合组织在 2001 年就打击地区恐怖主义等“三股势力”发表《打击恐怖主义、分裂主义和极端主义的上海公约》，对恐怖主义等相关概念进行了界定。该公约规定，任何通过非法手段致使平民或武装冲突情况下未积极参与军事行动的任何其他人员死亡或对其造成重大人身伤害、对物质目标造成重大损失的任何其他行为，以及组织、策划、共谋、教唆上述活动的行为，而此类行为因其性质或背景可认定为恐吓居民、破坏公共安全或强制政权机关或国际组织以实施或不实施某种行为，并且是依各方国内法应追究刑事责任的任何行为的自然人和组织，都将视为恐怖主义。这种对恐怖主义的认定既是国际法意义上的恐怖主义行为，也是中国与中亚国家的国内法所认定的相关行为，它在涵盖公约附件所列的十个国际公约所确定的恐怖主义行为的同时，也包括造成严重危害的国内法意义上的恐怖主义行为。

---

① Kuralai I. Baizakova, “The Shanghai Cooperation Organization’s Role in Countering Threats and Challenges to Central Asian Regional Security,” *Russian Politics and Law*, 2013, 51 (1), pp. 59-79.

②《哈、中、吉、俄、塔五国国防部长发表联合公报》，中国网，http://www.china.com.cn/policy/txt/2002-05/16/content_9233967.htm，最后访问日期：2021 年 8 月 4 日。

在此基础上，该公约要求各成员国从维护本地区安全利益出发，适当制定各成员国国内关于反恐的相关立法，加强各国在涉恐信息交流，定期交换法律法规及其实施情况的材料，就预防、查明和惩治恐怖主义行为等方面的经验交流，以推动地区反恐合作法制化的有序开展。

鉴于中亚反恐形势发展的需要，2009 年，上合组织又在 2001 年反恐公约的基础上，重新修订并颁布《上海合作组织反恐怖主义公约》。[①] 该公约与 2001 年的反恐公约相比呈现诸多变化：其一是对恐怖主义和恐怖主义组织概念准确界定。公约把恐怖主义定义为“通过实施或威胁实施暴力和（或）其他犯罪活动，危害国家、社会与个人利益，影响政权机关或国际组织决策”。而把恐怖主义组织定义为本公约所涵盖的犯罪团伙、非法武装、匪帮及黑社会组织，及以上组织名义下的对其实施利益输送的组织及法人等。其二是强调成员国须承担国际司法领域的相互协助义务，明确引渡和起诉恐怖分子的相关法律规定，以达到惩治恐怖分子的目的，防止其借法律漏洞而得到他国的政治庇护等。其三是对预防国际恐怖主义势力的跨国犯罪行为提出更高要求，规定成员国许诺将履行本公约向国内法转换的义务。

可见，该公约作为上合组织反恐合作最具法律效力的文本，明确规定恐怖主义、恐怖主义组织等相关概念的内涵和范围，在防范和惩治恐怖主义行为上亦提出明确的义务和责任。但该公约在一定程度上又存在对恐怖主义行为主体界定过于笼统、覆盖面过于宽泛的缺陷，突出强调“对恐怖主义行为主体施以严惩的同时，也要警惕反恐刑事立法的过分前置，避免因追求积极的一般预防而破坏刑法在治理社会问题中所应保持的谦抑性，从而引起社会不安”[②]。

该公约的颁行，使该组织内部的相互作用变得越来越规范，已经有一种向法制化发展的趋势。比如，2008 年的《上合组织成员国政府间合作打击

① 《上海合作组织反恐怖主义公约》，中国人大网，http：//www. npc. gov. cn/wxzl/gongbao/2015-02/27/content_ 1932688. htm，最后访问日期：2021 年 8 月 3 日。

② 吴何奇：《上合组织反恐法律机制建设研究》，《北京科技大学学报》（社会科学版）2018 年第 4 期。

非法贩运武器、弹药和爆炸物品的协定》和《上合组织成员国组织和举行联合反恐演习的程序协定》；2009年的《上合组织成员国保障国际信息安全政府间合作协定》《上合组织关于应对威胁本地区和平、安全与稳定事态的政治外交措施及机制条例》《上合组织成员国反恐专业人员培训协定》《上合组织成员国打击恐怖主义、分裂主义和极端主义2010年至2012年合作纲要》；2010年的《上合组织成员国政府间合作打击犯罪协定》；2011年的《2011—2016年上合组织成员国禁毒战略》及其《落实行动计划》等。这些反恐法律文本涵盖信息安全、联合执法、打击恐怖分子犯罪等诸多方面，丰富了上合组织反恐合作的法律体系。

### （三）组建反恐合作组织专门机构

为确保地区反恐合作事务的正常运行，上合组织成员国根据《关于地区反恐怖机构的协定》（2002年）的精神①，在吉尔吉斯斯坦的比什凯克成立中亚地区反恐安全合作专门机构，把地区反恐合作从成员国口头承诺阶段升级为反恐行动落实阶段，以加快反恐合作成果的转化。作为中国与中亚国家反恐合作的官方机构，该机构的目标是促进各方主管机关在打击公约确定的恐怖主义、分裂主义和极端主义行为中进行协调，其基本任务是在上合组织框架下为加强打击“三股势力”提供对策建议，其职能是协助各成员国打击“三股势力”和收集分析本地区反恐机构提供的有关打击“三股势力”的信息和情报，建立反恐怖机构资料库，收集整理包括恐怖组织人员、恐怖组织利益结构、发展态势以及支持恐怖主义的人员组织信息等。该机构还负责准备打击“三股势力”的相关国际法律文件，协助准备举行跨国反恐演习，协助进行反恐侦查活动等。该机构的总部设在吉尔吉斯斯坦首都比什凯克，各成员国根据需要可设立反恐怖机构的分部。② 中亚反恐合作专门机构

---

① 《上海合作组织成员国关于地区反恐怖机构的协定》，中国人大网，http://www.npc.gov.cn/wxzl/gongbao/2003-02/24/content_ 5307526.htm，最后访问日期：2021年8月3日。

② 《上海合作组织成员国关于地区反恐怖机构的协定》，中国人大网，http://www.npc.gov.cn/wxzl/gongbao/2003-02/24/content_ 5307526.htm，最后访问日期：2021年8月3日。

的成立，为协调该地区各国间反恐安全合作关系发挥了桥梁和纽带作用。

随着上合组织反恐合作的推进，中国与中亚国家间对话磋商和多边谈判日趋频繁，原先的专门机构建制难以适应形势发展的需要，改革机构建制势在必行。为此，该组织对其组织结构进行改革。一方面是成立上合组织反恐理事会。2004 年，上合组织在乌兹别克斯坦的塔什干成立地区反恐理事会，选举任命该理事会的会长、副会长、常务理事、秘书长等职务，制定理事会章程，赋予其相应的权利与义务、职能和权限等，以健全该机构的组织功能，发挥组织、动员、协调、保障等的作用。另一方面是实行上合组织成员国常驻机构代表制。上合组织按照《上海合作组织成员国合作打击恐怖主义、分裂主义和极端主义构想》（2005 年）的总体要求[①]，在该组织原有常驻秘书处代表机制的基础上，增设成员国常驻反恐机构代表机制，强化反恐合作的协调功能。经过上述机构整合，该反恐专门机构的功能明显改善，其组织运作逐渐步入正常化的轨道。

### （四）反恐安全合作执行力的多元性

上合组织在地区反恐合作的执行力上，围绕“三股势力”的变化特点及其活动规律，通过培训、侦察、预防三位一体的手段，通过反恐信息交流与安全协作，军事反恐合作磋商机制，反恐合作社会动员等措施，积极开展行动一致的反恐合作。

一是在反恐安全合作的培训上，综合运用培训、侦察、预防三位一体的手段，全方位、多层次惩治恐怖主义势力。上合组织在反恐合作的培训上采取灵活多样的形式，对各国反恐专家进行不断的培训和再培训，提高他们在反恐合作中的专业技能和综合素质，为各成员国开展跨国反恐行动的合作提供了统一的接口、标准和理念。在反恐合作的侦察上，上合组织通过执行反

① 《上海合作组织成员国组织和举行联合反恐演习的程序协定》，北大法律网，http：//www. pkulaw. cn/fulltext_ form. aspx？ Db = eagn&EncodingName =，% E5% A9% B5？ &Gid = d5524ed671245bb21187b958a0dc9487bdfb&Search_ IsTitle = 0&Search_ Mode&keyword，最后访问日期：2021 年 8 月 3 日。

恐快速侦查行动，及时掌握恐怖分子的地区分布和活动规律，为各国联合反恐行动提供情报支持。在反恐合作的预防上通过制定并采取协商一致的措施，预防、查明和惩治本国或针对其他各方实施的恐怖主义行为，预防、查明和阻止向任何人员和组织提供用于实施恐怖主义行为的资金、武器、弹药和其他协助，并禁止或取缔训练从事恐怖主义行为人员的活动等，精准打击恐怖主义势力。同时，该组织还转变工作方式，通过强化反恐合作的针对性，有效应对国际“三股势力”、跨国有组织犯罪、走私武器弹药及爆炸物、信息安全威胁等的挑战，并加强其相关法律的制定，构建和平、安全、公正和开放的信息空间，阻止利用国际互联网宣传恐怖主义、分裂主义和极端主义思想等[①]，渐次提高中国与中亚国家反恐一致行动的效率。

二是在反恐安全合作的信息交流上，上合组织制定和实施各国反恐信息交流和协作一致的行动路线图，通过反恐信息的共享机制，地区反恐信息安全综合保障体系建立。主要包括：扩大各国间反恐合作的信息交流，加强司法鉴定领域的协作，采取包括预防、发现、消除“三股势力”的联合应急行动在内的协调措施，深化在追查、逮捕、引渡与移管从事恐怖主义、分裂主义、极端主义的犯罪嫌疑人、被告人及被判刑人员方面的协作；实施有效边境管控，交换涉恐人员情报、伪造及被窃身份证件信息，对跨国恐怖犯罪开展联合调查等方式，共同防范外国恐怖分子或恐怖组织活动和潜入潜出；主张在合作、尊重主权和领土完整、不干涉内政原则基础上，积极构建和平、安全、开放、合作的网络空间；加强各国信息安全综合保障体系的合作，打击利用信息通信网络传播恐怖主义、分裂主义、极端主义等极端思想等[②]；逐步提升该组织反恐合作一致行动的水平。

三是在反恐安全合作的磋商上，建立地区军事反恐合作的磋商机制。为密切中国与中亚国家间的军事反恐联系，探索地区军事反恐合作之路，上合

---

① 《上海合作组织成员国关于地区反恐怖机构的协定》，中国人大网，http：//www. npc. gov. cn/wxzl/gongbao/2003-02/24/content_ 5307526. htm，最后访问日期：2021 年 8 月 3 日。

② 《上海合作组织成员国元首乌法宣言》，新华网，http：//www. xinhuanet. com/world/2015-07/11/c_ 1115889128. htm，最后访问日期：2021 年 8 月 3 日。

组织启动军事反恐合作磋商机制。一方面组建地区军事部门领导人定期会议机制。比如，2006 年 4 月，在上合组织成员国的国防部长会议上，各国就该地区军事反恐合作的可能性进行沟通，强调扩大该组织成员国防务部门对话与交流的重要性，提出成员国国防部长、军队总参谋部代表和国防部负责国际军事合作部门领导的定期会议机制，加强该地区军事反恐合作的沟通与对话，保障该地区安全。另一方面启动各国军队反恐合作协调机制。比如，2016 年 8 月，中国、塔吉克斯坦、阿富汗、巴基斯坦宣布启动四国军队反恐合作协调机制。该机制的主要功能是就反恐形势研判、线索核查、情报共享、反恐能力建设、反恐联合训练、人员培训等方面开展协调并提供相互支持①，合作应对地区恐怖主义等“三股势力”的威胁，维护地区和平与稳定。

四是在反恐安全合作的社会动员上，开展地区反恐合作的社会动员。为调动社会力量的反恐积极性，上合组织动员各国民间组织和社会团体等社会力量，打击非法传播和宣传恐怖主义思想的社会组织及个人，包括公开招募、训练、使用恐怖分子，并为恐怖主义辩解和教唆实施恐怖袭击的个人与法人；广泛吸纳依法从事活动的传统宗教组织、教育、科学、媒体、社会和非政府机构参与反恐，夯实地区反恐合作的社会基础；注重加强公民教育，抵御导致恐怖主义等各种极端主义激进表现形式的社会极端化，特别是青年人极端化，预防宗教、种族、意识形态和政治极端主义及民族和种族歧视行为、仇外思想等②；以便“更好促进整个区域的社会交流和价值观的趋同，打造以社会信任为特征的民间社会”③，为上合组织反恐安全合作营造良好的社会氛围。

---

① 《首届“阿中巴塔”四国军队反恐合作协调机制高级领导人会议举行》，贵阳新闻网，http：//www.gywb.cn/content/2016-08/03/content_ 5154884.htm，最后访问日期：2021 年 8 月 3 日。

② 《上海合作组织成员国元首阿斯塔纳宣言》，百度百科，https：//baike.baidu.com/item/上海合作组织成员国元首阿斯塔纳宣言/20855121，最后访问日期：2021 年 8 月 3 日。

③ Naarajärvi，“China，Russia and the Shanghai Cooperation Organisation：blessing or curse for new regionalism in Central Asia?，” *Asia Europe Journal*，2012，10（2），pp. 113-126.

## （五）多边和双边联合反恐军演的常态化

2003年8月，中、哈、吉、塔、俄五国在中哈边境地区首次举行代号为“联合——2003”的联合军演。参与演习的各国军队有千余人，并配有先进的武器装备，表明上合组织的反恐军演得到各国的高度关注和大力支持，多边联合反恐正在成为上合组织打击恐怖主义势力的一种制度化选择。受此影响，2006年3月初，上合组织成员国在乌兹别克斯坦的塔什干州举行代号为“东方——反恐2006”的联合演习，其目的是完善该组织成员国有关部门在搜索和打击恐怖分子方面的合作，以防止恐怖分子通过对重要国家基础设施发动大规模袭击来破坏中亚国家政治和社会稳定。此次演习的发起和筹备工作由上合组织地区反恐机构完成，参加演习的有该组织成员国特种部队和各强力部门的武装部队。中、吉、俄、塔等国的驻乌兹别克斯坦大使，以及哈驻乌兹别克斯坦大使馆代表、上合组织成员国有关部门代表观看演习。

为强化各国的反恐军演合作，有效打击地区恐怖主义势力，2007年8月，上合组织成员国在俄罗斯境内举行“和平使命——2007”反恐军演，参演的五国军队约4000余人，其规模之大备受世人关注。2009年4月，上合组织成员国在塔吉克斯坦的法赫拉巴德高山靶场举行代号“诺拉克·反恐——2009”联合军演，来自俄、中、吉、哈和塔的作战小组和特种部队参加本次军演，增进上合组织成员国武装部队反恐的协调与配合，提高其战斗水平和专业技能。2011年5月，中、吉、塔三国在中国喀什举行代号为“天山——2号（2011）”的联合反恐军演，旨在通过上合组织地区反恐机构的决策指挥，执法安全机关快速展开工作，武装解救被劫持人质，实施定点清剿，展示三国反劫持和清剿恐怖分子营地的能力和水平。

针对恐怖分子的藏匿特点，提高军事反恐能力，上合组织成员国武装力量2012年6月在塔吉克斯坦胡占德附近的“乔鲁赫·代龙”靶场，举行代号为“和平使命——2012”的联合反恐军演。该演习以应对恐怖主义引发的地区危机为背景，以“山地联合反恐战役准备与实施”为演习课题。整个演习分为战略磋商、战役准备与战役实施三个阶段，其中，战役实施阶段包含空地立体打击、联合围歼清剿、纵深突入追歼、垂直截击歼敌4个演练课目，航空兵、炮兵、联合反恐武装部队等多兵种协同作战打击恐怖分子。这次演习提高了成员国武装力量的训练和协同水平，是成员国军队高水准、高质量的互信与合作的具体体现，展示了上合组织为加强国际与地区安全稳定，确保长治久安的不懈努力。2013年6月，上合组织成员国在哈萨克斯坦的南哈萨克斯州举行代号为“卡兹古尔特——2013”的联合反恐军演，参演国为哈、吉、塔，中、俄、乌等国派代表观摩演习，演习的重点是在人员密集场所消灭恐怖团伙、制止恐怖行为以及解救人质等科目。

为提升反恐军演的综合作战水平，2014年，上合组织成员国在中国内蒙古的朱日和训练基地举行“和平使命——2014”联合反恐演习，参演的中、俄、哈、吉、塔五国军队有7000多士兵，五个观察员国和三个对话伙伴国以及60多个国家的驻华武官团观摩演习，陆军、空军、特战、空降、电子对抗、战略侦察、测绘导航、气象水文等各类部队参演，堪称上合组织史上最大规模军演。2016年9月，上海合作组织成员国又在吉尔吉斯斯坦境内举行代号为“和平使命——2016”联合反恐军事演习，中、哈、吉、俄、塔分别派出陆军、空军力量参加此次联合演习，参演总兵力共1100人，中方派出参演兵力约270人。该联合军演是上合组织成员国举行的一次例行性多边反恐军事演习。

2017年6月，上合组织成员国在中国新疆克孜勒苏柯尔克孜自治州阿图什市库依鲁克区域举行演习，来自哈、中、吉、俄、塔、乌六个上海合作组织成员国的边防部门代表，上合组织地区反恐怖机构执委会代表，中国公安部、新疆维吾尔自治区相关领导以及中国驻相关国家和机构警务联络官和常驻代表现场观摩演习。演习设置反袭击行动、联合指挥部行动、恐怖营地清剿行动，口岸和山口通道查缉、边防派出所或执勤点反袭击、山地捕歼战斗等15个实兵演习科目。此次演习中吉边防部门采取“实地、实兵、实装、实弹、实爆”方式进行，双方参演部队共投入700名兵力。[①] 这对于共同提高成员国武装力量的训练水平和合作水平，震慑恐怖主义势力，维护地区和平与稳定具有重要意义。

上述反恐军演，无论从联合反恐军演的规模和军种，还是联合反恐军演持续时间看，都呈现出规模大、军种齐备、持续时间长的特点，且参与联合反恐军演的军队更加专业化，中国在该组织联合反恐军演的主导作用也日益凸显。这对共同提高成员国武装力量的训练水平和合作水平，维护地区和平与稳定具有重要意义。

与此同时，中国与中亚国家还开展一系列双边反恐军演。2002 年 10 月，中、吉两国首次在边境地区举行双边反恐军事演习。两国军队合作演练了侦查、搜索、抓捕恐怖分子的整个过程，取得圆满成功，为地区反恐合作开辟了一条新路子。2006 年，中、哈在其边境地区举行大规模的反恐军事演习活动。2006 年 9 月，中、塔两国军队在塔吉克斯坦的哈特隆州举行代号为“协作——2006”的联合反恐军演，共同演练打击国际恐怖主义，应对危机的组织与协同，提高共同应对新挑战、新威胁的能力。同月，中、塔两国的特种反恐部队还在塔吉克斯坦的杜尚别的穆米拉克训练场举行反恐演习，参演部队包括 500 名塔吉克斯坦特种兵和一个连的中国特种兵，配有重炮、空中力量和空降支援。演习旨在“搜索并摧毁山地里的恐怖团体”，取得较好的成效。

为强化国际执法安全合作，共同应对跨国犯罪、维护地区安全稳定，中、塔的公安特警 2015 年 6 月在杜尚别举行特警反恐演习，参演特警队伍完成模拟反恐、精度射击、越野综合体技能等课目。2016 年 10 月，中、塔两国在塔吉克斯坦的戈尔诺—巴达赫尚自治州的伊什卡什姆区举行反恐军演，约 1 万名中塔两国士兵和强力部门人员参演，出动自行火炮、战斗机和运输直升机等近 200 门（架），旨在邻国阿富汗当前安全形势趋于复杂化的情况下，巩固

① 《上合组织成员国主管机关举行天山—3 号（2017）联合反恐演习》，http：//www.scobc.cn/news/newsdetail_ 5831.html，最后访问日期：2018 年 8 月 3 日。

塔阿边界安全，使塔吉克斯坦避免受到来自外部的威胁，对恐怖分子起到很大的震慑作用。此外，中国还加强与土库曼斯坦的反恐军事合作，向土库曼斯坦出售导弹系统，负责土库曼斯坦与阿富汗的边境安全。① 显然，这些军事行动对恐怖分子起到很大的震慑作用，确保中亚的和平与稳定。

## 三　影响中国与中亚国家反恐安全合作的制约因素

不言而喻，中国与中亚国家反恐安全合作对于各国反恐安全认知的养成、地区反恐安全合作组织专业化水平的提高、地区反恐安全规范化整合能力的提升、多边和双边联合反恐军演的常态化，以及加强地区国家间反恐安全合作的理解与信任、打击中亚恐怖主义势力的嚣张气焰等具有积极意义，但也不能忽视地区的反恐合作认同感式微、多边主义泛化的规制风险、反恐军事合作排他性的负外部效应等因素的制约。

### （一）反恐合作认同感式微

由于中亚国家的民族宗教复杂、经济差距很大，所以它们对地区反恐合作的目标分歧较大。哈、吉、塔等国对反恐合作进程抱有浓厚兴趣，并通过出台《反恐怖主义法》《宗教信仰自由和宗教组织法》《反对政治极端主义法》等相关反恐法律法规，加入各种反恐国际公约，把各国反恐法律与地区反恐合作相对接，将其作为反击国家安全威胁的拯救性工具。而乌兹别克斯坦对此有很大保留，更倾向于发展双边关系②，土库曼斯坦则强调“中立国家”地位。这就使它在国家战略的价值取向、地区安全事务制控权、地区经济利益分配等问题上与其他国家的看法相左。一些国家甚至还经常围绕资源开发和领土纠纷相互指责，冲突迭起，这些都给各国在地区反恐合作的

① Raffaello Pantucci, “China and Russia's Soft Competition in Central Asia”, *Current History*, 2015 (4), pp. 272-277.

② 〔哈〕卡·托卡耶夫：《中亚之鹰的外交战略》，赛力克·纳雷索夫译，新华出版社，2002，第57页。

认同上带来诸多不确定性。一方面，中亚各国试图借助独联体、上合组织等区域性组织来努力塑造地区反恐合作的认同观念；另一方面，影响该地区安全的大量难以解决的深层次矛盾却依然存在，地区民主政治发育不成熟、经济基础薄弱、社会结构裂变过度放大、地区安全多孔化引发大国介入等，特别是中亚的“三股势力”还十分猖獗，时刻威胁着该地区的稳定与发展。一旦这些矛盾被激化，必将阻断区域反恐合作认同感的链条，严重影响地区反恐安全制度安排的形成。从当前该地区反恐安全合作进程看，由于地区内各国反恐合作认同感弱化，大多数反恐安全合作还只停留在一般性质的诸如多边和双边对话等软制度层面，“在保障区域安全上实际却做得很少”①，且把包容性规范作为反恐安全合作的基础，“不大可能促进区域安全身份或解决区域安全管理所面临最紧迫的挑战”②，由此可能会削弱其应有功能的正常发挥。

## （二）多边主义泛化的规制风险

冷战结束后，受制于国家转型的困扰，中亚各国的政治经济一直处于“积贫积弱”的状态，这导致它们在地区反恐合作中只能以参与者的配角身份出场，对上合组织等的反恐合作影响力有限。基于此，中亚各国只有采用地区多边主义策略，侧重“奉行大国平衡战略”③，广泛参与上合组织等区域性组织的反恐机制，直接或间接对这些反恐机制施加影响。在中亚反恐实践中，地区多边主义通过不同层次或类型的宣言、声明、公约、协定、纲要等，来构建地区反恐合作的非正式制度安排，让中亚各国容易接受这种松散且具有商议性的反恐机制，推动反恐安全合作的顺利展开，实现各国安全利益的最大化。从目前中亚反恐格局看，地区多边主义规制被视为各国用来竞

① Oktay F. Tanrisever, “The Shanghai Cooperation Organization and the Fight against Terrorism in and around Central Asia”, *NATO Science for Peace and Security Series*, *E*: *Human and Societal Dynamics*, 2013, pp. 215-229.

② Roy Allison, “Regionalism, regional structures and security management in Central Asia”, *International Affairs*, 2004, 80 (3) pp. 463-483.

③ 马勇等：《美国与中亚国家的合作与矛盾》，《国际研究参考》2014年第12期。

争性地操纵地区外组织或行为体关系、保持地区安全平衡的最佳方式，适用于上合组织等地区性组织的反恐合作当中。比如，在上合组织的反恐合作中，中亚各国通过参与上合的反恐合作，有助于维持各国的国内安全；获得上合组织和域内大国的外交支持；利用上合组织的多边平衡机制，平衡俄罗斯在中亚事务上的影响；加强与中国的经济联系，获得中国更多投资和基础设施建设的经济资源等。[①] 应该看到的是，这种被泛化的地区多边主义规制也面临巨大风险，它在反恐实践环节中的任何失误，都会产生“多米诺骨牌”效应，从而增加中国与中亚国家反恐安全合作的变数。

### （三）反恐军事合作排他性的负外部效应

应该说，中国与中亚国家反恐军事合作总体上有利于加深各国间的军事互信，促进相互关系的健康发展。但不可否认，一些国家的军事合作诸如针对第三国的军演，则对地区安全产生负外部效应。现阶段，中亚地区反恐合作存在上合组织与美国等的多边军事对决隐患。在上合组织与美国等的军事对决中，双方的优势不明显。比如，在 2012 年 6 月，上合组织成员国在塔吉克斯坦举行“和平使命——2012”的联合反恐军演。同月，美国就联手吉尔吉斯斯坦、哈萨克斯坦、阿富汗、塔吉克斯坦五国在吉尔吉斯斯坦境内举行“区域合作——2012”的联合反恐军演，与上合组织相抗衡；在 2013 年 6 月，上合组织成员国又在哈萨克斯坦举行“卡兹古尔特——2013”联合反恐军演，而同年 10 月，美国针对上合组织的军演，召集哈萨克斯坦、英国、立陶宛、瑞士、意大利、吉尔吉斯斯坦、塔吉克斯坦等 8 国的武装部队在哈萨克斯坦的阿拉木图州举行“草原之鹰——2013”联合反恐维和战术演习。尽管美国等的军事对决对上合组织的反恐行动构成外部压力，但仍在可控的范围内。可见，上合组织作为该地区的重要国际组织，希望通过反恐军演来维护地区稳定，应该说是在做“分内”之事，无可厚非。而由于美国等对中亚地区的双边关系的偏好，美国对除其之外的由其他外部力量发

① 曾向红等：《上海合作组织的安全合作及发展前景》，《外交评论》2018 年第 1 期。

起或推动的这一地区的合作表现出不信任，认为这些都是由竞争所致，因而对中国在中亚的军事存在虎视眈眈，不断加码反恐军演，针对性十分明显。一旦这种局面不能有所改观，就会增加彼此间的敌意，引发地区军备竞赛的升级，不利于该地区的反恐安全合作。

**B**.7

# 非传统安全视域下的中越公共卫生治理合作

杜雨晴　宫婷婷*

**摘　要：** 新冠肺炎疫情席卷全球，构成具有多维性和复合性特征的非传统安全威胁，也为全球非传统安全合作注入新动力。新冠肺炎疫情期间，中国与越南在全球卫生治理、区域合作机制，以及双边国家合作等多维层次下，联合政府、非政府组织、民间团体等多方行为体，持续深化卫生安全、经济贸易、边境安全等多重领域合作，取得了良好成效。中越抗疫合作彰显了双方守望相助的情谊和务实合作的韧劲，但也面临着来自国内环境与国际环境的诸多挑战，尚存进一步完善与创新的发展空间。伴随"一带一路"倡议的持续推进以及同周边国家合作的不断深化，我国可通过进一步深化传统中医药、科技创新等领域的双边及多边合作，朝着构建人类命运共同体方向不断迈进。

**关键词：** 中越关系　非传统安全　公共卫生治理　防疫合作

传统的安全视角已难以全面解读日新月异的国际局势演变与全球化的趋势。后冷战时代，女性主义安全研究、后结构主义安全研究、哥本哈根学派

* 杜雨晴，中山大学国际关系学院博士后/特聘副研究员，主要研究方向为非传统安全研究；宫婷婷，中山大学国际关系学院本科生，主要研究方向为非传统安全研究。

及批判安全研究等学派相继出现。[①] 相较于哥本哈根学派对军事、环境、经济、政治领域的关注，批判安全研究将个人作为安全问题的主体，挑战了人们对“安全”的传统认知。[②] 非传统安全视域所关注的公共卫生、环境、经济等议题，更是超越了国内、国际领域界限，具有广义性、复合性与多维性的领域特征[③]，需要更为广泛、系统、深入的国际合作。席卷全球的新冠肺炎疫情进一步挑战了传统安全的定义。2020 年 1 月 30 日，世界卫生组织正式将新冠肺炎疫情定义为“国际关注的突发公共卫生事件”（PHEIC），其全球性蔓延带来了国际格局的深远变革。截至 2022 年 2 月，全球新冠肺炎疫情累计确诊人数达 4 亿人，死亡人数近 580 万人，受疫情影响，许多国家经济衰退、社会混乱，人类社会在一定程度上近乎“停摆”[④]。部分国家推行的单边主义政策不仅难以保护本国人民生命安全，而且对国际社会构成巨大安全威胁。

PHEIC 是全球卫生安全领域的核心议题，需要各国增强互信与合作，开展全球性紧急行动以有效应对[⑤]。面对其他因新冠肺炎疫情而产生的非传统安全问题，人们需要在原有公共卫生合作框架的基础上，以人民健康、安全为目标，构建区域安全社区。这对国家治理能力提出了新的挑战，各国需进一步拓宽合作领域与深化合作内容，加强经贸、医疗、科技、边境治理等领域的互促与协作。本文将以新冠肺炎疫情期间的中越合作为案例，分析非传统安全视角下跨国公共卫生治理思路、合作现状及发展趋势。当今国际局势复杂变幻，如何防控疫情并保障后疫情时代人民生命健康、生产安全与社

① 李开盛、薛力：《非传统安全理论：概念、流派与特征》，《国际政治研究》2012 年第 2 期，第 97 页。

② Ken Booth, “Security and Emancipation,” *Review of International Studies*, 1991 (4).

③ 余潇枫：《共享安全：非传统安全研究的中国视域》，《国际安全研究》2014 年第 1 期，第 30 页。

④ 方柏华、米彦佑：《全球问题视角下新冠疫情防控的国际合作》，《中共杭州市委党校学报》2021 年第 4 期，第 49 页。

⑤ 金音子、谢铮、赵春山、周书铎、尹慧、马继炎、黄旸木、郭岩、刘培龙、郑志杰：《国际关注的突发公共卫生事件下中国参与全球卫生治理的挑战及对策》，《北京大学学报》（医学版），2020 年 8 月，第 799 页。

会稳定受到各国政府重视，区域内非传统安全国际合作升级也面临新契机。中越合作案例显示，在原有公共卫生合作框架基础上，两国政府积极深化交流与合作，建立了多维、多样的复合合作框架，为建立区域内中国—越南区域内安全共同体奠定了基础。中越两国合作经验表明，面对跨越国境边界的全球性非传统安全威胁，单边国家的政策与方法不能实现有效的区域治理，我们需要基于现有区域内多边、多维度的合作机制，拓展合作范围，创新合作模式，构建区域内非传统安全共同体。在相互依赖的国际社会中，各国难以独善其身，因而国际合作在新冠肺炎疫情治理中的重要性凸显，全方位、多领域的跨国交流合作同时印证了构建人类命运共同体理念是符合时代趋势的正确选择。

## 一　中越公共卫生治理合作的框架

一直以来，公共卫生治理是国际合作的重点内容，与各国人民生命健康、生活水平息息相关。新冠肺炎疫情暴发之前，中国与越南已经建立相对成熟的双边、多边公共卫生合作框架，涉及卫生安全、处理突发公共卫生事件、医学创新等各个领域。从全球卫生治理层面来看，中国与越南积极响应国际社会号召，加入全球范围内公共卫生健康合作。

### （一）全球卫生治理下的中越公共卫生治理合作

构建国际制度以形成规范并推进国际合作，于全球卫生治理而言重要性显著①。世界卫生组织（WHO）是联合国下属的政府间卫生组织，在当今传染病防治的国际合作中重要程度日益提升，有力强化了全球范围内各国的公共卫生合作。中国一方面加强与世界卫生组织合作，例如阶段性合作战略《中国—世界卫生组织国家合作战略》在过往指导双方开展了在卫生政策、

① 汤蓓：《中国参与全球卫生治理的制度路径与未来选择——以跨国传染性疾病防控为例》，载《当代世界》2020年5月，第18页。

人力资源等领域的协作互助，并于2004年双方签订加强卫生合作与交流的谅解备忘录以增进在重大传染病防控等领域的合作；另一方面，中国积极支持世界卫生组织应对国际突发公共卫生事件的相关行动，在埃博拉疫情、新冠肺炎疫情等防控工作中均有清晰展现。

对于越南而言，国际组织在越南的卫生工作中拥有一定参与度，工作重点领域包括传染病防治、妇幼卫生保健、卫生系统建设等。2006年，联合国有关机构与越南签署了《一个联合国》倡议，在此框架下协商分配卫生合作的具体领域并设立与之对应的发展目标，形成了相互协调与协作的局面，包括世界卫生组织、联合国儿童基金会（UNICEF）、联合国人口基金会（UNFPA）、世界银行（WB）、亚洲发展银行（ADB）等①。在新冠肺炎疫情期间，世界卫生组织称赞了越南与其保持的积极合作，为风险评估、公共卫生措施制定等工作提供了技术支持；同时，身为东盟现任主席国的越南，通过主持东盟成员与域外国家线上视频会议等方式积极开展跨境工作，增进了区域内外共同抗疫的凝聚力②。

### （二）区域合作中的中越公共卫生治理合作

晋继勇指出，建立在国际制度上的国际组织在治理国际公共卫生问题时存在一定问题，具体体现在对公共资源的调度不足、资金短缺、治理能力缺陷等方面③。此外，各国际组织之间缺少联动，无法为由公共卫生事件引起的国际贸易、交通运输、物资短缺等各方面的困难提供及时的解决方案。面对突然暴发的新冠肺炎疫情，我们需要更为多元复合的跨国合作框架，为各国人民生命安全与健康幸福提供保障。而面对具体的公共卫生跨境安全威胁，中国与越南也在区域层面建立了合作框架，以加强公共卫生

① 钱稳吉、朱思、祝雯珺、贺尧、黄葭燕：《中越卫生合作需求与策略》，《中国卫生政策研究》2019年5月，第59页。

② 《越南成功应对新型冠状病毒病的关键》，联合国官网，https：//www. un. org/ar/node/98610 2020-08-30。

③ Jin Jiyong, *International Regimes in Global Health*, Routledge, 2021.

合作治理。

在区域合作层次上，中越公共卫生合作以在东盟—中日韩（10+3）机制、东盟—中国（10+1）机制、大湄公河次区域合作机制、澜湄合作机制与“一带一路”倡议的合作框架下开展为主，多边框架下的区域内多边卫生合作是中越在区域合作层次上的主要形式。[①] 公共卫生安全议题一直是东盟 10+3 所关注的重要内容，2003 年与 2006 年的中国与东盟领导人发布的联合宣言中均提到了公共卫生安全相关内容，建立中国东盟公共卫生基金与卫生部长会议，应对区域内传染性疾病和公共安全威胁，强化传染性疾病防治。2007 年，中国与东盟国家签署《关于加强卫生与植物卫生合作的谅解备忘录》，确立了区域公共卫生方面的合作意向。2016 年，中国—东盟卫生合作论坛在中国广西南宁举办，中国与东盟卫生领域的高级官员、世界卫生组织、东盟秘书处共同参与其中，会后各国、各组织领导人共同发表《南宁宣言》，前瞻性指出如西非埃博拉出血热、中东呼吸综合征、寨卡病毒等传染性疾病的威胁，提议进一步深化和创新中国—东盟在卫生领域的交流与合作[②]。

从中国与东盟的区域合作发展历程可以看出，在以经济合作、发展为主导的合作框架中，公共安全成为日益重要的领域。2002 年，公共卫生领域尚未被纳入《中国东盟非传统安全声明》的内容框架中。而从 2003 年至今，中国与东盟的卫生合作从无到有，建立了卫生部长会议、高官会议机制，并搭建中国—东盟卫生合作论坛以推进交流合作[③]。虽然，传染病防治与非传染病防治在后续合作框架内受到一定程度重视，以支持区域内经济合作、交流与发展，但对卫生安全的讨论仅仅局限于“社会人文”“社会发展”领域，即使建立了相应合作交流机制，也在一定程度上忽略了其与经

① 钱稳吉、朱思、祝雯珺、贺尧、黄葭燕：《中越卫生合作需求与策略》，《中国卫生政策研究》2019 年 5 月，第 60 页。

② 《中国与东盟各国签订〈南宁宣言〉加强卫生领域合作》，央视网，http：//news. cctv. com/2016/10/27/ARTInWDBW8xVKRTeAmlq95W0161027. shtml? 10000skip=true 2016-10-28.

③ 《中国—东盟：在共同抗击疫情中促进公共卫生合作》，中国—东盟传媒网，http：//www. china-asean-media. com/show-12-22224-1. html. ，2020-03-04。

济发展、国家安全、科学技术之间的关联。近年来，中国与东盟国家在疟疾、登革热、艾滋病、鼠疫等传染病防控领域开展项目合作，共同加强双方卫生健康领域人文交流、学术研讨和科研合作①。

此外，在区域内运行推进的次区域、跨区域合作框架也进一步推动了中越两国关于公共健康安全方面的合作。在“澜沧江—湄公河合作”的首次外长会议中，各国就次区域合作达成共识，并将公共卫生合作纳入重点合作领域②。2016 年，在澜沧江—湄公河合作首次领导人会议中，强调了公共卫生合作，特别是传染病疫情监测、联防联控、技术设备、人员培训等领域加强合作的意向③。2018 年，《澜沧江—湄公河合作五年行动计划（2018—2022）》涵盖卫生援助、卫生安全、卫生发展等议题。中国、越南等国家在“澜湄合作”框架下建立了国家协调办公室，以协调卫生合作相关工作为重点④。而在“一带一路”合作倡议下，中国国家卫生计生委所发布的《关于推进“一带一路”卫生交流合作三年实施方案（2015—2017）》表示，推进“一带一路”卫生交流合作是维护国家安全、促进我国和沿线国家经济社会发展的重要保障，将为“一带一路”倡议实施建立坚实的社会民意基础，有助于分享中国医疗卫生领域成功经验，是促进健康产业发展与转型的重要机遇。“一带一路”倡议拟推动“21 世纪海上丝绸之路”沿线国家卫生领域高层互访，推动与沿线国家签署卫生合作协议，逐步形成“一带一路”建设框架下集政府间政策合作、机构间技术交流和健康产业展会为一体的系列卫生合作论坛，逐步建立与周边及沿线国家间常见和突发急性传染病信息沟通机制，与此同时，注重传统医药、能力建设与人才培养、

① 《中国—东盟：在共同抗击疫情中促进公共卫生合作》，中国—东盟传媒网，http://www.china-asean-media.com/show-12-22224-1.html，2020-03-04.

② 《澜沧江—湄公河合作首次外长会联合新闻公报》，澜沧江—湄公河合作网，http://www.lmcchina.org/2015-11/12/content_ 41447215.htm，2015-11-12.

③ 《澜沧江—湄公河合作首次领导人会议三亚宣言》，澜沧江—湄公河合作网，http://www.lmcchina.org/2016-03/23/content_ 41447218.htm，2016-03-23

④ 王丹、刘继同：《中国参与湄公河地区全球卫生合作的基本类型及特点》，《太平洋学报》2019 年第 4 期，第 87 页。

卫生应急与紧急医疗援助、卫生体制与政策等领域的发展。

上述合作框架突出了边境省份在经济发展、公共卫生安全领域合作中的作用，强调具体政策、项目的落实与实践，为构建区域安全社群提供了新动力。2016 年中国—东盟博览会举办期间，国家卫生计生委和广西壮族自治区政府联合举办首届“中国—东盟卫生论坛”，同“21 世纪海上丝绸之路”沿线国家围绕公共卫生领域开展政策对话与交流活动。通过联合广西、云南等边境省份，中国希望提升与东盟国家和大湄公河次区域国家跨境传染病联防联控力度，促进形成有效的联防联控机制，帮助周边国家提升疾病防控能力。[①] 如今广西逐步启动建设儿童医疗中心、公共卫生应急技术中心大楼等项目，有助于巩固广西疾控在中国—东盟公共卫生领域桥头堡作用，为广西建成辐射东盟的公共卫生高技术服务和技术提供了支撑[②]。2018 年，在澜沧江—湄公河合作第二次领导人会议上，中国强调推动医疗卫生合作的重要性，提出在区域内展开多样的医疗项目，包括义诊、医院建设、联合研究、中医药推广等活动，在“3+5 合作框架”的基础上，拓展数字经济、环保、卫生、海关、青年等领域的合作。

### （三）中越双边公共卫生治理合作实践

结合地区合作实践历史与现状，中国与东南亚国家之间的合作关系不仅包含中国与东盟整体的合作关系，还涵盖中国同东盟各国的双边关系[③]。因此，在中越双边层面的公共卫生合作中，中国与越南制定了贴合双方情况的合作方式与合作内容，例如 2017 年中越双方签署了《中国商务部与越南计

① 中华人民共和国国家卫生健康委员会：《国家卫生计生委关于推进“一带一路”卫生交流合作三年实施方案（2015-2017）》，中华人民共和国国家卫生健康委员会官网，http://www.nhc.gov.cn/zwgk/zxgzjh/201510/ce634f7fed834992849e9611099bd7cc.shtml. 2015-10-23。

② 广西壮族自治区人民政府：《广西卫生防控能力建设》，广西壮族自治区人民政府官网，http://www.gxzf.gov.cn/hdjl/zxft_29680/detail.shtml? interviewId=4966，2021-09-20。

③ 张洁：《中国与东南亚的公共卫生治理合作——以新冠疫情治理为例》，《东南亚研究》2020 年第 9 期，第 33 页。

划投资部关于合作开展越南公共医疗卫生领域专项援助谅解备忘录》的合作文件。

边境口岸的卫生检疫工作关乎两国人民生命健康和避免传染病跨境传播，因而建立并完善边境传染病防控体系，将有效降低传染病和病媒生物通过人员往来、货物交易、交通运输等途径的传入风险。广西壮族自治区南宁市成功举办了“中国—东盟出入境检验检疫合作论坛”“第一届中国—东盟质检部长会议”，基于会议上分别达成的《南宁共识》和《南宁联合声明》，广西出入境检验检疫局与越南开展了广泛的卫生检疫合作。为进一步贯彻落实好2008年中越重新签订的《边境卫生检疫协议》，广西出入境检验检疫局又与越南广宁、谅山、高平三省卫生检疫部门代表于2009年12月举行会谈，就共同关注的问题进一步达成了共识。广西出入境检验检疫局与越南建立了卫生检疫业务技术交流与协作机制，在传染病监测、医学媒介生物监测、疫情信息通报等领域进行了广泛的交流与协作，共同提高卫生检疫业务能力。[①]

除建立边境联防联控机制外，中国国家卫计委与越南卫生部人口和计划生育总局于2015年10月在越南河内签署关于人口、生殖健康和计划生育领域合作的谅解备忘录，拟加强双方在人口、生殖健康、计划生育及家庭发展领域的信息交流，支持两国的研究机构、服务产业等开展直接合作，并相互派遣管理和技术人员赴对方国家访问，共同参加科学研究及其他相关专业活动。[②]

在传染病管控上，中越两国通过建立相应联防联控项目以进行管制。合作项目以艾滋病防治为主，应对边境地区艾滋病跨境传播疫情态势，顺应了国家“一带一路”的建设导向。一方面，中国需要借助云南区位优势加大与周边国家卫生合作力度，巩固跨境双边和多边卫生合作的机制；另一方面，中国需要立足于国家级和省级的防艾工作目标，推进边境地区防艾工作

---

① 《中越检验检疫部门加强疫情疫病防控合作纪实》，广西新闻网，http：//www.gxnews.com.cn/staticpages/20100803/newgx4c574980-3173541.shtml，2020-08-03。

② 《中越签署人口、计划生育等领域合作谅解备忘录》，人民网，http：//world.people.com.cn/n/2015/1014/c157278-27698365.html，2015-10-14。

的整体发展。[①] 在国家卫健委的指导下，中国结合边境地区群众和跨境流动人群的特点，依托县、乡、村三级艾滋病防控网络体系，推进开展了边境地区防艾工作，推进中越全方面公共卫生合作[②]

## 二　中越新冠肺炎疫情治理合作升级

自新冠肺炎疫情暴发以来，中越双方携手共度、互帮互信在疫情防控上取得了积极成效。与此同时，针对疫情带来的进出口贸易停滞、跨境犯罪增长等外溢效应，中越双方在之前合作的基础上，进一步增强各部门交流与信息交换，为构建中越两国非传统安全合作带来了新的契机。

### （一）中越两国疫情防控方面的合作与互助

2020 年 1 月 23 日，越南胡志明市确诊首例新冠肺炎病例。针对突发的传染性疾病，中国、越南同步采取了限制出行自由等防控措施，遏制了疾病在两国的进一步传播。2020 年越南疫情得到有效控制，全年共有 35 例死亡病例，体现了两国公共卫生部门的治理能力与成熟的公共卫生合作体系。在疫情暴发之初，越南各级政府与非政府组织也及时对中国提供医疗、防疫物资上的援助，体现了中越两国的携手互助、共抗疫情的决心，展现出中越两国各级政府紧密的合作关系。2020 年 2 月 6 日，越南谅山省率先向中国广西壮族自治区政府捐赠 35 万个医用防护口罩。2 月 7 日至 2 月 22 日，越南工贸部、越南国防部、边境省、市、县各级政府分别对中国的平级合作单位进行捐赠。2 月 9 日，越南共产党代表越南政府及人民向中国政府捐赠价值 50 万美元的医疗物资[③]。

---

① 《国家卫生计生委中越老缅边境地区艾滋病联防联控项目 2017 年度工作会在昆召开》，搜狐网，https：//www. sohu. com/a/205662667_ 99995183。

② 《中越边境地区艾滋病联防联控试点走过十二年》，中国—东盟疾病防控合作论坛官网，http：//forum. gxcdc. com/index. php？ m = content&c = index&a = show&catid = 19&id = 214。

③ 《越南与中国在新冠肺炎疫情防控中保持密切协作配合》，Vietnamplus，https：//special. vietnamplus. vn/2020/04/08/viet-trung/。

越南疫情暴发期间，中国向越南数次捐赠医用物资与疫苗，体现了双方守望相助、携手抗疫的深厚情谊。2020 年 4 月，中国人民解放军在中越边境友谊关口岸向越军捐赠核酸检测试剂盒、体温检测设备等抗疫物资①。2021 年 7 月，我国云南省民营企业家协会向越南捐赠医用口罩 65 万个、N95 口罩 5 万个、消毒液 1500 公斤、测温枪 350 把、额温器 300 把、防护服 3000 套等，同年 8 月，云南省外事办公室向越北 8 省市捐赠了 160 台制氧机，并再次捐赠价值 199 万元人民币的 200 台制氧机和 44 台呼吸机②。2022 年 1 月，中国政府援助越南的一批医疗抗疫物资运抵友谊关口岸并交付越南谅山省，援助物资包括呼吸机、氧气机、核酸检测提取仪、核酸提取试剂、核酸检测 PCR 分析系统、核酸检测 PCR 试剂盒等③。2021 年 8 月，中国国防部向越南国防部再捐赠 30 万剂疫苗，体现两国和两军睦邻友好的友谊④。截至 2022 年 2 月 3 日，中国通过援助和商采方式向越南高效提供 5200 万剂疫苗，为越南构筑免疫防线发挥了积极作用⑤。

### （二）灵活应对疫情，保障两国贸易安全与便利

经济、民生对两国人民至关重要。新冠肺炎疫情不仅影响人民的个人健康，也影响各国的贸易往来与经济稳定。中国是越南最大的商贸合作伙伴与出口对象国。为了将疫情对进出口贸易的影响降至最低，中越双方政府在疫情期间频繁交流合作，切实解决疫情中出现的实际问题。

---

① 《中国人民解放军向越南军队捐赠抗疫物资》，新华网，https：//baijiahao. baidu. com/s？id = 1665296862557065862&wfr = spider&for = pc。

② 《中国云南向越南捐赠价值 199 万元抗疫医疗物资》，中国新闻网，https：//baijiahao. baidu. com/s？id = 1713766848639574140&wfr = spider&for = pc。

③ 《中国政府援越抗疫医疗物资运抵越南谅山省》，中国东盟博览杂志官网，https：//baijiahao. baidu. com/s？id = 1722983965559555092&wfr = spider&for = pc。

④ 《中国国防部向越南国防部再捐赠 30 万剂国药疫苗》，腾讯网，https：//new. qq. com/omn/20220209/20220209A02NOO00. html。

⑤ 《越南大使熊波接受越通社书面采访》，澜沧江—湄公河合作官网，http：//www. lmcchina. org/2022-02/03/content_ 41870201. htm。

中越两国口岸的通行受疫情影响最大，成为中越两国合作防控的重点领域。疫情暴发之前，两国边境口岸政府各职能部门保持积极沟通，建立灵活的口岸通行机制，在保证公共健康安全前提下，对两国人员与货物流通实施管制。疫情在中国暴发后，越南各国际口岸迅速反应，采取了暂停航班与铁路客运服务等措施，加强疫情防控力度。为解决疫情期间中越边境进出口贸易问题，中越边境双方政府高度重视，积极沟通解决方案[①]。2020 年 4 月 17 日，越南工贸部部长与中国海关总署署长、中国商务部部长通话，双方就积极解决边境口岸货物流通拥堵局面达成共识，简化农产品检验检疫程序、加大凭祥—同登铁路口岸农产品进口，为中越双方农产品进出口贸易提供便利，鼓励两国企业工业产品的贸易往来，保障两国供应链与生产活动[②]。2020 年 5 月 22 日，越南老街省人民委员会与中国云南省红河哈尼族彝族自治州人民政府联合召开了视频会议，就双方新冠肺炎疫情和促进今后贸易和进出口活动交换了意见。双方一致同意成立工作小组，以继续进行通关便利化，缩短通关时间，确保通关顺畅；一致同意为新鲜农产品通关授予优先办理的待遇。双方积极配合，致力于成立老街金城—河口北山边境集市；促进人力资源合作；加强边境保护方面的合作，加强互联互通、交流和政治信任，推动合作关系迈上新台阶。

在疫情期间，为了深化双边贸易合作交流，越南工贸部贸易促进局与中国广西壮族自治区商务厅联合举办的 2020 年越南—中国（广西）商品网上交易会以视频方式于 2020 年 4 月召开，旨在在抗击新冠肺炎疫情期间进一步深化双方经贸往来[③]。2020 年 5 月 26 日，越南工贸部举行 2020 年越南—中国（云南）农业和食品企业在线对接会，旨在促进对该市场出口农产品活动。越南工贸部贸促局和中国国际贸促委员会山东省分会于 2020 年 6 月

---

① 《新型冠状病毒感染肺炎疫情：越南农产品销售方案》，越南人民报，https：//cn. nhandan. vn/economic/item/7593801。

② 《越中寻找措施解决边境口岸货物流通拥堵的局面》，Vietnamplus，https：//zh. vietnamplus. vn/ /112781. vnp。

③ 《越南与中国广西首次举行商品网上交易会》，越南人民报，https：//cn. nhandan. vn/newest /item/7786601-。

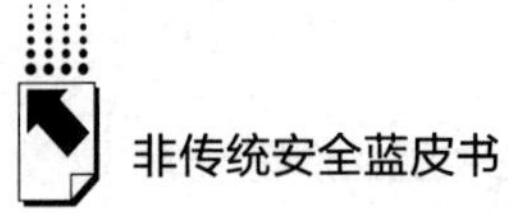



16日和17日举行越南农产食品企业与山东省伙伴方对接视频交易会。越南工贸部贸易促进局同中国国际贸易促进委员会重庆市委员会联合举行了2020年中国（重庆）—越南进出口商品视频交易会。

在中越双方政府、人民共同努力下，2020年、2021年中越双方贸易额实现了大幅增长。越南工贸部的统计数据显示，2020年中国越南两国贸易金额达1330.8亿美元，进出口都有所增长。截至2021年7月，越中双边贸易金额达1532.8亿美元，其中越南向中国出口金额达285.4亿美元，同比增长16%；越南自中国进口金额达628.68亿美元，同比增长7.9%[①]。疫情期间，除了双方政府的合作治理之外，2020年11月的中国—东盟博览会、2020年12月6日《区域全面经济伙伴贸易协定》的签署、2021年9月7日举办的大湄公河次区域经济合作第七次领导人会议，均为中越双方合作关系注入了新动力。

### （三）深化跨国犯罪治理合作，加大跨国犯罪的打击力度

中越两国在警务执法、打击恐怖主义、执法能力建设等方面拥有一定合作基础，双方具备完善涉恐情报机制、共同打击跨境涉恐的合作意愿[②]。中越警方通过联合开展针对性打击行动以共同应对跨国犯罪案件，例如中越警方于2019年12月在越南岘港市联合摧毁共计涉案1400余起的两个跨国电信网络诈骗犯罪窝点[③]。越中边境毒品犯罪形势严峻，中越边境警方在积极开展形式多样的禁毒宣传活动同时，强化禁毒执法合作，建立与完善常态化的情报信息交流和互通机制，打击跨国跨境毒品犯

① 《图标新闻：越南—中国双边贸易额保持增长态势》，Vietnamplus，https：//zh.vietnamplus.vn/图标新闻越南中国双边贸易额保持增长态势/145542.vnp。

② 《中越深化边境警务执法合作》，中国政府网，http：//www.gov.cn/xinwen/2016-12/11/content_5146406.htm。

③ 《中越警方摧毁一跨国电信诈骗团伙21名嫌犯被押回国》，中国侨网，http：//www.chinaqw.com/hqhr/2019/12-13/239730.shtml。

罪[①]。新冠肺炎疫情期间，中越两国间跨国犯罪依然频发，但疫情致使跨国的执法难度大大提升，因而中越两国选择进一步深化跨国犯罪治理的相关合作，例如云南金水河出入境边防检查站与越南边防职能部门在疫情期间创新开展联合巡逻执法活动，同时常态化开展边境联合巡逻执法暨疫情防控联合行动[②]。同时中越双方强化边境界河管理，如 2020 年 9 月中国崇左边境管理支队与越南驮隆国际口岸边防屯开展了第一次联合整治界河专项行动，并将进一步建立联合开展界河整治长效机制[③]。

疫情期间，非法入境问题不仅危害社会稳定，也提升了疫情扩散风险。越南谅山边防部队已致函中国广西壮族自治区边防部队和广西出入境边防检查总站，就疫情形势交换意见并建议广西方面有关力量配合打击非法出入境活动，相互遣返并移交双方非法出入境人员并按照规定进行医学观察。与此同时，指导各边防哨所同中方有关机关密切交换有关疫情形势和遏制疫情在社区扩散蔓延工作的信息[④]。

2021 年 2 月 19 日，中越两国公安部门第七次合作打击犯罪会议在线上举行，就保障两国安全、深化合作，联合打击恐怖主义犯罪、高科技犯罪、人口贩卖犯罪、非法出入境犯罪达成一致，并同意于 2022 年在中国联合举行中越两国公安部门的第八次合作打击犯罪会议。2021 年 9 月 15 日，中共中央政治局委员、中央政法委书记郭声琨与越南公安部部长苏林进行了线上会谈，肯定了两国长期以来在打击跨境、边检犯罪方面的成果，并表达了进一步推动两国执法安全合作的意愿[⑤]。

---

① 《中越两国携手开展边境联合扫毒行动》，新华网，http：//www. xinhuanet. com/world/2015-11/04/c_ 1117039387. htm。

② 《云南金水河边检站与越南边防职能部门深化国际执法合作》，中国新闻网，https：//www. chinanews. com/gj/2021/08-12/9542201. shtml。

③ 《中越警务深化执法合作，开展第一次联合整治界河专项行动》，东方网，https：//j. eastday. com/p/1599625269024112。

④ 《越南与中国在新冠肺炎疫情防控中保持密切协作配合》，Vietnamplus，https：//special. vietnamplus. vn/2020/04/08/viet-trung/。

⑤ 《郭声琨会见越共中央政治局委员、越南公安部部长》，《人民日报》，https：//baijiahao. baidu. com/s? id=1614029399975251513&wfr=spider&for=pc。

## 三　深化中越两国合作，构建中国—越南安全共同体

新冠肺炎疫情期间，区域合作框架与区域组织发挥了很大的作用，成为对接全球政策与国家政策之间的桥梁，加强了对疾病的监控、对供应链与国际贸易的调整①。疫情期间中越两国合作经验表明，基于各区域合作机制的一系列合作，能为复合性、跨国性的非传统安全威胁提供有效治理方案。在两国政府、人民的共同努力下，中国越南双边合作呈现新趋势。

### （一）合作层次多维性

结合新冠肺炎疫情下的中越公共卫生治理合作实践，可知中越两国的公共卫生治理合作可以从全球、区域与国家三个层次进行梳理与归类，从以世界卫生组织为代表的全球卫生治理框架，至以中国—东盟、“一带一路”倡议等为代表的跨区域合作机制，再至以澜沧江—湄公河等次区域合作框架，反映出中国与越南在公共卫生治理中的多维合作层次。这些国家内部、区域内部和区域间的多维度合作机制，在加强区域合作同时，有助于促进跨区域合作，构建一个更加开放的非传统安全共同体。在此背景之下，中国的“一带一路”倡议与澜沧江—湄公河次区域合作框架，起到了桥梁性作用，连接国际层面与区域层面合作，通过推进具体的多边协议项目、跨层级合作交流机制，促进了非传统安全合作机制创新。在“一带一路”倡议框架下，卫生健康合作不断深化。自首届“一带一路”国际合作高峰论坛召开以来，中国与蒙古、阿富汗等国，世界卫生组织等国际组织，以及一些非政府组织相继签署了多个推动卫生健康合作的协议。2017 年 8 月，“一带一路”暨健康丝绸之路高级别研讨会在北京召开，并发布了《北京公报》。中国与澜沧

① Amaya A. B., De Lombaerde P., “Regional cooperation is essential to combatting health emergencies in the Global South”, *Global Health*, 2021 (9).

江—湄公河国家开展艾滋病、疟疾、登革热、流感、结核病等防控合作，并逐步取得成效。[①] 2021 年 6 月澜湄合作第六次外长会议审议通过《在澜湄合作框架下深化传统医药合作的联合声明》，一致支持各国传统医药参与全球疫情防控，促进次区域公共卫生发展。与会六国实施“本草惠澜湄”“澜湄健康心行动”“热带病防控行”等项目，以提升心脑血管疾病、重大虫媒传染病防治水平[②]。

## （二）合作行为体多元性

在疫情期间，中越两国政府从公共卫生、经济贸易、社会安全等实际层面出发，进一步扩大各层级互访交流，促进非传统安全治理的政策磋商与经验分享。在两国疫情合作中，边境各级政府起到了重要作用。2020 年，卫生健康领域合作首次纳入越南边境四省与中国广西党委书记新春会晤机制和联合工作委员会机制之中，以共同加强边境和口岸管控，增进广西与越南的卫生合作交流。中国广西壮族自治区卫生健康委员会和越南谅山省、广宁省、高平省、河江省卫生厅签署了关于卫生合作的备忘录，加强在重大传染病防控、边境地区卫生、传统医药、妇幼健康等领域的合作，建立沟通联络机制，增设边境地区卫生、医疗救助规则等。[③] 中国越南边境各省市的合作为深化两国经济、公共卫生、国际事务等方面的合作奠定了基础。2021 年 9 月 11 日，中国国务委员兼外交部部长王毅访问越南并出席中越双边合作指导委员会第十三次会议。一同出席会议的有 9 个部门负责人和中国南部 5 个省份有关领导，以及越南 9 个部委与 9 个省份有关负责人。2021 年 9 月 24 日，习近平总书记在与越共中央总书记阮富仲通话中表示，双方要通过多种形式，保持中越双方各级、各部门与地方之间的长期交流与接触，采取灵活

① 推进“一带一路”建设工作领导小组办公室：《2019 共建“一带一路”倡议进展、贡献与展望》，外交出版社，2019。

② 中国秘书处：《中国参与澜湄及湄公河次区域合作 2021 年十大新闻》，澜沧江—湄公河合作官网，http：//www. lmcchina. org/2022-01/27/content_ 41868608. htm。

③ 《医事 | 增进人民健康福祉！中越开展跨境传染病联防联控交流培训》，广西壮族自治区卫生健康委员会官网，http：//wsjkw. gxzf. gov. cn/ztbd_ 49627/sszt/xxgzbdfyyqfk/fkgz/t10065403. shtml。

办法，加快战略互联互通，形成两国合作新亮点。[1]

新冠肺炎疫情期间的中越公共卫生治理合作中，参与合作的行为体并非仅限于政府层面，而是涵盖诸如非政府组织、民间团体、个人等不同主体，呈现出多元行为体共同参与的格局。联合了不同类型行为体的中越新冠肺炎疫情治理合作，不仅汇聚了各类资源给予民众更多支持与帮助，而且为两国提供了更多团结协作的机会，有利于巩固和发展两国友好双边关系，并拉近民间交往距离。[2]

### （三）合作领域多样性

新冠肺炎疫情对两国所造成的影响并不仅限于公共卫生领域，而且外溢至经济贸易、边境安全等不同领域，为两国民众生活带来多方位影响。以经济贸易领域为例，中国经济的强劲复苏也为越南经济复苏前景带来了积极影响。越南海关总局的统计数据显示，越南 2021 年前三季度中有两大类商品的中国进口额超百亿美元，同时中国是越南高附加值商品的重要出口市场。[3] 由此可知，跨国公共卫生治理合作并非仅停留于卫生领域，更会外溢至经济、安全、科技等多重领域。截至 2022 年 1 月，中国已累计向越南提供了 5200 万剂疫苗，疫苗援助彰显了两国两军守望相助、携手抗疫的深厚情谊[4]。2020 年中越双方签署首批澜湄合作专项基金项目合作协议，为两国全面战略伙伴关系增加了新内涵。中国与包括越南在内的次区域国家进一步拓展水资源、贸易和互联互通、可持续发展、公共卫生和民生等领域合作，

---

① 《习近平同越共中央总书记阮富仲通电话》，新华社，https：//www. chinanews. com/gn/2021/09-24/9572706. shtml。

② 王丹、刘继同：《中国参与湄公河地区全球卫生合作的基本类型及特点》，《太平洋学报》2019 年第 4 期，第 84~85 页。

③ 《越南经济逐步企稳向好》，《人民日报》，http：//gs. people. com. cn/n2/2020/1026/c183360-34373770. html。

④ 中华人民共和国驻越南社会主义共和国大使馆：《中国军队向越南军队援助的第二批新冠疫苗运抵河内》，中华人民共和国驻越南社会主义共和国大使馆官网，http：//vn. china-embassy. org/sgxw/202202/t20220209_ 10640507. htm。

为地区共同繁荣发展贡献更多力量①。中越边境国防友好交流活动充分体现了中越两国的传统友好情谊，2021 年 4 月中越开展第六次边境国防友好交流活动，双方愿深化边防部队合作，加强在联合巡逻、应对自然灾害、疫情防控、文化交流等方面的进一步合作②。

## 四　中越公共卫生治理合作的前景

2021 年 9 月 10 日，中国—越南双边合作指导委员会第十三次会议在越南河内举行，会议上中国国务委员兼外长王毅表示："（中越）两国抗疫合作卓有成效，经贸合作逆势上扬，双边关系稳定发展。"③ 中越抗疫成果离不开两国切实有效的合作。而基于"一带一路"倡议等合作框架，中越公共卫生治理合作将拥有更好的发展前景。

### （一）深化区域内跨国合作，完善突发性公共卫生危机应对机制

随着以世界卫生组织、国际货币基金组织、世界贸易组织等为代表的国际组织在全球公共卫生治理中的重要性凸显，国际组织不仅可以在传染性疾病防治等领域同相关国家进行合作，也可以在卫生发展、医学创新等领域为相关国家提供支持。例如，对于越南而言，中越卫生合作与国际组织在慢性病防控领域的合作仍有进一步发展空间，未来双方可提升对这一领域的关注度④。

---

① 中华人民共和国驻越南社会主义共和国大使馆：《熊波大使出席越南澜湄合作专项基金项目启动仪式》，中华人民共和国驻越南社会主义共和国大使馆官网，http：//vn. china-embassy
. org/sgxw/202103/t20210329_ 8914107. htm。

② 中华人民共和国国防部：《中越举行第六次边境国防友好交流活动，魏凤和与越南国防部长潘文江出席》，中华人民共和国国防部官网，http：//www. mod. gov. cn/topnews/2021-04/24/content_ 4883893. htm。

③ 中华人民共和国外交部：《王毅同越南常务副总理范平明共同主持中越双边合作指导委员会第十三次会议》，中华人民共和国外交部官网，https：//www. fmprc. gov. cn/web/wjdt_674879/gjldrhd_ 674881/t1906296. shtml。

④ 钱稳吉、朱思、祝雯珺、贺尧、黄葭燕：《中越卫生合作需求与策略》，《中国卫生政策研究》2019 年第 5 期，第 60~61 页。

### （二）深化医疗产业合作，发挥中医药的独特优势与作用

实践表明，中医药在新冠肺炎疫情的预防阶段、治疗阶段和控制阶段发挥了有效作用，治疗效果获得了中越双方的积极评价。2021 年 8 月，中国国家中医药管理局办公室发布《关于严格执行中医药行业 COVID-19 疫情防控工作的通知》，要求各地积极利用传统医学预防 COVID-19 流行病，加大中西医结合模式的推广力度。中医交流合作在中越之间拥有着良好基础，每年有许多越南患者慕名前往广西中医特色医院求医，中草药材也是中越贸易之间的重要商品，数据显示，2019 年中国对越南出口中药材达 5.19 亿元，广西出口中成药达 0.55 亿元。因而，中越边境省区可将中医药划归为两国医疗交流合作重点，发挥防城港国际医学开放试验区的政策优势，建设以中医为主要特色的大型中越友好国际医院，为更多边民提供优质的医疗服务。① 在疫苗合作方面，中国向越南提供大批量自主研发生产的疫苗，越南将优先为在越中国公民、有前往中国工作需求的越南公民及越南北部边境地区人员三类人群接种中国疫苗，并进一步加强与中国的疫苗研发生产合作②。

### （三）深化科技合作，推动数字技术的发展与应用

创新科技在本次抗疫中的重要性不容小觑，非接触体温检测、人工智能医学辅助诊断等技术有力支持了全球抗疫。身处中越合作前沿的云南、广西两省区可以通过重视科技创新，推动中越科技合作发展进程。此外，新冠肺炎疫情带来了数字平台用户的大规模激增，人们对数字服务依赖度日益加深。2020 年 8 月 21 日，中国广西壮族自治区与东盟启动了“东盟—中国数字贸易中心”项目，推动区域内数字产业合作的发展③。2020 年 11 月 12

① 《疫情带给中越合作的危与机》，广西壮族自治区人民政府官网，http：//www.gxzf.gov.cn/zt/jd/jjgxkjxxfyyx/pljd/20200403-804793.shtml。

② 国家国际发展合作署：《中国政府援助越南新冠疫苗运抵河内》，国家国际发展合作署官网，http：//www.cidca.gov.cn/2021-06/21/c_ 1211209679.htm。

③ 《数字贸易有助于加强中国与东盟合作》，Vietnamplus，https：//zh.vietnamplus.vn/数字贸易有助于加强中国与东盟合作/122976.vnp。

日，中国—东盟领导人会议上发表了《中国—东盟关于建立数字经济合作伙伴关系的倡议》，双方拟打造互信互利、包容、创新、共赢的数字经济合作伙伴关系，加强在数字技术防疫抗疫等领域的深度合作。[①] 2021 年 7 月 16 日，2021 中国—东盟数字经济发展合作论坛在武汉举行，聚焦中国—东盟数字经济产业合作深化，把握数字经济发展机遇[②]。越南与多个国家开展了疫苗护照互认合作，截至 2022 年 1 月，越南暂时承认 79 个国家和地区的新冠疫苗护照或疫苗接种证书样本，新冠疫苗护照形式和样本须是电子版和具有识别码的纸质版，且美国、日本、英国、白俄罗斯等 10 国已正式发布关于承认越南疫苗护照的通知[③]。

## 五　结语

新冠肺炎疫情的全球性暴发对世界各国提出了新的挑战。事实证明，单边主义与国家层面的治理措施不足以应对全球性公共卫生事件引发的复合非传统安全威胁。全球化时代下人类命运紧密相连的今天，我们需要加强区域内、跨区域的国际合作，在国际制度合作框架下，构建区域、跨区域非传统安全共同体，为人民生命安全与生活水平，以及社会经济的可持续发展提供保障。新冠肺炎疫情期间中越广泛深入的合作表明，多层次、多维度与多领域的区域合作能够有效提高各国非传统安全治理能力，搭建起连接全球层面与国家层面的治理桥梁，一定程度上弥补了国际组织在物资短缺、资金短缺、治理能力缺乏等问题，为国际社会合作共赢提供了新范式。在多维合作

① 中华人民共和国工业和信息化部：《中国—东盟关于建立数字经济合作伙伴关系的倡议发表》，中华人民共和国工业和信息化部官网，https://www.miit.gov.cn/jgsj/gjs/yzhz/art/2020/art_82c43e18928e4ffeaea697eb34fef0ff.html。

② 2021 中国—东盟数字经济发展合作论坛：《签约 20 个项目，搭建三大平台，中国—东盟数字经济合作在汉提质升级》，访问时间：2021 年 9 月 24 日，网址：http://www.cadefwuhan.com/news/detail?id=08d92650-2e86-4c78-86da-80d0854f723a。

③ 《越南疫苗护照已获得 10 国认可》，越南社会主义共和国政府新闻网，https://cn.baochinhphu.vn/越南疫苗护照已获得10国认可-116220121101356903.htm。

框架下，中越两国非传统安全合作进一步深化，在医疗产业合作、科学技术、数字经济等领域取得了一定进展，具有创新性与前瞻性。当然，中越疫情合作同样面临着一定挑战。中越双方发展不平衡也将一定程度上增加双方合作难度。中越双方应以积极姿态携手应对合作挑战，构建中越健康共同体。未来，中国应基于互利共赢原则坚持捍卫多边主义，在“一带一路”倡议下承担大国责任，积极开拓多边合作发展空间，切实践行共同、综合、合作与可持续的安全观。

**B**.8

# 中国与菲律宾非传统安全合作：现状、动机与挑战

张宇权　刘星君*

**摘　要：** 随着非传统安全威胁的日益增多，中菲加强了双方在非传统安全领域的合作，并取得了一系列进展。本文以“起步型”的反恐安全合作、“探索型”的南海安全合作和“突发型”的公共卫生安全合作为例，分析了中菲非传统安全合作现状，并提出其非传统安全合作具有化解中菲战略冲突、构建中菲命运共同体，管控安全分歧、增强中菲战略互信和开展互动，塑造稳定的地区安全格局的作用。中菲非传统安全合作势态虽然良好但仍面临着域外国家干预、南海争端和菲律宾国内多重因素的共同影响，未来仍需要继续深化，提升合作水平。

**关键词：** 非传统安全　中菲关系　双边合作

随着全球化程度的日益加深，非传统安全威胁持续蔓延，国际秩序和全球治理体系不断受到冲击，国际形势的不稳定性和不确定性明显上升。习近平主席指出，传统安全威胁和非传统安全威胁相互交织，维护世界和平、促

* 张宇权，博士生导师，中山大学国际关系学院副教授，中山大学东南亚所菲律宾研究中心主任，主要研究领域为东南亚研究、美国研究；刘星君，中山大学国际关系学院博士生，主要研究领域为东南亚研究、南亚研究。

进共同发展依然任重道远。[①] 非传统安全具有跨国性、复杂性、动态性和不确定性等特点，因此非传统安全问题需要多国协力、共同合作来解决。在此背景下，中国与周边国家开展非传统安全合作就显得十分必要。菲律宾是重要的东南亚国家，在东盟中发挥着巨大的作用，同时也是中国重要的周边邻国，与中国有着数百年密切的交往史。2016 年 6 月，菲律宾总统杜特尔特执政后，决心走一条独立自主的外交道路，以实现菲律宾的国家利益最大化。2018 年 11 月，在习近平主席对菲律宾进行国事访问期间，双方决定将双边关系提升至全面战略合作伙伴关系[②]，两国友好关系进一步得到加强。近年来，中菲在经贸合作、基础设施建设、南海资源开发方面展开了一系列的合作，并取得诸多合作成就。

## 一　中菲非传统安全合作的基础

“9·11”事件之后，国际安全和国家安全的一系列基本概念发生了变化，非传统安全成为日益突出的新威胁，引发人们密切关注和思考。非传统安全被认为是“非军事武力的安全”。难民问题、毒品走私、恐怖主义、生态环境等具有跨国性、全球性的和低政治性的问题都是非传统安全威胁的重要表现，非传统安全问题的增多将会改变国家维护国家安全的模式，其解决也往往需要多边或者双边合作来完成。所以，非传统安全正在成为人类寻求共赢的一种“共同话语”。[③]

第一，大变局下的国际治理体系呼吁非传统安全合作。全球化改变着传统的国家安全理念和国际安全环境，国家安全呈现出了复杂多元、相互交织的特征。时代的发展和全球联系的加强，更加证实人类是休戚与共的命运共

① 习近平：《顺应时代前进潮流　促进世界和平发展》，《人民日报》2013 年 3 月 23 日，第 2 版。

② 《习近平同菲律宾总统杜特尔特举行会谈》，环球网，2018 年 11 月 20 日，https：//m. huanqiu. com/article/9CaKrnKf3uq。

③ 余潇枫：《共享安全：非传统安全研究的中国视域》，《国际安全研究》2014 年第 1 期，第 4~34、157 页。

同体。当今世界正处于百年未有之大变局，国际格局朝着多极化发展，新兴发展中国家迅速崛起，世界各国之间的交流日益频繁，传统安全和非传统安全问题相互交织，国内问题和国际问题相互转化，国际社会在经济贸易、跨国犯罪、移民难民、气候变化等问题上充分暴露了全球治理面临的困境，多边主义规则遭受挑战，人类面临的共同风险越来越突出。非传统安全威胁的挑战直接关系着全球治理的走向，各国在非传统安全问题上无法独善其身，需要承担不同的全球治理责任和治理成本。世界各国只能通过对话协作、多边共治等合作方式来解决日益增多的非传统安全问题，推动全球治理体系朝着更加公正合理的方向转型。因此，建立基于价值共识和共同利益的国际治理体系和全球非传统安全合作是这一大变局下必须要解决的重要问题。

第二，中菲国家战略层面的需求为两国非传统安全合作奠定了基础。长期以来，中国政府都十分重视周边外交。周边地区依然是中国和平发展的重要依托，周边外交在中国总体外交布局中处于首要地位基本不会改变。受南海问题和美菲同盟伙伴关系的影响，中菲之间一直存在着战略互信不足等现实问题。自 2016 年杜特尔特当选菲律宾总统后，不断释放对华缓和的信号，紧紧抓住“一带一路”建设机遇，实现其国内经济社会发展的诉求。中国需要与菲律宾等东盟国家建立战略互信，共同塑造地区安全格局，平衡美国在印太地区的影响力，非传统安全合作就是这一战略导向。杜特尔特政府也意识到在东亚权力格局转化过程中，非传统安全领域的合作是最符合菲律宾国家利益的现实路径。

第三，一系列的双边合作文件为中菲非传统安全合作搭建了框架。1975 年 6 月，中菲签订了联合公报和贸易协定，双方互相承认并建立大使级外交关系，两国政府同意采取积极的措施发展贸易经济关系和文化交流，在关税上给予彼此最惠国待遇。1978 年中菲签订《新闻交换协定》和《科学技术合作协定》，加强两国新闻和科学技术方面的合作。1979 年，双方签订了《长期贸易协定》、《民用航空协定》和《文化协定》，加强了两国在贸易、民用航空业以及文化、艺术和教育方面的交流。1999 年，双方签订了《农业及有关领域的合作协定》和《对所得避免双重征税和防止偷漏税的协定》，加强了农业及相关领域的科技、贸易合作，并对税收问题达成了协议。进入21世纪后，中菲于2000年签订了《关于21世纪双边合作框架的联合声明》，双方决定要加强军事防务、贸易金融、农业等方面的合作，在睦邻合作、互信互利的基础上建立长期、稳定的关系。2001年，中菲签订了《刑事司法协助条约》、《引渡条约》、《关于打击跨国犯罪的合作谅解备忘录》和《打击非法贩运及滥用麻醉药品、精神药物及管制易制毒化学品的合作谅解备忘录》等文件，在司法协助及反恐和打击犯罪方面进一步加强合作。2007年和2008年，中菲先后签订了《防止盗窃、盗掘和非法进出境文物的协定》和《卫生合作协定》，促进了两国在文物保护和公共卫生方面的合作与交流。[①] 2016年杜特尔特总统访华，双方签订《关于建立海警海上合作联合委员会的谅解备忘录》和《中国公安部禁毒局和菲律宾肃毒局合作议定书》等文件，2018年习近平主席访菲，双方签订《关于油气开发合作的谅解备忘录》等文件。[②] 由此可见，中菲已有较为长久的合作历史和多领域的合作经验，这些既存的条约、协议将会在中菲非传统安全合作框架搭建中起到引导作用，成为这一合作框架的基础。

## 二　中国和菲律宾非传统安全合作的现状

当前，中菲关于非传统安全合作的领域不断扩大，程度不断加深，效果不断显现，成为中国与东南亚国家非传统安全合作的典范。中菲非传统安全合作涉及经济、能源、生态、反恐等多个方面，本文以具有代表性的“起步型”的反恐合作、“探索型”的南海安全合作、“突发型”的公共卫生合作为例，分析中菲非传统安全合作的现状。

---

① 本条及以上条约文件均来自中华人民共和国条约数据库。

② 参见中国外交部网站，https://www.mfa.gov.cn/web/gjhdq_676201/gj_676203/yz_676205/1206_676452/1207_676464/。

## （一）"起步型"的反恐合作现状：起步晚发展快

由于宗教、历史、政治和地理等深层次原因，菲律宾长期饱受极端主义和恐怖主义的威胁，这对该国国家安全和经济社会发展带来了巨大挑战。悉尼经济与和平研究所发布的2020年全球恐怖主义指数（GTI）排名中，菲律宾位居全球第十，是唯一上榜的东南亚国家。[①] 杜特尔特上台后，下定决心打击恐怖主义势力，先是支持武装部队尽全力剿灭盘踞在南部棉兰老岛的恐怖分子，后又颁布了《2020年反恐怖主义法》，以强化国内打击恐怖主义力度。中国是恐怖主义的受害者，身处国际反恐斗争前沿。[②] 民族分裂势力、宗教极端势力、暴力恐怖势力"三股势力"相互勾结，彼此渗透，对我国的国家主权、领土完整以及国防安全构成了极大的威胁。因此，恐怖主义活动态势将中国与菲律宾非传统安全利益紧密联系在一起。

中菲反恐合作起步晚发展快。以往菲律宾反恐合作首选美国和东盟国家。近年来，菲律宾面临的现实安全环境和国内恐怖主义事件频发促成了中菲在反恐问题上的合作。2017年5月起，菲律宾棉兰老岛反恐局势恶化，马拉维市的阿布沙耶夫武装组织和"穆特组织"发起恐怖袭击，造成多名人员伤亡。当年6月和10月，中国两次向菲律宾提供用以打击恐怖主义的步枪、子弹和瞄准镜等武器装备，中国驻菲大使赵鉴华表示，对菲援助表达了中国与菲律宾发展友好合作关系的意愿，也彰显了中国政府、军队和人民坚定支持菲方打击恐怖主义的决心。[③] 2018年7月，中国再次向菲律宾提供

---

① Institute for Economics & Peace, Global Terrorism Index 2020, Nov 1, 2020, https://www.economicsandpeace.org/wp-content/uploads/2020/11/GTI-2020-web-2.pdf.

② 杜尚泽：《习近平出席二十国集团领导人第十二次峰会并发表重要讲话》，《人民日报》2017年7月8日，第1版。

③ 《中国向菲律宾提供反恐用武器装备》，中华人民共和国驻菲律宾共和国大使馆官网，https://www.fmprc.gov.cn/ce/ceph/chn/sgdt/t1499709.htm。

狙击枪、巡逻艇、枪榴弹、弹药、水上快艇等反恐装备和军事培训[①]，增强了菲律宾的反恐能力和反海盗能力。未来中国还将继续向菲律宾提供反恐装备援助，增强菲律宾的反恐能力。菲律宾的恐怖主义和毒品犯罪交织，2019年4月，中国援建的菲律宾戒毒中心移交给南阿古桑省，成为南阿古桑省第一座戒毒中心。[②] 中菲两国执法机构还联手侦办大宗涉毒要案并取得积极战果。2021年9月，中菲决定建立警方定期会晤和热线联络机制，深化双方在禁毒、反恐及执法能力建设等领域的务实合作。[③] 此外，在中国—东盟合作框架下，中菲在反恐演习、军事交流和合作对话方面上也进行了沟通与协作。中菲反恐合作离不开双方高层的重视。2017年6月，中国国务委员兼外交部部长王毅表示，我们的邻居——菲律宾，受到了恐怖主义严重威胁，中方当然会毫不犹豫地伸出援手。今后我们愿根据菲方需要，继续提供必要的支持和帮助，包括参与马拉维的战后安置和重建工作。[④] 2018年4月，杜特尔特在博鳌论坛上表示，菲律宾与中国站在一起，并肩打击恐怖主义和暴力极端主义。[⑤] 2018年11月，习近平主席同杜特尔特总统会谈时表示，中方坚定支持菲律宾禁毒和反恐事业，将继续在力所能及的范围内向菲律宾提供支持。[⑥] 2019年8月，杜特尔特访华时向习近平主席表示，感谢中方对菲人权事业、地震灾区重建、反恐、禁毒等方面给予的支持。[⑦] 可以看到，中

① 《菲媒：中国向菲提供第3批武器和弹药援助》，观察者网，2018年7月28日，https：//www. guancha. cn/internation/2018_ 07_ 28_ 465977. shtml。

② 《中国援建的菲律宾南阿古桑省戒毒中心举行交接仪式》国家国际发展合作署官网，2019年4月17日，http：//www. cidca. gov. cn/2019-04/17/c_ 1210111461. htm。

③ 《王小洪同菲律宾警察总监伊莱扎尔视频会谈》，澎湃新闻网，https：//m. thepaper. cn/baijiahao_ 14342886。

④ 《王毅：中方愿向菲律宾反恐斗争伸出援手》，中华人民共和国外交部官网，http：//www. fmprc. gov. cn/web/zyxw/t1474096. shtml。

⑤ "Duterte praises China ties at Boao", *Global Times*, Apr 10, 2018, https：//www. globaltimes. cn/content/1097312. shtml。

⑥ 《习近平同菲律宾总统杜特尔特举行会谈》，中国共产党新闻网，http：//cpc. people. com. cn/n1/2018/1121/c64094-30412304. html。

⑦ 《习近平会见菲律宾总统杜特尔特》，新华社，http：//www. xinhuanet. com/world/2019-08/29/c_ 1124939022. htm。

菲双方高层密切的交流和发声，充分体现了双方对反恐合作的重视，也引领了双方在此领域的务实合作。

目前来看，中菲双方还未在反恐领域建立起机制性框架，与美菲之间联合军事行动、军事培训和情报侦察协助，澳大利亚流动教官团城市反恐培训、澳菲海上联合反恐演习，菲马印（尼）三方对话合作机制和联合海上空中巡逻相比，中菲双方的反恐合作尚在起步阶段，还处在军事援助、建立会晤热线和对话阶段。但是，中菲为提升非传统安全合作水平，在加强涉恐威胁情报信息交流、应对恐怖分子跨国流窜、开启海警联委会等方面，已找到更多利益交汇点。[①] 中国打击恐怖主义的决心和行动也会给菲律宾越来越多的信心，推进双方反恐合作朝纵深发展。

## （二）“探索型”的南海合作现状：重回正轨与强化合作

在南海合作的探索上，中菲经历了“重回正常轨道—开展双边对话—建立磋商机制—强化南海合作”的过程。2016 年 7 月，杜特尔特上任后，决定搁置“南海仲裁案”和南海争议，中菲关系重回正常轨道。随后，中菲在南海问题上开展了广泛的对话。2016 年 10 月，中菲双方就海事合作问题成立了联合的海岸警卫队委员会[②]，双方在打击毒品贩运等跨国犯罪、海上搜救、环境保护、应急响应等领域，开展信息交换、能力建设等多种形式的务实合作。2017 年 4 月，杜特尔特表示，菲律宾将会继续在南海问题上与中国保持对话，因为对话才是解决南海问题的最佳途径。[③]

2017 年 1 月，中菲渔业合作磋商重启，中方就海水养殖、水产品加工

---

① 《陆忠伟：马拉维之战触动菲律宾安全神经》，文汇网，https：//www. sohu. com/a/206338588_ 618422。

② 《中菲成立联合海岸卫队委员会 开启两国海上合作》，环球网，2016 年 10 月 20 日，https：//world. huanqiu. com/article/9CaKrnJYbWE。

③ 《杜特尔特表示将继续在南海问题上与中国保持对话》，环球网，https：//world. huanqiu. com/article/9CaKrnK2hQf。

和贸易对菲渔业代表团进行培训。[①] 2月，中国和菲律宾两国海警在菲律宾苏比克举行联委会首次会议，探讨两国海警合作事宜。两国海警还建立了热线机制，同意2017年开展高层访问、舰艇访问、联合演练及能力建设等活动。[②] 海警交流活动的频繁，推动了磋商机制的加速形成，为中菲关系注入了新动能。2017年5月，中国菲律宾南海问题双边磋商机制第一次会议召开，标志着中菲南海问题合作发展至双边磋商阶段。此次磋商范围非常广泛，涉及两国共同关心的所有海上问题，也包括如何加强海上合作。[③]

2018年4月，习近平主席会见杜特尔特总统时表示，要继续妥善处理好南海问题，适时探讨联合勘探、共同开发合作，使南海成为合作之海、友谊之海。杜特尔特也表示，要继续保持南海和平稳定，使南海成为菲中两国间的一个合作领域。[④] 11月，习近平主席对菲律宾进行国事访问，标志着中菲南海问题进入了强化合作阶段。双方政府签订了《关于共同推进“一带一路”建设的谅解备忘录》《经济技术合作协定》《关于油气开发合作的谅解备忘录》等重要文件，双方表示愿在中国和包括菲律宾在内的东盟国家共同努力下，让南海形势更趋于稳定。[⑤] 2019年7月，中菲渔业联合委员会第三次会议召开，双方就南海渔业资源养护合作、渔业资源开发、水产养殖、水产品冷储加工和市场贸易、海洋藻类科技与产业合作、打击非法捕捞、中菲南海问题磋商机制渔业事务工作组等内容进行了深入交流。[⑥] 同年8月，中菲双方宣布成立油气合作政府间联合指导委员会和企业间工作组，

---

① 《中菲渔业合作重启，菲渔业代表团来华培训交流》，水产养殖网，http：//www.shuichan.cc/news_ view-309712.html。

② 《外交部：中菲海警同意在打击毒品贩运等跨国犯罪领域开展合作》，国际在线，http：//news.cri.cn/20170224/48c0ed83-ff56-db33-8d56-389db176c9ed.html。

③ 《中菲南海问题磋商今举行对话所有海上问题（图）》，中华网，https：//3g.china.com/act/news/945/20170519/30544251.html。

④ 《外交部：愿与菲方共同推动和深化南海海上务实合作》，中国日报网，http：//www.chinadaily.com.cn/interface/toutiaonew/53002523/2018-04-11/cd_ 36015147.html。

⑤ 《中华人民共和国政府和菲律宾共和国政府联合声明》，环球网，2018年11月21日，https：//world.huanqiu.com/article/9CaKrnKf4Rq。

⑥ 《中菲渔业联合委员会第三次会议在北京召开》，中华人民共和国农村农业部官网，http：//www.moa.gov.cn/xw/zwdt/201907/t20190718_ 6321140.htm。

推动共同开发尽快取得实质性进展。[①] 2020 年 1 月中国海警舰艇首次访问菲律宾，标志着中菲海警合作迈出新的一步。双方共同商讨如何继续加强在打击海上跨国犯罪和海上缉毒、海上搜救、人道主义救援等重点领域的合作。[②] 2020 年 10 月，杜特尔特总统批准取消南海争议海域的油气勘探禁令，中菲企业可以进行油气合作，意味着中菲两国已经在南海共同开发油气资源的问题上达成共识。[③] 2021 年 5 月中菲双方以视频方式共同主持召开中国—菲律宾南海问题双边磋商机制（BCM）第六次会议，就政治安全事务、渔业事务、海洋科研与环保问题进行合作交流。[④]

南海地区合作符合中菲两国利益。中菲两国应继续致力于维护南海及地区的和平与稳定，加强生态安全、跨国执法、能源安全等诸多领域的务实合作，为实现地区稳定和共同繁荣贡献力量。

### （三）“突发型”的公共卫生合作：同舟共济与守望相助

公共卫生问题具有的超国家、跨地区性质和传染病蔓延扩散的风险，使得任何一个国家都不具备单独应对公共卫生事件的能力，需要国家间的合作。[⑤] 2020 年初新冠肺炎疫情的暴发，全球公共卫生安全的漏洞和脆弱性显现。面对这场突发性的人类危机，中菲双方同舟共济、守望相助，抗疫合作已成为两国关系的新亮点。

第一，物资援助频繁。2020 年疫情暴发时，医疗物资一度紧缺。2 月

---

① 《中菲宣布成立油气合作政府间联合指导委员会和企业间工作组》，中国政府网，http：//www. gov. cn/xinwen/2019-08/29/content_ 5425737. htm。

② 《中国海警舰艇首次访问菲律宾》，中华人民共和国国防部官网，http：//www. mod. gov. cn/diplomacy/2020-01/14/content_ 4858566. htm。

③ 《菲总统取消在南海争议海域的石油勘探禁令 中方回应》，中国新闻网，2020 年 10 月 16 日，https：//www. chinanews. com. cn/gn/2020/10-16/9314602. shtml。

④ 《外交部部长助理吴江浩主持召开中国—菲律宾南海问题双边磋商机制第六次会议》，中华人民共和国外交部官网，https：//www. fmprc. gov. cn/web/wjdt_ 674879/wjbxw_ 674885/t1877733. shtml。

⑤ 魏志江、魏珊：《非传统安全视域下中日公共卫生安全合作及其治理》，《国际展望》2020 年第 4 期，第 79~93、152 页。

10 日，菲律宾政府向中国政府提供医用口罩、防护服、护目镜、手套等抗疫物资，菲方表示援助物资旨在表达菲律宾人民对中国人民的支持与友谊，体现两国人民守望相助的优良传统。[①] 菲律宾华人华侨积极捐款捐物，表达对中国的支持。此后，菲律宾疫情暴发，中国政府和民间团体开始积极向菲律宾提供紧急物资援助，截至 2021 年 6 月，中国政府向菲律宾累计无偿援助了 25 万人份核酸检测试剂、8 万件医用防护服、8 万只医用防护口罩、7 万只医用隔离眼罩、140 万只医用外科口罩和 100 台有创呼吸机，以实际行动支持菲方抗疫。[②] 截至 2021 年 8 月，中国已向菲提供 3000 万剂疫苗，未来还有更多的疫苗运抵菲律宾。

**表 1　中菲疫情期间的合作**

| 时间 | 合作内容 | 接收方 |
| --- | --- | --- |
| 2020 年 3 月 6 日 | 援助新冠病毒核酸检测试剂盒 2000 个 | 中国 |
| 2020 年 3 月 21 日 | 援助检测试剂、医用外科口罩、医用 N95 口罩和医用防护服 | 菲律宾 |
| 2020 年 4 月 18 日 | 援助 10.2 万份检测试剂、40 万只医用口罩、4 万只 N95 口罩、15000 件防护服、5000 个医用隔离面罩以及 30 台无创呼吸机 | 菲律宾 |
| 2020 年 5 月 12 日 | 援助口罩、隔离服、护目镜等 13 类共 8 万余件防疫装备 | 菲律宾国防部 |
| 2020 年 6 月 4 日 | 捐赠“友谊包”生活援助物资 | 菲律宾 |
| 2020 年 6 月 10 日 | 捐赠 5.2 万件医用防护服、7 万只医用防护口罩、7 万只医用隔离眼罩和 130 万只医用外科口罩 | 菲律宾 |
| 2020 年 8 月 13 日 | 捐赠 50 台呼吸机 | 菲律宾 |
| 2020 年 8 月 14 日 | 赠送 100 万比索慰问金 | 菲律宾一线抗疫人员 |
| 2020 年 9 月 17 日 | 捐赠 2000 份友谊包 | 棉兰老岛卡拉加地区穆斯林协会 |
| 2020 年 9 月 18 日 | 捐赠 3 台透析机及相关配套设备价值 150 万比索 | 中华崇仁总医院 |

① 《菲律宾政府向中国捐赠抗疫物资并为中国加油》，中华人民共和国驻菲律宾共和国大使馆官网，http：//ph. chineseembassy. org/chn/sgdt/t1742688. htm。

② 《中国政府新一批援菲抗疫物资抵达马尼拉》，中国网，2020 年 6 月 10 日，http：//news. china. com. cn/2020-06/10/content_ 76144543. htm。

续表

| 时间 | 合作内容 | 接收方 |
|---|---|---|
| 2020 年 10 月 8 日 | 捐赠口罩和个人防护装备 | 菲律宾基督堂新时代医院、菲律宾福音派教会联合会和信愿寺 |
| 2020 年 10 月 21 日 | 捐赠 150 台经鼻高流量氧疗仪 | 菲律宾 |
| 2021 年 1 月 5 日 | 累计向菲提供 130 台呼吸机、150 台经鼻高流量氧疗仪、25.2 万套检测试剂和 180 多万件个人防护装备，捐赠逾 4 万份“友谊包” | 菲律宾 |
| 2021 年 2 月 2 日 | 捐赠的 2000 台华为平板电脑助力菲疫情下远程教育 | 菲律宾教育部 |
| 2021 年 2 月 28 日 | 援助菲律宾的 60 万剂新冠疫苗 | 菲律宾 |
| 2021 年 3 月 24 日 | 援助菲律宾的第二批 40 万剂新冠疫苗 | 菲律宾 |
| 2021 年 3 月 29 日 | 采购的首批 100 万剂中国新冠疫苗 | 菲律宾 |
| 2021 年 3 月 31 日 | 捐赠 1000 台平板电脑助力疫情下远程教育 | 菲律宾达沃市 |
| 2021 年 6 月 17 日 | 菲律宾华社采购的 50 万剂中国新冠疫苗 | 菲律宾 |
| 2021 年 8 月 20 日 | 再次提供 100 万剂疫苗援助 | 菲律宾 |

注：本表数据均来源于中国驻菲律宾大使馆，笔者自制。

第二，共享抗疫经验。2020 年 3 月 24 日，中菲两国医疗专家连线交流，分享了中国在疫情诊断、救治等方面的先进经验和案例，向菲律宾方面传授抗疫经验，提高抗疫能力。① 4 月 5 日，中国向菲律宾派出援菲抗疫医疗队②，以实际行动支持中菲公共卫生安全合作。8 月，中药连花清瘟胶囊，获得菲律宾食品和药品管理部门批准，正式成为在菲注册的医药产品③。2021 年 7 月 13 日，中菲举办主题为“在新冠肺炎疫情防控中借鉴中国经验”的抗疫经验交流会④，邀请中国知名抗疫专家分享疫情防控经验。8 月

① 《中菲两国医疗专家连线交流抗疫经验，提高抗疫能力》，中华人民共和国驻菲律宾共和国大使馆官网，http：//ph. chineseembassy. org/chn/sgdt/t1760323. htm。

② 《中国赴菲律宾抗疫医疗专家组抵达马尼拉》，人民网，2020 年 4 月 5 日，http：//world. people. com. cn/n1/2020/0405/c1002-31662446. html。

③ 《连花清瘟胶囊在菲律宾注册 中国驻菲使馆表示欢迎》，新华社，2020 年 8 月 13 日，http：//www. xinhuanet. com/world/2020-08/13/c_ 1210750388. htm。

④ 《菲律宾—中国抗疫经验交流会举行 中医药助力中菲抗疫合作》，新华社，2021 年 7 月 14 日，http：//www. xinhuanet. com/health/20210702/C970D051CFB00001C1FA1DD014201B9C/c. html。

13 日，中菲启动南南合作援助基金框架下“借鉴中国经验提升亚太地区应对新冠肺炎疫情能力援助项目”[①]，旨在分享中国抗疫经验，帮助菲律宾等五国应对新冠肺炎疫情。除了大型的抗疫经验交流会外，双方学者专家撰写文章探讨抗疫经验，在疫苗研发、临床试验和采购等领域进行一系列的合作，促进了两国疫情防治取得新进展。

第三，突出应急特色。公共卫生合作不同于其他领域的合作，尤其是新冠肺炎疫情突然暴发的情况下，中菲通过紧急沟通和磋商，开辟绿色通道，特事特办，共同打好疫情阻击战。2020 年 3 月，中国积极沟通协调国际货运包机事宜，在马尼拉紧急“封城”的情况下完成了物资运送。5 月，菲律宾军机以几乎每天一班的频率往返于两国，菲律宾海军军舰前往中国漳州港运输防疫物资，中国政府释放出巨大的善意和诚意，特事特办予以快速审批，最大限度地为菲军机的飞行和运输许可提供便利，还派出舰艇护送菲军舰至公海。[②] 2021 年 2 月，中国政府派出运-20 军用飞机运送菲律宾接收的首批新冠疫苗，[③] 这是中国军机第一次跨越海洋执行投送任务。在这种突发性安全危机中，中国是第一个向菲捐赠核酸检测试剂的国家，第一个向菲派遣医疗专家组的国家，第一个协助菲方用军机运输防疫物资的国家，中国成为菲律宾最大最稳定疫苗来源。菲律宾食品和药品管理部门批准给予中国公司生产新冠疫苗的紧急使用许可。菲律宾总医院的院长黎牙实比（Gerardo Legaspi）接种新冠疫苗，成为该国首位新冠疫苗接种者。[④] 杜特尔特也为中国疫苗站台，公开展示其接种中国新冠疫苗的照片，他们用实际行动回应西方社会对中国疫苗的质疑，表达了对中国疫苗的高度认可和信赖。

---

① 《南南合作援助基金框架下，中国政府帮助菲律宾提升应对新冠疫情能力》，文汇网，2021 年 8 月 13 日，https：//www. whb. cn/zhuzhan/huanqiu/20210813/419446. html。

② 《中国国防部援助菲军抗疫物资抵达马尼拉》，中国新闻网，2020 年 5 月 13 日，https：//www. chinanews. com. cn/gj/2020/05-13/9183495. shtml。

③ 《中国新冠疫苗率先运抵菲律宾 杜特尔特总统亲率军政要员赴机场迎接》，中国驻菲律宾大使馆，2021 年 2 月 28 日，http：//ph. china-embassy. gov. cn/sgdt/202102/t20210228_ 9933852. htm。

④ 《菲律宾疫苗专员：中国疫苗运抵让我们热泪盈眶》，光明网，2021 年 3 月 2 日，https：//m. gmw. cn/2021-03/02/content_ 1302142766. htm。

## 三　中菲非传统安全合作的动机

从现状来看，中菲非传统安全合作领域广，程度不一。既有位于起步阶段的反恐安全合作，也有正在深化的南海安全合作，更有具有突发性的公共卫生安全合作。此外，中菲之间还在跨国移民、打击毒品犯罪、生态环境保护等方面开展非传统安全合作，这也为两国间传统安全合作积累了信任。虽然这些合作领域和所处的阶段不同，但是其内生动机具有一定的共性。

### （一）化解中菲争端，构建中菲命运共同体

自所谓的"南海仲裁案"提出后，中菲关系降至冰点，经贸和民间交往受到严重影响。中菲海上利益交织，在一定程度上增加了双方在此区域发生战略冲突的可能，在南海主权无法快速达成共识、传统安全合作无法推进的时候，非传统安全合作就是化解中菲矛盾最好的润滑剂。中菲加强非传统安全合作，可以进一步向彼此明确双方的战略意图，对构建中菲命运共同体有重要意义。

从现实意义来看，菲律宾政府的对华政策还可能进一步调整，但其发展对华友好关系、实行独立自主和大国平衡的外交方针已经确定。[①] 中国也多次表示，中方愿同菲方把握大势，弘扬全人类共同价值，推动构建人类命运共同体，为地区和平繁荣作出更多贡献。[②] 中菲在非传统安全合作中，逐渐认识到彼此的战略利益和战略决心，从而对自身的战略进行调整使其相互适应，达成中菲关系的"最大公约数"。目前，中菲两国都处在发展关键时期，合作前景广阔。不断深化两国非传统安全合作，可以推进两国从战略高

---

① 张宇权、洪晓文：《杜特尔特政府对华政策调整及其影响》，《现代国际关系》2016 年第 12 期，第 47~52、64 页。

② 《习近平同菲律宾总统杜特尔特通电话》，中华人民共和国外交部官网，https：//www. fmprc. gov. cn/web/zyxw/t1902516. shtml。

度和长远角度把握好时和势，引领好中菲关系发展，推动构建中菲命运共同体。这样既可以惠及两国人民，也能为东南亚地区和平和稳定增添力量。

### （二）管控安全分歧，增强中菲战略互信

南海岛礁主权问题、石油天然气归属权等问题是中菲关系的敏感点和爆发点，是中菲之间最大的安全分歧。尽管在安全分歧上中菲经历了冲突升级到降级的过程，但这并不意味着安全分歧得以化解或解决。杜特尔特在南海问题上的对华友好政策有助于缓和中菲关系和南海紧张局势，但是菲律宾既没有放弃对仲裁结果的坚持，也没有放弃对南海权利的主张，中菲南海争议依然存在。中菲是搬不走的邻居，邻居之间有分歧很正常，关键是双方要以成熟和具有建设性的方式妥善处理分歧，这符合两国的共同利益和两国人民的共同愿望。① 因此，在这种认识下，2016 年以来，中菲之间形成危机管控机制有利于管控双方安全分歧，这样既能在如岛礁主权归属等高政治问题上进行斡旋，也能在如渔业合作、海警联合执法、油气田开发和海洋生态保护等低政治问题上进行合作，增强彼此间的战略互信。

政治互信是安全合作的前提，互信不足已成为影响中菲关系的重要因素。在某些非传统安全问题上，国家之间无明显的矛盾和冲突，国家之间更容易寻找到利益共同点和合作的契合点，这可以让双方从对话朝更深层次的合作转变。例如，中菲抗击疫情合作从单方面物资援助到抗疫经验分享再到疫苗采购和试验，就证明了双方信任和合作的加强，让菲律宾明白中国在公共卫生安全合作上的诚意和信心。此外，还有中菲联合打击海盗、海上联合救援等行动，在菲国内深受政府和民众好评，一定程度上也减少了菲对华负面认知记忆，增强双方的相互理解和互信。

### （三）开展互动，塑造稳定的地区安全格局

鉴于世界权力格局的变化和美国在印太地区的政策调整，中国与东盟的

---

① 《中国驻菲大使黄溪连：中菲关系经历磨练与考验将更加牢固和紧密》，中国青年网，http：//news. youth. cn/jsxw/202105/t20210510_ 12926083. htm。

互动及互信成为影响该地区局势的重要变量。包括菲律宾在内的东盟国家追求独立自主的外交政策和相对安全的地区局势，这就为中国在东南亚地区开展合作提供了空间和机遇。菲律宾作为东盟的创始国之一，在东盟事务中发挥着重要作用，中菲之间的非传统安全合作对于促进中国与东盟国家在国际和地区事务中的沟通合作，推动中国—菲律宾—东盟之间的良性互动，起到了良好的促进作用。

中菲开展非传统安全合作，一方面，可以为中菲两国提供互动平台，维护和实现中菲两国的利益，为中菲发展提供有益的外部环境和相对支持。尤其是在反恐、海洋开发等方面，中菲合作在一定程度上缓和了中菲之间的矛盾冲突。在非传统安全合作深化的背景下，菲律宾在经贸、基建等方面与中国进行密切合作，中国以己之力参与菲律宾的经济发展与社会进步，推动了菲律宾的国家发展，增强其在东南亚地区的影响力，同时也推动了中国“一带一路”倡议在菲律宾落地，菲律宾可以成为中国在东南亚地区合作发展的重要伙伴。另一方面，部分东南亚国家对中国的发展持有警惕和怀疑，对待中美竞争保持平衡和对冲的立场。中菲非传统安全合作的开展，为中国与东盟其他国家之间的合作提供了有益借鉴，又可在本地区树立海洋合作的典范。让处于观望状态的东盟各国增加对中国的认知和信任，在一定程度上推动东盟各国与中国开展合作，建构中国—东盟共同安全体的观念，在交流合作中实现地区国家的联动发展、互惠共赢。

## 四　结语

中菲非传统安全合作，符合中菲自身的发展利益，也符合包括东南亚在内的亚太地区利益。尽管中菲非传统安全合作有着不同的表现形式，处于不同的合作发展阶段，面临着复杂多变的挑战和问题，但是从长远来看，国际社会最终实现联合与合作，形成应对非传统安全的共同体是必然趋势，中菲之间也需要构建这样的共同体。针对中菲非传统安全合作的现状、动机和挑战，本文提出以下建议。

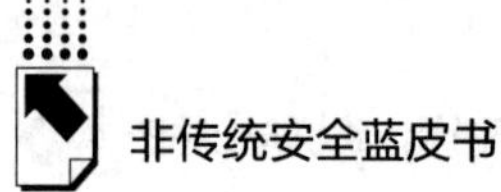


第一，中菲要在非传统安全合作中形成和完善制度框架。中菲已经在海警执法、南海问题磋商上逐渐迈向制度化、规范化，但是在其他的领域合作仍然参差不齐，无法形成非传统安全合作之间的联动效应。在已有的制度性合作机制下，要继续细化内容，推动合作走深走实。在还未形成制度性框架的领域，需要进行对话磋商，规避中菲之间的安全风险，逐步形成制度性安排，实现中菲在多个非传统安全领域合作的深化和扩展。

第二，重视影响非传统安全合作的内外因素。内外因联动影响非传统安全威胁形成，同时非传统安全威胁形成也会影响国家的内部环境和外部环境改变，二者相互交织转化。因此，在加强与菲律宾非传统安全合作的同时，既要考虑到中菲内部因素情况对非传统安全的影响，又要考虑到域外大国、东盟国家等外部因素对中菲面临非传统安全威胁的影响；既要考虑到中菲非传统安全合作对中菲两国国内发展的影响，还要考虑到其对区域安全环境改善的影响。这种影响往往是牵一发而动全身，妥善合理利用这些影响，会加速中菲非传统安全合作的进程。

第三，以非传统安全合作推动传统安全合作。中菲之间需要以和平发展、互利共赢作为战略目标，尽管目前菲律宾和中国存在着非对称性依赖，但是互相赋予的战略定位让中菲双边伙伴关系朝着更高阶段发展。通过非传统安全领域的良性互动，中菲双方可以消解传统安全的紧张，甚至提供解决传统安全的平台和渠道，进一步克服海洋争端对双边关系的影响，从而推动中菲传统安全合作，共同构建中菲命运共同体，为地区和平与稳定做出贡献。

**B**.9

# 中国与新加坡城市非传统安全合作的成效与挑战

李 骏 朱荟岚*

**摘 要：** 本文聚焦中国城市与新加坡开展的苏州工业园区、中新天津生态城、中新广州知识城与中新（重庆）战略性互联互通示范项目，分析四个城市非传统安全合作项目的成效与挑战。自落地以来，上述四个城市非传统安全合作项目取得了令人瞩目的成效，也是对接中新两国对外战略、调节两国外交关系的有效力量，同时也面临地方政策竞争、地方政府注意力资源配置等具有地方性特征的挑战。中新双方应继续完善不同层级地方政府多元合作治理体系、提升治理能力，从而推动以城市为代表的次国家行为体在国际非传统安全综合治理乃至全球治理议程中发挥更加积极有效的作用。

**关键词：** 城市非传统安全合作 次国家行为体 新加坡

随着“外交社会化”① 趋势的加强，越来越多的以城市为代表的“次国家行为体”（sub-state actors）② 通过开展经济发展、技术创新、气候治理、环

---

* 李骏，中山大学国际关系学院副教授，博士，主要研究方向为全球环境治理、合作与创新研究；朱荟岚，中山大学国际关系学院研究助理，博士，主要研究方向为全球环境治理、非传统安全与国际规范研究。

① 赵可金：《非传统外交：外交社会化及其后果》，《世界经济与政治》2013 年第 2 期，第 100 页。

② Jill Duggan, Chatham House, “The Role of Sub-state and Non-state Actors in International Climate Processes: Subnational Governments”, January, 2019.

境保护等非传统安全合作而成为国际关系舞台上的新兴角色。自20世纪90年代起，中国的苏州、天津、广州与重庆四个城市相继与新加坡达成苏州工业园区、中新天津生态城、中新广州知识城与中新（重庆）战略性互联互通示范项目四个合作项目。[①] 自落地以来，上述四个城市非传统安全合作项目取得了令人瞩目的成效，同时也面临地方文化、利益与制度等地方性特征的挑战。习近平主席在巴黎气候变化大会开幕式上发表讲话指出："面对全球性挑战，各国应该加强对话，交流学习最佳实践，取长补短，在相互借鉴中实现共同发展，惠及全体人民。同时，要倡导和而不同，允许各国寻找最适合本国国情的应对之策。"[②] 中国城市与新加坡开展的四个非传统安全合作项目为我们从国际合作和本土治理两个维度思索全球治理的中国方案与中国智慧提供了典例，有益于中国继续深化对外开放，拓展参与全球治理的领域、主体与路径。

## 一 中新城市非传统安全合作的成效

中新城市非传统安全合作是城市对外交往、开展国际合作的表现形式之一。一方面，城市作为次国家行为体的身份意味着这些活动对于主权外交而言具有"从属性"[③]，具有"对接"[④] 国家对外战略的作用。另一方面，城市是"全球化网络的节点"[⑤]，它们的对外交往活动是主权外交关系的一种中介形式，对主权外交具有调节作用。中新城市非传统安全合作项目是对接两国对外战略、调节两国外交关系的有效力量。

① 后文以"园区"特指苏州工业园区，以"生态城"特指中新天津生态城，以"知识城"特指中新广州知识城，以"示范项目"特指中新（重庆）战略性互联互通示范项目。

② 《习近平：构建合作共赢公平合理的气候变化治理机制》，新华网，http：//guoqing.china.com.cn/2019zgxg/hdbd/2018-12/10/content_ 74259063.html。

③ 龚铁鹰：《国际关系视野中的城市——地位、功能及政治走向》，《世界经济与政治》2004年第8期，第41页。

④ 陈楠：《全球化时代的城市外交：动力机制与路径选择》，《国际观察》2017年第5期，第94页。

⑤ 赵可金、陈维：《城市外交：探寻全球都市的外交角色》，《外交评论》（外交学院学报）2013年第6期，第61页。

## （一）对接两国对外战略

中新四个城市非传统安全合作项目相继发轫于两国外交关系升温、深化与升级的背景下，这些项目较好地与两国对外战略实现对接，有利于满足各时期两国在对外交往中的诉求。

苏州工业园区诞生于中国与新加坡在 20 世纪 90 年代外交关系升温的背景下。1990 年 10 月两国正式建交，双边互动日益频繁。中新在这一时期相互靠拢是基于双方在对外开放与维护经济安全方面的相互需求。中国在对外交往中的诉求是维护与开拓对外开放格局。其一，中国需要借力新加坡来应对当时的国际社会压力。与印度恢复外交关系以及与新加坡建交后，中国寻求进一步巩固与东南亚国家的关系。其二，中国寻求通过开展跨国合作、学习国外发展经验来拓展对外开放格局。新加坡则亟须建立外部经济空间。由于腹地狭小，新加坡的经济具有较高的对外依赖性，深受国外需求影响。[①] 随着劳动力成本与土地成本上升，新加坡的外资吸引力逐渐降低。创造和确保外部经济空间成为新加坡维护国家经济安全的重要途径。中新双方的相互需要推动两国关系迅速升温，1994 年苏州工业园区合作协议便是在此背景下达成的。

苏州工业园区是两国首个城市非传统安全合作项目，较好地满足了两国在对外交往中对彼此的需求，与两国对外战略对接。首先，与新加坡达成合作本身具有重大的政治象征意义。园区被誉为“国际合作的成功范例”与“中国改革开放的重要窗口”。[②] 这一合作项目的达成标志着中国突破了外部国家的封锁，进一步打开了东南亚的外交窗口，有益于中国与东南亚其他国家开展合作，维护对外开放格局。

其次，这一合作项目与中国拓展对外开放格局的对外战略对接。一方面，它是苏州当地引进外资的重要平台。到 2015 年，全区有超过 600 家外

---

① 张莹莹：《新加坡人口变动及其成因分析》，《人口与经济》2013 年第 3 期，第 41 页。

② 《园区简介》，苏州工业园区管理委员会官网，http：//www. sipac. gov. cn/szgyyq/yqjj/common_ tt. shtml。

资企业，投资来源于数十个国家和地区，涵盖16个行业企业，包括电子、医疗、信息化、新能源等。截至2019年，园区累计吸引外资项目超5550个，实际利用外资超283亿美元。[①] 苏州工业园区由此成为中国发展外向型经济的推动力量。另一方面，它是中国借鉴新加坡的城市规划与管理经验的平台。其一，在城市规划方面，苏州工业园区采用了新加坡的“规划环评”模式，于1997年编制完成《苏州工业园区环境影响与环境规划报告书》，并据此构建出独墅湖科教创新区、高端制造与国际贸易区、阳澄湖半岛旅游度假区、金鸡湖商务区四个功能分区。[②] 其二，在城市管理方面，园区引入新加坡的“邻里中心”这一社区商业模式，将商业、文化、体育、卫生、教育等集于一体。截至2012年年底，园区累计赴新加坡培训60个专题、150多批人次、总计2600多人次。[③] 苏州工业园区有助于中国发展外向型经济与学习国外城市建设经验，从而较好地满足了中国拓展对外开放格局的诉求。

最后，这一城市非传统安全合作项目也满足了新加坡维护经济安全的诉求。中新苏州工业园区开发有限公司是园区开发的主体，由中新双方财团共同成立。自园区建成以来，还有大批新加坡企业落地苏州工业园区。截至2020年年末，新加坡共在苏州工业园区投资420余个项目，是园区第五大投资来源地。[④] 苏州工业园区已成为新加坡拓展外部经济空间的新平台。

中新天津生态城与中新广州知识城诞生于21世纪初两国外交关系深化的背景下。中新在这一时期外交关系的深化是基于双方在加强经济合作与探

---

① 《苏州工业园区产业集群分析报告》，智慧城镇网，http：//www.zhczcity.com/tsnews/570.html。

② 《把规划作为工业园区开发的刚性约束：苏州工业园区发挥规划环评的优化指导作用，推动绿色发展》，苏州工业园区管理委员会官网，http：//www.sipac.gov.cn/szgyyq/mtjj/202012/ac02772d9c524e1486b6a2f1bd1ef4d2.shtml。

③ 《新加坡经验助力苏州工业园区发展》，中华人民共和国商务部官网，http：//ezone.mofcom.gov.cn/article/aa/201307/20130700188202.shtml。

④ 《园区与中国新加坡商会加强交流协作，共同推动企业创新发展》，苏州工业园区管理委员会官网，http：//www.sipac.gov.cn/szgyyq/dthg202103/202103/d65afc85b28749aebf89e0608dc7fc07.shtml。

索可持续发展方案上的相互需求。其一，中新两国谋求加强与彼此的经济合作。一方面，中国在亚洲金融危机后更加重视与新加坡、泰国、印度尼西亚等东南亚国家的经济联系，寻求加强与东南亚的经济产业和金融投资合作。另一方面，新加坡在中国的投资规模迅速扩大。2008 年 10 月，中新签署《中国—新加坡自贸区协定》。2002～2009 年，新加坡在中国的直接投资增长 300%。2009 年，新加坡在中国共投资 54 亿新币，占新加坡对外直接投资总额的 15.9%。[①] 其二，两国也共同面临可持续发展问题。[②] 随着中国城市化水平的提高，温室气体排放、能源短缺等问题凸显，中国亟须治理城市气候与生态问题。如前文所述，新加坡人多地狭，资源匮乏，也需探索出一条提高资源利用效率之路。生态城与知识城便是在前述背景下诞生的。2007 年 4 月，新加坡国务资政吴作栋访问北京时，与时任中国国务院总理温家宝商定“在中国建设一个资源节约型、环境友好型和社会和谐型的城市”；同年 11 月，两国总理正式签署天津生态城的合作协议。[③] 与天津生态城不同，广州知识城并非由国家发起，而是由广东省倡议和推动的。2008 年 9 月，广东省委书记率团访问新加坡，与新加坡总理李显龙会谈，其间提出粤新在广州共建中新知识城的构想。2010 年 6 月，广州知识城在广州市萝岗区奠基。[④]

自投入运营以来，中新天津生态城与中新广州知识城的发展不断取得成效，较好地满足了两国在对外交往中的诉求。其一，生态城与知识城成为新加坡对外投资的新平台，同时满足了新加坡开拓外部经济空间和中国加强与东南亚经济联系的需求。生态城是新加坡企业在华投资的新热土。截至 2016 年，新加坡共有吉宝、新科、世特、新业等 38 家企业在生态城投资，

---

① 卢姝杏：《新加坡的外交原则及其对华政策（1990—2010）》，《东南亚研究》2011 年第 5 期，第 30 页。

② Saw Swee-Hock, “Evolution of Singapore-China Economic Relations”, *Advancing Singapore-China Economic Relations*, 2014, p. 107.

③ 《大事记》，中新天津生态城官网，http：//www.tianjineco-city.com/About/milestones? lang=zh-cn。

④ 《大事记》，中新广州知识城官网，http：//www.ssgkc.com.cn/P01_ 04.asp。

投资总额 17.7 亿美元，基本覆盖生态城各产业方向。① 知识城是中新两国开展对外技术合作的重要基地。2018 年 2 月，中新国际联合研究院与中新广州知识城投资开发有限公司签订合作意向，联手启动修建科研办公大楼，规划总建筑面积约 25000 平方米。该联合研究院由华南理工大学、南洋理工大学，以及其他国家的知名大学和研发机构组成，汇聚优势科技与人才资源。② 由此，天津生态城和广州知识城与两国加强经济合作的对外战略实现对接。

其二，中新天津生态城与中新广州知识城是两国探索可持续发展方案的合作平台。生态城是推广新能源技术的典范。生态城已实现综合开发地热能、太阳能、风能、生物质能等可再生资源③，城内公建项目节能率超过 55%，住宅项目节能率超过 70%。④ 知识城成为两国探索利用新能源的范例。在用电方面，知识城升级电网建设，把客户年平均停电时间控制在 2 分钟内。此外，知识城首个天然气分布式能源站也进入试运行阶段。该项目预计一期投产后年供电量达 229767 兆瓦时，年供热量约 15.77 万吨，年供冷量约 12.68 万吉焦。⑤ 生态城和知识城与两国寻求可持续发展方案的对外战略实现对接。

其三，中新天津生态城与中新广州知识城还成为中国展示国家形象的符号与媒介，有益于中国对外开展"气候外交"⑥。知识城内的绿色建筑多次参加新加坡主办的国际展览，如国际建筑环境周⑦、生态繁荣周⑧等。生态城的

---

① 《生态城成新加坡企业投资热土》，《滨海时报》，https：//www.eco-city.gov.cn/html/tzdt/20160405/14622.html。

② 《新加坡驻华大使罗家良到访，两大项目落户知识城腾飞园》，中新广州知识城官网，http：//www.ssgkc.com.cn/shownews.asp？id=509。

③ 《中新天津生态城简介》，中新天津生态城官网，https：//www.eco-city.gov.cn/yxstc/。

④ 《绿色开发》，中新天津生态城官网，http：//www.tianjineco-city.com/static/web//development2_ 1.html？lang=zh-cn。

⑤ 《"国字号"担当！知识城获批"国家新能源综合利用示范区"》，中新广州知识城官网，http：//www.ssgkc.com.cn/shownews.asp？id=659。

⑥ 甘钧先、余潇枫：《全球气候外交论析》，《当代亚太》2010 年第 5 期，第 53 页。

⑦ 《知识城亮相新加坡国际建筑环境周 IBEW 成业界焦点》，中新广州知识城官网，http：//www.ssgkc.com.cn/shownews.asp？id=790。

⑧ 《知识城闪耀登陆新加坡淡马锡生态繁荣周》，中新广州知识城官网，http：//www.ssgkc.com.cn/shownews.asp？id=774。

绿色城市开发成果更是受到东盟乃至全球关注。自建成以来，生态城合资公司连续八次参加中国—东盟博览会，展示其发展历程与建设规划。[①] 除了在东南亚，生态城合资公司还亮相于众多全球会议，如国际绿色建筑大会暨博览会[②]、联合国可持续发展目标开放工作组会议[③]、里约+20 联合国可持续发展大会全球市政厅会议[④]等。值得注意的是，这一符号媒介也受国际社会认可。美国探索频道于 2015 年在全球播出题目为“运行中国”的三集纪录片。节目在第一集中报道了生态城。国际媒体将生态城解读为中国应对城市化挑战的范例，生态城有助于中国对外展示其积极参与全球生态保护的国际形象。

中新（重庆）战略性互联互通示范项目在两国外交关系升级的背景下启动。这一时期两国外交关系的升级是基于中国维护地缘安全与中新进一步加强经贸合作的相互需求。其一，为应对美国“亚太再平衡”战略的压力，中国将地缘战略调整为“以区域经济合作换取良好周边环境”，“一带一路”建设成为中国内政外交的重点。[⑤] 其二，自苏州工业园区、中新天津生态城与中新广州知识城三个城市非传统安全合作项目后，中新合作持续加强。一方面，两国的相互投资不断增加。2013~2016 年，新加坡连续四年成为中国第一大投资来源国、第二大对外投资目的国和第三大外派劳务市场。[⑥] 另一方面，两国的合作领域日益拓展到节能减排、高新技术以及人才双向交流等方面。例如，中国国务院在 2015 年 10 月对苏州工业园区建设方案的批复中明确表示，园区应“推动加工贸易企业实现绿色低碳发展，鼓励企业实施

---

① 《生态城合资公司亮相 2018 世界城市峰会，展现中新天津生态城》，中新天津生态城官网，http：//www. tianjineco-city. com/News/show/275？ lang=zh-cn。

② 《生态城合资公司亮相 2018 世界城市峰会，展现中新天津生态城》，中新天津生态城官网，http：//www. tianjineco-city. com/News/show/275？ lang=zh-cn。

③ 《生态城合资公司在联合国总部介绍中新天津生态城》，中新天津生态城官网，http：//www. tianjineco-city. com/News/show/154？ lang=zh-cn。

④ 《中新天津生态城参加里约+20 峰会》，中新天津生态城官网，http：//www. tianjineco-city. com/News/show/109。

⑤ 李晓、李俊久：《“一带一路”与中国地缘政治经济战略的重构》，《世界经济与政治》2015 年第 10 期，第 30~59 页。

⑥ 《国务院关于苏州工业园区开展开放创新综合试验总体方案的批复》，中国政府网，2015 年 10 月 13 日，http：//www. gov. cn/zhengce/content/2015-10/13/content_ 10218. htm。

节能规划、使用节能技术，减少对资源要素的依赖”。[①] 中新（重庆）战略性互联互通示范项目便产生于两国外交关系升级的背景下。该示范项目于 2015 年 11 月 7 日正式启动，截至 2020 年，双方共签约 260 个项目，总金额达 338 亿美元。[②]

中新（重庆）战略性互联互通示范项目较好地满足了双方在外交关系升级时期的诉求。其一，该示范项目与中国“一带一路”倡议对接。2018 年年底，它与中欧（重庆）班列完成交通衔接。[③] 其中重庆—东盟跨境公路班车累计发车 661 车次，连接范围延伸至越南、泰国等国家。[④] 重庆还与新加坡共同组建合资公司，其业务范围从越南、老挝、缅甸延伸至泰国曼谷、柬埔寨金边乃至马来西亚。[⑤] 这一示范项目拓展了中国在东南亚的国际合作平台，有助于维护中国的地缘安全。

其二，这一示范项目顺应了中新加强经贸合作的趋势，绿色产业是两国深化合作的重要方向。2019 年，在中新（重庆）战略性互联互通示范项目金融峰会上，新加坡金融管理局助理行长谢福兴阐释了该示范项目将如何融入可持续发展框架：“新加坡和中国……专注领域有可再生能源、污染治理、绿色交通，可持续水管理，还有绿色建筑……这一跨境合作……推动东盟国家和中国的绿色互融互通，促进经济的绿色转型。”[⑥] 可见，该示范项目与两国经贸合作朝绿色产业转型升级的趋势相契合，并成为中国与东南亚其他国家加强合作的推动力。

---

① 厉伟、赵儒南：《中国与新加坡的政府间合作及经贸关系》，《现代国际关系》2017 年第 9 期，第 52 页。

② 《中新（重庆）战略性互联互通示范项目累计签约 338 亿美元》，新华网，https://baijiahao.baidu.com/s?id=1689572708568003866&wfr=spider&for=pc。

③ 《互联互通项目带动中新合作》，中华人民共和国商务部官网，http://tradeinservices.mofcom.gov.cn/article/lingyu/gjhdai/201901/76177.html。

④ 《重庆变身“开放前沿”，中新互联互通项目打造中新合作“3.0”版》，凤凰网，https://i.ifeng.com/c/87dGN2sucwV。

⑤ 《互联互通项目带动中新合作》，中华人民共和国商务部官网，http://tradeinservices.mofcom.gov.cn/article/lingyu/gjhdai/201901/76177.html。

⑥ 《2019 中新（重庆）战略性互联互通示范项目金融峰会“绿色金融助推绿色发展”论坛》，中新金融峰会官网，http://cq.cqnews.net/jrzb2/col606141.htm。

## （二）调节两国外交关系

除了对接两国对外战略，中新城市非传统安全合作项目在两国外交关系因传统安全议题而紧张时起到了有效的调节作用。

“南海仲裁案”后，新加坡明确支持仲裁结果，中新关系出现明显波动。但是，中新城市非传统安全合作以“非正式制度”[①] 形式发挥了调节主权外交关系的作用。

其一，前述四大城市非传统安全合作项目框架下的民间互动仍在继续。一是民间经济合作仍在继续。例如，2017 年 4 月，中新广州知识城在“广州《财富》全球论坛新加坡推介会”参展。新加坡工商业界、科技教育界以及相关商会、协会等代表纷纷出席。[②] 二是科技创新合作仍在继续。例如，2016 年至 2018 年，每年一届的中新知识论坛继续举办，且中国方面均有省级领导参加。[③] 三是民间文化交流活动仍在继续。例如，2017 年 7 月，苏州工业园区青少年活动中心艺术团 25 名成员前往新加坡中国文化中心举行专场演出。[④] 上述民间互动有助于维持两国在外交关系低谷期的非正式接触。

其二，除了维系民间互动，上述城市非传统安全合作项目还直接推动两国高层互动。2017 年 2 月，中新双边合作联委会第十三次会议在北京举行，中新苏州工业园区联合协调理事会第十八次会议、中新天津生态城联合协调理事会第九次会议和中新（重庆）战略性互联互通示范项目联合协调理事会第一次会议同日召开。以上述三场国际会议召开为契

① 苏长和：《中国地方政府与次区域合作：动力、行为及机制》，《世界经济与政治》2010 年第 5 期，第 4~24 页。

② 《各界大咖云集，中外媒体点赞——2017 广州〈财富〉全球论坛日本、新加坡推介会举行》，南方网，http：//economy. southcn. com/e/2017-04/29/content_ 169863868. htm。

③ 《王乙康黄宁生出席中新知识论坛，在科技创新等方面加强合作互学互鉴》，广东省人民政府网，http：//www. gd. gov. cn/ywdt/szfdt/201708/t20170823_ 257157. htm。

④ 《园区文化小使者献演狮城，25 名青少年带去 7 个原创特色节目》，苏州工业园区管理委员会官网，http：//news. sipac. gov. cn/sipnews/yqzt/yqzt2017/201707whxszxysc/mtjj/201707/t20170721_ 590972. htm。

机，这四个合作项目得到进一步发展。在时任中国国务院副总理张高丽和新加坡副总理张志贤见证下，苏州工业园区与新加坡国立大学、新加坡分子与细胞生物学研究院签署《关于深化在生物医药产业领域合作的意向书》。[①] 中新天津生态城分别与新加坡公共事务对外合作局、新加坡公共事业局、新加坡保健集团、新加坡国立大学环境研究所和新加坡南洋理工大学多平台游戏创新中心签署生态城智慧城市、影视动画技术研发中心项目合作框架协议和海绵城市、医疗合作、科技孵化项目的合作备忘录。[②] 中国国家知识产权局、新加坡知识产权局和广东省人民政府三方签署《推进知识城知识产权改革试验三方合作框架协议》。[③] 中新（重庆）战略性互联互通示范项目合作项目管理局也举行集中签约仪式，与新加坡签署10个合作项目，涉及金融服务、交通物流、信息通信等多个领域，签约总金额约14.4亿美元。[④] 可见，中新城市非传统安全合作具有推动省级乃至国家级高层交往的作用。

其三，除了维系与助推“实体空间”中的民间与高层交往，上述城市非传统安全合作项目还为中新创造“虚体空间”中的互动契机。[⑤] 中国城市与新加坡以城市治理合作为议题，在各层级官方媒体平台进行话语互动、传递外交信号。中新关系出现波动后，新加坡《联合早报》于2016年7月刊登一篇报道生态城的文章：

---

① 《推动园区改革发展上新台阶！中国新加坡苏州工业园区协调理事会第18次会议召开!》，金鸡湖创业长廊官网，https://www.sohu.com/a/127483242_365555。

② 《共同推动生态城实现更高水平发展——中新天津生态城新签约5个中新合作项目》，央广网，http://www.cnr.cn/tj/jrtj/20170227/t20170227_523622950.shtml。

③ 《推进知识城知识产权改革试验三方合作框架协议在京签署》，广东省人民政府官网，http://www.gd.gov.cn/gdywdt/gdyw/content/post_75986.html。

④ 《中新战略性互联互通示范项目集中签约》，央广网，http://news.cnr.cn/native/city/20170227/t20170227_523624455.shtml。

⑤ 实体空间指传统地理学意义上的物质空间，包括社会经济活动和各种自然景观。与此对应，虚拟空间指纯粹的计算机和数字促成的技术空间。参见 Manuel Castells，“The Informational City: Information Technology Economic Restructuring and the Urban Regional Process”，*European Journal of Information Systems*，1991，1（1）pp. 76-77.

中新天津生态城是新中两国政府在2007年签署协议、2008年动土开发的绿色项目……2008年动土开发的绿色项目，原本是一片盐碱荒地，如今已是一个配套设施完善的宜居城市……“三和三能”中的三能指的是能实施、能复制、能推广。①

新加坡在上述报道中传递了两点信息：第一，生态城的建设取得重要进展；第二，新加坡希望扩大与中国的合作。生态城的中国官方网站随即转载这篇报道：

《联合早报》刊载了一篇关于生态城的正面的报道，关注生态城如何……转变成一座绿色宜居的和谐社区。报道着重指出综合的配套设施、良好的商品房成交量和土地成交量标志着生态城已日渐成熟并得到居民的良好认可。此外，文章也重点突出了居民如何享受生态城的生活。②

生态城网站将《联合早报》的报道解读为正面的，并在转载中详细复述文章内容。2017年2月12日，新华社跟进发表有关生态城的评论文章，向新加坡释放友好信号：“城市综合管理是新加坡发展的主要经验之一，这一经验如今已经引入天津生态城中。生态城按照规范化、标准化的思路，正在与新加坡合力建设‘生态细胞—生态社区—生态片区’的三级居住模式。”③ 这篇文章肯定了新加坡的经验对于中国城市治理的作用，同时表达了对两国未来合作的期待。2017年9月新加坡总理李显龙访华，明确表示将继续实行对华友好政策，中新关系开始回暖。2018年9月至12月，时任

① 《天津生态城环境绿色邻里和谐》，《联合早报》，https://www.zaobao.com/news/china/story20160721-643759。

② 《天津生态城环境绿色邻里和谐》，中新天津生态城官网，http://tianjineco-city.com/News/publications_show_detail/259。

③ 《中新天津生态城打造我国绿色发展高地》，新华网，http://www.xinhuanet.com/2017-02/12/c_1120451862.htm。

中国国务院副总理韩正、国家副主席王岐山等先后访问新加坡，两国签署《自由贸易协定升级议定书》，两国外交关系基本恢复。[①] 这一时期，中新城市非传统安全合作项目成为两国相互传递善意[②]的媒介。

## 二　中新城市非传统安全合作的困境

城市的地方性意味着城市在对外交往与国际合作的过程中往往呈现出地方经济、环境和政治的复合交叠形态。[③] 地方政府之间围绕资源、政策、政绩等展开的竞争在一定程度上影响了中新城市非传统安全合作的顺利开展，使其前期难以较好地发挥对接国家战略和调节主权外交关系的作用。

### （一）政策竞争与对接错位

为增加政绩总量，各地方政府城市通过积累与铺垫一系列大型投资项目的"项目积累方式"向中央政府争取"国家级区域政策"优惠。[④] 中新城市非传统安全合作项目与其他地方政府项目的政策竞争影响了其对接国家对外战略的作用。这种现象在中新广州知识城的建设初期尤其显著。

知识城前期在与广东省内其他政府项目的政策竞争中处于相对不利的位置。除了知识城，广东省内还有广州南沙新区片区、深圳前海蛇口片区、珠海横琴片区等重点政府项目，这三个政府项目均被写入国家"十二五""十三五"和"十四五"规划。[⑤] 知识城在建成后十年却迟迟未升级为国家级项

① 黄凤志、谢斌：《中国在南海问题上面临的"新加坡考验"——根源、限度及启示》，《太平洋学报》2019 年第 6 期，第 93 页。

② 潘同人：《地方政府争取国家级区域政策的行为逻辑分析与引导》，《区域经济评论》2019 年第 3 期。

③ 汤伟：《发展中国家巨型城市的城市外交——根本动力、理论前提和操作模式》，《国际观察》2017 年第 1 期，第 95 页。

④ 潘同人：《地方政府争取国家级区域政策的行为逻辑分析与引导》，《区域经济评论》2019 年第 3 期，第 41~48 页。

⑤ 《国家"十四五"规划多次"点名"，南沙再启黄金发展期》，广州南沙网，https://m.thepaper.cn/baijiahao_11789981。

目。这可能是因为项目的行政级别较低，不利于知识城在前期发展中获取国家级区域政策支持。

知识城在政策竞争中的弱势引起地方政府重视，这催生出知识城以项目积累为导向的前期发展模式。2013 年的中新双边合作联合委员会第十次会议上指出，知识城未来将“积极推进建设国家级重要战略发展平台”。[①] 为此，早期知识城主要追求快速增加产业项目数量。一方面，知识城放宽了对建设用地的限制。2013 年，知识城发布的新规划中减少了南北起步区内工业用地总体规模，增加了商业和居住用地。其中，北起步区总规划用地面积减少 5 平方公里，人口规模从调整前的 0.5 万人增加至 1 万人；南起步区部分土地性质出现大规模调整，工业用地供给减少，增加了 3 块商业用地的规划。[②] 另一方面，知识城放宽了产业项目审核标准。在知识城取得用地的企业筹建项目从信息技术产业、知识产权服务业等拓宽到动漫玩具产业、影视行业乃至英语培训业务。[③] 2013 年，知识城全年完成固定资产投资 92.3 亿元，同比增长 1.27 倍。[④] 截至 2016 年 11 月，知识城累计注册企业 230 家，累计注册资本 294 亿元；在知识城取得用地的企业筹建项目共 39 个。[⑤] 从固定资产投资和产业项目的数额来看，早期知识城交出了亮眼的成绩单。

但实际上，这样的发展模式与国家对外战略中对知识城的期待出现错位。广东省广州市人大常委会对知识城的居住用地与产业方向原本规划如下：“知识城管委会应当确保土地利用以产业用地为主导，建设用地应当优先用于知识城重点发展的产业……知识城重点发展科技服务、信息技术、生

① 《中新广州知识城积极推进建设国家级重要战略发展平台》，国家知识产权战略网，http：//www.nipso.cn/onews.asp？id=19351。

② 《广州知识城规划将迎来较大调整》，中国行业研究网，https：//www.chinairn.com/news/20130521/161232517.html。

③ 《中新知识城 39 个项目，产值达 1290 亿元》，搜狐网，https：//www.sohu.com/a/121783006_534290。

④ 《中新广州知识城：从“谋”到“动”的跨越》，《中国日报》，http：//www.chinadaily.com.cn/dfpd/2014gzshgg/2014-02/20/content_17295067.htm。

⑤ 《440 亿！知识城启动 39 个项目预计 2020 年 GDP 破千亿》，《南方都市报》，http：//static.nfapp.southcn.com/content/201612/07/c205298.html。

物技术、新能源与节能环保、金融服务、先进制造等知识密集型产业，重点引进创新能力强、市场潜力大、附加值高、绿色环保的知识经济项目。"①国家对外战略将知识城定位为以绿色与高新技术为主导的知识经济基地，而极力避免其成为房地产开发的热土。但在以项目积累为导向的前期发展模式下，购房热潮在知识城依然出现。此外，知识城的产业发展方向也不够明确。

国家层面的激励以及地方的纠错能力在引导知识城重新对接国家战略中发挥了关键作用。随着中新关系迈入新台阶，知识城于 2018 年上升为国家级双边合作项目。② 在国家政策激励下，广州市主动调整知识城的发展定位。2019 年，广州市人大常委会在审议《广州市人民政府关于中新广州知识城发展情况的报告》时指出，知识城应“充分利用新一轮国家重大战略规划布局的机遇，发挥中新合作优势，积极对标国际先进合作示范区，及时梳理并优化调整当前规划发展与当前知识城战略定位不匹配的内容”。③ 与此同时，中央政府也向广东省政府明确了知识城在国家下一阶段对外战略中的定位。2020 年，《国务院关于中新广州知识城总体发展规划（2020—2035 年）的批复》中要求广东省人民政府“认真落实党中央、国务院决策部署，以创新驱动高质量发展，着力汇聚知识型人才、发展知识型经济，打造知识创新高地，大力吸引国际创新人才，深入推进开放合作，更好服务‘一带一路’建设和粤港澳大湾区高质量发展需要”。④ 在新定位的指引下，广东省人民政府确定了知识城的新发展方向。根据国务院批复，广东省人民政府再次就知识城发展规划发布通知，要求各地级以上市人民政府，省政府各部门、各直属机构把总体发展规划实施作为深化服务“一带一路”建设和粤港澳大

① 《广州市中新广州知识城条例》，法律图书馆网，http：//m. law - lib. com/law/law_view. asp？id = 388867。

② 《广州知识城上升为国家级双边合作项目》，人民网，http：//finance. people. com. cn/n1/2018/1117/c100430405903. html。

③ 广州市人大常委会办公厅：《广州市人民代表大会常务委员会公报》2019 年第 2 期，第 33 页。

④ 《国务院关于中新广州知识城总体发展规划（2020—2035 年）的批复》，中国政府网，http：//www. gov. cn/zhengce/content/2020-08/28/content_ 5538191. htm。

湾区高质量发展的重要举措，全面提升创新驱动力，深入推进开放合作。[①] 在国家与地方政府及时有效的互动下，知识城重新与国家对外战略对接。

## （二）注意力配置与调节失能

即使各项目享受同等级政策优惠，受财政收入分权激励，地方政府依然倾向于在“注意力配置”中给予可能带来更多财政收入的项目以“议题优先性”。[②] 在苏州工业园区发展前期，新加坡认为园区获得的注意力资源少于当地同样享受国家级经济开发区政策优惠的苏州高新区。这场争论影响了苏州工业园区发挥调节主权外交关系的作用。

苏州工业园区前期较缓慢的发展进程引发新加坡对苏州市政府注意力配置合理性的质疑。始建于 1990 年 11 月的苏州高新区由于完工较早，在与苏州工业园区竞争海外投资时处于更有利地位。飞利浦消费电子公司、摩托罗拉设计中心等国际级科研和设计中心纷纷入驻苏州高新区。[③] 苏州工业园区的建设进展则较缓慢。园区动工于 1994 年，且在最初三年仅完成 8 平方公里的建设，仅有 48 家公司迁入园区，其中 30 家还处于建设状态。据新加坡方面报道，到 1999 年，入驻园区的新加坡财团损失了 9000 万美元。[④] 在此情形下，新加坡质疑苏州市政府没有给予园区合理的注意力，这主要是基于地方政府从两个项目中获益比例不同。苏州工业园区为中新合资项目，且新加坡占股 65%，而苏州高新区则属于全资国有项目。因此，新加坡认为苏州市政府在财政收入激励下对苏州工业园区与苏州新区的注意力配置有所不同。

---

① 《广东省人民政府关于印发中新广州知识城总体发展规划（2020—2035 年）的通知》，广东省人民政府官网，http：//www. gd. gov. cn/xxts/content/post_ 3116521. html。

② 陶鹏、初春：《府际结构下领导注意力的议题分配与优先：基于公开批示的分析》，《公共行政评论》2020 年第 13 期。

③ 《“点击经济”在苏州新区方兴未艾》，光明网，https：//www. gmw. cn/01gmrb/2000-09/06/GB/09%5E18535%5E0%5EGMC1-007. htm。

④ “Suzhou Industrial Park：Were S’poreans Ever Told How Much We Lost?”，*The Independent*，https：//theindependent. sg/suzhou-industrial-park-were-sporeans-ever-told-how-much-we-lost/.

国家权威的正式介入是稳定中新城市非传统安全合作的权威力量。其一，两国正式调整双方在该合作项目中的股东责任。1999 年 6 月 28 日，中新双方签署《关于苏州工业园区发展有关事宜的谅解备忘录》，确定从 2001 年 1 月 1 日起，中新苏州工业园区开发有限公司实施股比调整，中方财团股比由 35%调整为 65%，中国承担公司的大股东责任。[①] 其二，中国在官方媒体中明确承诺中国对该合作项目的重视。《人民日报》在股比调整后发文称："双方表示将在此项目上继续长期友好合作。苏州工业园区是中新经济技术合作的重中之重，双方合作框架不变，开发主体合资性质不变，长期发展目标不变，双方支持园区发展的承诺不变。"[②] 此后，苏州工业园迈入高质量发展阶段。2020 年，苏州工业园区共实现地区生产总值 2907.09 亿元，进出口总额 941.77 亿美元，社会消费品零售总额 934.81 亿元。在商务部公布的国家级经开区综合考评中，2016~2020 年，苏州工业园区连续五年位列第一。[③] 国家掌握相较于城市而言更高级别的决策权、话语权与行政权，这些正式权威能够在中新城市非传统安全合作面临挑战时起到稳定作用。

## 三 中新城市非传统安全合作的经验与教训

中国城市与新加坡开展的苏州工业园区、中新天津生态城、中新广州知识城与中新（重庆）战略性互联互通示范项目四个城市非传统安全合作项目的成效与挑战为我国继续深化对外开放、参与全球治理与国际合作提供了实证经验与教训。

一方面，我们应重视与发挥城市在对接国家对外战略、调节主权外交关系中的作用。城市非传统安全合作是实现国家整体国际利益的有效辅助，并

---

① 《建制沿革》，苏州工业园区管委会官网，http：//www.sipac.gov.cn/szgyyq/jzyg/common_tt.shtml。

② 《中国新加坡共同努力，苏州工业园区确定新三年发展目标》，《人民日报》，http：//www.people.com.cn/rmrb/199910/22/newfiles/wzb_1999102200l022_2.html。

③ 《园区简介》，苏州工业园区管委会官网，http：//www.sipac.gov.cn/szgyyq/yqjj/common_tt.shtml。

且能够凭借其积极性与创造性为国家实行更有远见的和更有活力的对外政策提供新鲜的思路和经验。[①] 支持城市合理有序地进行对外交往、开展国际合作不仅有益于提升城市自身的治理水平，而且有助于中国拓展参与全球治理的领域、主体与路径。

另一方面，我们也不应忽略城市非传统安全合作面临的挑战。地方政府出于自身利益的考虑，可能通过变通执行或背离国家的宏观调控政策，影响其调控绩效。[②] 地方政策竞争、地方政府注意力配置等地方性特征不仅考验着国家的宏观调控能力，也是对央地关系的合理有效性以及地方融入全球化能力的检验。

全球化程度虽然在不断加深，却无法消除其内部异质的地方特性。[③] 地方性特征的存留对全球化中国家的治理能力以及国家间不同层级地方政府的多元合作治理体系提出了迫切要求。中新城市非传统安全合作之所以能够在多重挑战下稳定开展，不仅受益于两国长期的合作理念，而且有赖于两国各层级政府贯彻合作方针的决心与能力。这在中国政府调控地方行为，统筹地方、国家与国际利益的过程中尤其重要。正如巴里·布赞所言，“成熟的无政府状态需要成熟的国家”，而“成熟的国家需要有成熟的社会”。[④] 要在全球议程中发挥更加积极有效的作用，国家必须强大，国家内部必须被改造得足够稳定与开放。

---

① 陈志敏：《次国家政府与对外事务》，长征出版社，2001，第 171 页。

② 苏长和：《国际化与地方的全球联系——中国地方的国际化研究（1978~2008 年）》，《世界经济与政治》2008 年第 11 期，第 24~32 页。

③ 〔英〕霍布斯鲍姆、邓浩：《国家与全球化》，《国外社会科学文摘》1999 年第 8 期，第 35~38 页。

④ 〔英〕巴里·布赞：《人、国家与恐惧——后冷战时代的国际安全研究议程》，闫健、李剑译，中央编译出版社，2009，第 342~343 页。

# B.10

# 全球海洋命运共同体视域下海洋渔业安全治理问题研究*

## ——以IUU捕捞行为为例

王　倩**

**摘　要：** 渔业资源作为被人类过度利用的资源之一，目前正面临枯竭的威胁。海洋渔业资源安全的维护以及各国在争夺意义上的“渔业占争”① 是非传统安全的研究重要议题。本文针对海洋渔业资源安全治理的最关键问题——IUU② 捕捞行为展开研究，探究全球

* 本文系国家社会科学基金“气候政治学视域下我国海洋疆界变动的挑战及应对研究（项目编号：21BZZ093）”阶段性成果。

** 王倩，博士，浙江科技学院人文学院副教授，主要从事海洋安全，海洋文化研究。

① 余潇枫：《非传统战争抑或“非传统占争”？——非传统安全理念3.0解析》，《国际政治研究》2021年第3期。“占争”是通过“占”有生存资源以“争”得其生长繁衍的最大可能来指称人类与微生物世界，以及其他非人类间的“紧张”关系。

② IUU（Illegal，Unreported，and Unregulated Fishing）一词在“南极海洋生物资源养护委员会”（The Commission for the Conservation of Antarctic Marine Living Resources，CCAMLR）会议中首度被提出，针对鳕鱼（Tooth fish）的非法捕捞而使用，后来扩大至IUU的捕捞行为。2001年，联合国粮农组织第24届渔业委员会上通过的《预防、制止和消除非法、不报告和不管制捕鱼行为的国际行动计划》对IUU捕捞做了全面规定。非法捕捞指：1. 本国或外国渔船未经一国许可或违反其法律和条例在该国管辖的水域内进行的捕捞活动；2. 悬挂有关区域渔业管理组织成员国的船旗的渔船进行的、但违反该组织通过的而且该国家受其约束的养护和管理措施的，或违反适用的国际法有关规定的捕捞活动；3. 违反国家法律或国际义务的捕捞活动，包括由有关区域渔业管理组织的合作国进行的捕捞活动。不报告捕捞指：1. 违反国家法规未向国家有关当局报告或误报的捕捞活动；2. 在有关区域渔业管理组织管辖水域开展的违反该组织报告程序未予报告或误报的捕捞活动。不管制捕捞指：1. 无国籍渔船或悬挂有关区域渔业管理组织非成员国船旗的渔船或捕鱼实体，在该组织适用水域进行的，不符合或违反该组织的养护和管理措施的捕捞活动；或者2. 在无适用的养护或管理措施的水域或针对有关鱼类资源开展的、而其捕捞方式又不符合各国按照国际法应承担的海洋生物资源养护责任的捕捞活动。

化背景下海洋非传统安全的维护之道。本文认为，渔业资源安全作为一种不纯粹全球公共产品，“共商、共建、共享”的全球治理观可作为解决渔业资源安全困境的理论探讨；“全球海洋命运共同体”的治理体系构建中的中国实践，可为人类应对海洋非传统安全威胁贡献中国智慧。

**关键词：** 海洋渔业资源安全　公共产品　IUU 捕捞行为

非传统安全是“一切免于由非军事武力所造成的生存性威胁的自由”[①]，其主要的集合性特征为：“非军事武力的”“跨越国界的”“造成普遍威胁的”“不对称的”以及“非国家行为体参与其中的”。海洋渔业资源由于过度捕捞、污染及 IUU 捕捞行为等已面临空前的安全危机，其造成的安全威胁在行为体层面上具有复杂性，甚至很难界定安全威胁的主体，由于渔业资源安全既涉及国家行为体，又大量囊括非国家行为体，还具有地区性的和全球性的不同范围，因此，与其相关的安全治理在实际操作中有较大难度。从渔业资源安全威胁的内容看，海洋渔业安全符合非传统安全的集合特征，如从跨越国界的特征来说，海洋渔场的地理范围不取决于政治意义上国与国之间既有的相互遵守的边界，这是因为许多鱼群具有远距离洄游的属性，它们往往径直穿过多国疆界。正因如此，如果渔场出现国际性争端乃是司空见惯的。[②] 再如从安全威胁的解决方式看，渔业资源安全问题是全世界范围内都必须面对且需要多元行为体共治的问题，很难由一个国家独立解决，须依赖国家间、不同行为体间的协调合作，而且不能依赖单一的措施来解决。以非传统安全的视角分析海洋渔业“占争”问题，将突破我们原来仅将其视为“生存与发

① 余潇枫、潘一禾、王江丽：《非传统安全概论》，浙江人民出版社，2006，第 52 页。

② 〔美〕穆盛博：《近代中国的渔业战争和环境变化》，胡文亮译，江苏人民出版社，2015，第 88 页。

展”问题的局限性，而进入“生存、发展与安全”三维交织的视野，从而大大地拓宽了海洋渔业资源研究的视野，为达到“优态共存”目标，探索解决海洋渔业资源威胁更多可行路径。

作为具有全球公共产品特性的海洋渔业资源，在公共产品的供给和追求上，势必存在“集体行动的问题”或非传统安全意义上的资源性“安全困境”。曼瑟尔·奥尔森（Mancur Olson）在《集体行动的逻辑》一书中提到，“当个体理性与集体理性不一致的情况下，人们经常会认为具有共同利益的个人所组成的团体，将会为增进他们的共同利益而努力”。[①] 如在解决鲔鱼资源安全的威胁中，已形成了“国际大西洋金枪鱼资源保护委员会”（The International Commission for the Conservation of Atlantic Tunas, ICCAT）等区域渔业组织。但就如奥尔森所言：“事实上，个人理性以自利行为为前提，并不必然导致团体将追求自己利益的命题成立。”[②] 在团体中的个体会希望“搭便车”，不需要花费任何代价，就能得到与其他团队成员相同的利益。因为海洋渔业资源的非传统安全威胁问题本身具有多因性、影响范围复杂、跨国界等特征，使得全球在管理这些“搭便车”行为时面临很大的困难，进而进一步导致“搭便车”行为的恶化。“非法、不报告的和不管制”（IUU）的捕捞行为，作为“搭便车”的主要方式，尤其需要明确和深究。

## 一　作为一种“不纯粹全球公共产品”的渔业资源安全

海洋渔业资源是一种“可再生资源”（Renewable Sources），但任何资源都有其警戒线，一旦超过警戒线资源将不复存在或不足以为人类使用。

① 〔美〕曼瑟尔·奥尔森：《集体行动的逻辑》，陈郁等译，上海人民出版社，1995，第36~37页。

② 〔美〕曼瑟尔·奥尔森：《集体行动的逻辑》，陈郁等译，上海人民出版社，1995，第36~37页。

目前渔船吨位的增加、捕鱼工具及技术的改进、渔船马力的增加等因素，导致渔业捕获量大量增加，这也就意味着海洋渔业资源的日益减少，而人类对于海洋渔业资源的依赖程度又日渐加深，因此要减少对海洋渔业资源的破坏、维持海洋渔业资源的密度，就成为现今全球所关注的一个焦点。

海洋渔业资源作为一种公共产品，人类对它特质的认知却是随时代更迭而改变的。自罗马法时期开始，海洋渔业资源被视为一种取之不尽、用之不竭的可再生资源，原则上任何国家的国民都有权在公海上捕捞此种资源。但今天因为人类捕捞技术进步、航海科技的发达及人口密度的增加使得渔业资源日益枯竭，人们将海洋渔业作为一种公共产品，逐步纳入管理之中。对于公共产品的研究多集中在经济学领域，古典学派、新古典学派都对这一概念进行过阐释。1954 年，美国的经济学家保罗·萨缪尔森（Paul Samuelson）在《公共支出的纯理论》中，对公共产品的概念进行了专业描述，界定出公共产品的两个特征：一是非排他性（Non-Excludable）；二是非竞争性（Non-Rival）。凡是满足以上两个条件的消费品即可称为公共产品，从而与私人物品相区分。在此，“竞争性”（Rivalry）指一个物品只能被一个个体消费，若出现两个以上的个体，个体间就会发生“零和”博弈，即“你得我失”的情况；相反，“非竞争性”是指一个物品可以由两个以上的个体同时消费，而个体间发生的是“正和”博弈，即“你得我也得”的情况。而“排他性”（Excludability）指的是一个物体只能由一个特定的个体所消费，它可以排斥其他个体进行消费。“非排他性”是指一个物品被某个个体消费时，它不能拒绝或排斥其他的个体消费。就海洋渔业资源而言，作为一种公共产品，其在消费时很难具有独享性，它并非一种纯粹的公共产品。除非进行消费的个体数目不多，且个体之间消费不会产生排斥效应时，才具有“非竞争性”。一旦消费的个体数量众多或个体的捕鱼技术提升，大量捕捞超过鱼群休养生息的“临界点”，使得海洋渔业资源枯竭，此时“竞争性”就会产生，从而使得渔业资源成为一种“不纯粹的公共产品”或者“准公共产品”。

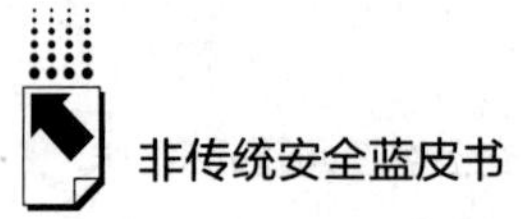



## 二 海洋渔业安全治理的困局——IUU 捕捞行为

既然海洋渔业资源作为不纯粹的公共产品，那么 IUU 捕捞问题就成为必须解决和注意的问题。为规制 IUU 捕捞行为，联合国通过了很多的国际规范和协议。例如公海捕捞国通过船籍管辖权与船员管辖权对本国渔船进行管理，港口国基于港口管辖权对进港船舶实施一定措施，渔获市场国通过贸易制裁、禁运等方式消除 IUU 捕捞行为，但是成效不彰。归其原因主要有以下三点。

### （一）渔获量无法明确，难以为继

IUU 捕捞行为造成的影响主要在其渔获量无法明确，导致该渔场的资源量无法被正确评估，最终影响到资源衰退，渔业无以为继，遏制 IUU 捕捞行为的基本对策关键在于渔船与渔获物的管理。评估 IUU 捕鱼的规模是一个复杂的问题，它取决于许多因素，如渔业的类型和信息的可用性。“2018 年全球鱼类产量估计达到 1.79 亿吨，然而，全球捕捞渔业总产量达到了历史最高水平，为 9640 万吨，比前三年的平均水平增长了 5.4%”。[①] 联合国粮农组织（FAO）官方数据显示，每年 IUU 捕捞渔获经济价值约为 100 亿美元至 230 亿美元。全球捕捞渔船数据达到 460 万艘。[②] Pala 也指出，一般官方统计的渔获量比实际上少了 30%左右。[③] IUU 捕捞行为的明确渔获量很难具体估算，但是目前评估渔业资源的模式，是导入该渔场所有渔获报表的正确数字，才可计算出该渔场目前的资源量。因此缺乏 IUU 捕鱼渔获量资料，无法正确评估其资源产量，最终影响鱼类种群的保护和渔业资源的管

① FAO，The State of World Fisheries and Aquaculture 2020. Sustainability in action. 2020 Rome. https：//www. fao. org/3/ca9229en/online/ca9229en. html.

② FAO，Global Record of Fishing Vessels，Refrigerated Transport Vessels and Supply Vessels. https：//www. fao. org/global-record/zh/.

③ Pala C.，“Official statistics understate global fish catch，new estimate concludes”，*Science*，2016.

理，导致捕捞业崩溃或者严重影响重建枯竭鱼类种群，这也正是为何全球积极要彻底遏制 IUU 捕鱼行为的关键因素。

无法正确评估的渔获量，对世界鱼类种群的可持续发展形成了全球性的威胁。国际专家小组发表报告指出，若过度捕捞海产品和海洋污染得不到有效遏制，全球海产品的种类和数量可能在未来几十年内锐减，21 世纪很可能是“野生海产的最后一个世纪”。[①] 他们警告说，“海洋生物多样性受到破坏可能最终使全球失去重要的生物资源。照目前形势发展下去，全球海洋商业鱼类及其他海产品的种类到 2048 年就会明显减少”。[②] 截至 2020 年，尽管有部分渔场的一些鱼类资源有所恢复，但是全球整体渔业资源状况依然严峻，93%的全球商业鱼类资源已达到最高捕捞限制或者被过度捕捞。[③]

### （二）立法规定过于宽泛，难以执行

渔业资源的养护和管理并不是一个新兴课题，在 1958 年之前，国际上已普遍认同管理养护海洋生物资源的重要性，1958 年联合国第一次海洋法会议即对此提出原则性规范。国际上最早的渔业管理模式，可以推至 1958 年联合国在国际法委员会的建议下发表的《领海与毗连区公约》《公海公约》《捕鱼与养护公海生物资源公约》及《大陆架公约》。1982 年《联合国海洋法公约》（United Nations Convention on the Law of the Sea，UNCLOS）是现今海洋渔业治理的基本法律架构之一，公约中除了给予沿岸国设定 200 海里的专属经济区（EEZ）的权利之外，还赋予沿岸国养护和管理的义务。沿岸国除了设定“总可捕量”（TAC）之外，还可规范进入该国专属经济区内捕鱼执照的发放，因此不仅各国在公海上捕鱼的空间相应缩小，而且在公海上所有国家渔民的捕鱼权也开始受到限制。公约第七部分“公海”第二节

---

① 许望：《积极应对公海生态危机　坚决维护我国海洋权益》，《中国海洋报》2015 年 10 月 14 日。

② 赵青海：《可持续海洋安全问题与应对》，世界知识出版社，2013，第 154~155 页。

③ U. Rashid Sumaila et al. ，“Updated estimates and analysis of global fishery subsidies”，*Marine Policy*，2019，27.

针对“各国在养护和管理生物资源方面的合作”进行规范，“各国必须遵守公约或国家间的协定，通过合作或谈判的方式对公海生物资源进行养护和管理”。[①] 此外针对“高度洄游鱼种”，在该公约第五部分“专属经济区”第六十四条中也有所规定：“沿海国和其国民在区域内捕捞所列的高度洄游鱼种附件一[②]的其他国家应直接或通过适当国际组织进行合作，以期确保在专属经济区以内和以外的整个区域内的这种鱼种的养护和促进最适度利用这种鱼种的目标。在没有适当的国际组织存在的区域内，沿海国和其国民在区域内捕捞这些鱼种的其他国家，应合作设立此类组织并参与其工作。”[③]

但是1982年《联合国海洋法公约》在渔业资源管理上面临的问题在于，对专属经济区之间洄游的鱼类或是相邻的专属经济区间的鱼类的管理存在困难。而且公约也只是建立了公海捕鱼权的一般归属，还尚未有明确具体的管理细节。就专属经济区而言，沿海国不能适当地管理海洋渔业资源，造成过度捕捞的行为严重，在公海上，各国则是很少对渔船的捕鱼活动进行规范，造成了沿海国与远洋渔业国家的争端频频出现。

为解决上述问题，1995年，FAO通过了《负责任渔业行为守则》(CCRF)，同时，为了更好地养护在不同国家专属经济区间洄游的鱼类种群，联合国通过了《鱼类种群协定》（UNFSA），2001年FAO的《关于预防、制止和消除非法、不报告和不管制捕鱼国际行动计划》（IPOA-IUU）扩大了港口国在渔业管理中的作用[④]，此外，FAO于2005年发布的《关于港口国打击非法、不报告、不管制捕捞的措施示范计划》(FAO示范计划)，2009年发布的《预防、制止和消除非法、不报告、不管制捕捞的港口国措施协定》（PSMA）都作出了各自的努力。而2016年PSMA的生效是打击IUU捕鱼和推进捕鱼可追溯性工作的一个重大进展。成为全球第一份针对打

① 《联合国海洋法公约》第118条。

② 参见《联合国海洋法公约》附件一，高度洄游鱼类。

③ 《联合国海洋法公约》第64条。

④ 高世明、李永隆：《国际法下对抗IUU渔捕行为之最新发展：FAO船籍国效能自愿性指导方针》，《亚太安全与海洋研究》2015年第4期。

击IUU捕捞行为的法律规范。2017年，FAO实施PSMA和补充国际文书的全球方案，目前，虽然国际社会已经加大了消灭IUU捕捞行为的力度，但是各国是否把这一问题放在优先解决的位置？如何制定具体的实施细则？能否遵守各自在许多国际条约中作出的承诺？只有解决这些问题，才是真正做到保护逐渐消失的渔业资源。

现在，区域性渔业管理组织（RFMO）不断设立，如养护大西洋金枪鱼国际委员会（ICCAT）、印度洋金枪鱼委员会（IOTC）、中西太平洋渔业委员会（WCPFC）、美洲间热带金枪鱼委员会（IATTC）、北太平洋渔业委员会（NPFC）、南太平洋区域渔业管理组织（SPRFMO）、南印度洋渔业协定（SIOFA）、南极海洋生物资源养护委员会（CCAMLR）等，其养护管理措施被要求须与国际相关规范一致，所以不会和全球性的规范相违背或脱节，然而在执行层面上无法对非缔约国渔船进行约束，是其窒碍难行之处。在各国对管辖范围内的捕鱼行为采取不同管理时，非法渔民对于执法单位之间缺乏协调沟通，执法不一，会选择管理较为松散的地区从事捕鱼行为，以规避法律约束。

## （三）搭便车现象过于普遍，难以应对

正如前面提到的，在全球范围内，联合国为维护和管理全球海洋渔业资源提供了法律来源和准则。在法律的规制下，全球性及区域性的渔业组织，对各国领海、专属经济区及公海等海域，进行监管及监测，以彻底解决海洋渔业资源这一公共产品的过度开发问题，这是一个理想的状态。可是在海洋渔业资源管理的现实当中，鱼群具有不易分割，不确定价值等，再加上政府补贴、贫穷等都会造成搭便车问题。作为曾经丰富的资源，鱼类种群正在减少，而且许多鱼类已经达到了最大产量，人类这一基本的食物来源正遭受着重大威胁。但具体实际损失却因IUU捕捞行为的隐蔽性难以估计。当各国与区域渔业管理组织致力于全球海洋渔业资源的养护管理之时，一些不为国际社会所允许的捕鱼形态也逐渐产生，其损耗海洋渔业资源的速度远比鱼类减产的速度超出许多，破坏了国际渔业管理组织的养护机制，对粮食安全与环境产生了不利影响。

在具体的法律下，为何对渔业这种不纯粹的公共产品治理会失败？学者们有以下共识：“搭便车”的集体行为常常导致集体行动的失败。马格纳斯·维克曼（Magnus Wijkman）在《管理全球公共产品》一文中，对全球公共产品的特性、管理方式进行了探究与案例比较，他认为“对诸如石油、渔业、深海资源等全球公共产品进行管理，必须要注意到‘财产权意义的赋予’与‘加入成员数量的多寡’这两个问题”。[①] 传统上对于公共产品的管理，人们通常都选择通过“限制进入的成员数”（将公共产品划定范围，由成员们自行决定如何分割和进行消费）和“组成一个组织来共同管理资源”这两种方式来进行管理。但即便如此，往往也未必能够达成目的。

第一种方式用在具有“容易分割”“有明确的价值”“缺少外部经济因素”等特质的公共产品上比较容易成功。但就海洋渔业资源而言，因为鱼群的分布有贫富的区别，所以国家往往会害怕选到较贫瘠的区域而对捕鱼区域的划分多了许多不确定感（不易分割）。而且鱼群的大小难以估算，加上对于渔获配额的估算每个成员各有不同的利益考量，因此难以达成一致的意见（价值不明确）。而第二种方式的缺点是，参加的成员数量越多越难达到效果，即使是自愿组成的组织或合作模式，每个国家仍可能成为搭便车者，这也会瓦解整体的合作成效。“所以发生在国际中的公地悲剧，往往是要么因为政府间不能设计出一个合适的国际当局或不愿意限制它们国家主权而导致的结果”。[②]

现今全球渔业治理仍处于发展过程当中，虽然联合国、区域组织、国家、非政府组织已透过立法监督的方式来管理渔业资源，但其缺陷削弱了治理的成效，例如各层次行为者之间的联结有待加强、法规的执行力度有待加强、许多国家尚未加入区域渔业组织或未立法规范国内人民或国外渔船，政治利益有时仍主宰治理的许多面向。此外，在国际上，对全球资源的保护一

---

① Magnus Wijkman, “Managing the Global Commons”, *International Organization*, 1982 (3), p. 520.

② Magnus Wijkman, “Managing the Global Commons”, *International Organization*, 1982 (3), p. 521.

直缺乏国际共识，甚至各方的履行程度也大不相同。例如，在针对公海捕鱼的规范中，船籍国本应负责阻止那些登记为该国船籍的船舶从事 IUU 捕捞活动，但是在现实中，船籍国对于 IUU 捕捞行为管理的执行力还是微弱的。

此外，IUU 捕捞行为对渔业生态造成很大的伤害，一旦搭便车者数量增多，或每个个体都只愿意追求自己的利益而不顾集体利益，鱼类资源枯竭就不可避免，全球蒙受其害。但是毕竟海洋不像陆地一般，可以透过筑墙、设哨、防御工事等方法，来过滤、限制过多的个体进入消费（捕鱼）或是阻止搭便车者的消费。而且跨疆界鱼类种群本身所具有的特性，使得国家无法限制鱼类处在单一国家领海之内。邻近国家也无法限制鱼类不能游往他国境内或是限定鱼类在境内停留的时间。另外管理、监督和研究分析的经费，对单一国家而言也是无法独自承受的重担。

## 三　海洋渔业资源安全治理的破局——安全共同体的构建

由上文可知，国际社会并不缺乏消除 IUU 捕捞行为的法律规范，也不缺乏治理的决心和治理的路径，但是治理的结果却不尽如人意。为此，我们认为，当务之急在于全球应尽快形成统一的“共商共建共享”价值体系，高质量推进国际合作，建成全球海洋命运共同体，为海洋渔业资源安全治理探索破局之道。

### （一）“共商共建共享”：全球渔业资源治理的价值导向

党的十九大报告中指出：“中国秉持‘共商共建共享’的全球治理观，倡导国际关系民主化，坚持国家不分大小、强弱、贫富一律平等，支持联合国发挥积极作用，支持扩大发展中国家在国际事务中的代表性和发言权”。[1]

① 习近平：《决胜全面建成小康社会　夺取新时代中国特色社会主义伟大胜利》，《人民日报》2017年10月19日。

“共商”明确全球渔业治理主体的多元化，各参与主体间平等，强调国家、区域组织乃至个人民主协商，尊重多样性等基本原则。过去以国家、政府为主要行为者主导一切的管理方式在现今世界中已经出现转变。现今非政府组织、企业、区域组织、国际组织、个人，都在渔业资源养护的监督、管理、研究、规划上扮演重要的角色。“共建”是国际关系法治化在全球渔业治理领域内的深层次体现，找到了渔业资源全球治理的路径。“共建”的意义在于多元主体通过各自所遵循的规则与制度，构建更为公平、合理的全球渔业资源管理体制。“共享”是国际关系合理化在渔业资源治理领域内的主要体现，从结果维度上回答了全球渔业治理的原因。

目前保护海洋生态环境、可持续利用海洋渔业资源、实行负责任的渔业管理制度已经成为国际共识，IUU 捕捞行为成为国际关注重点。针对全球性渔业资源安全问题，全球治理与地区治理相结合，在世界范围内，要按照各自的发展状况，对发达国家和发展中国家各自的职责和义务进行界定，以“共商共建共享”的全球渔业治理理念，寻找各国利益的共同点，在求同存异的基础上实现互惠互利，以期达到维护世界渔业资源的终极目标。

### （二）国际合作：全球渔业治理的基本路径

现今全球渔业治理仍处于发展过程当中，在 FAO 运作及《联合国海洋法公约》的实践中，区域渔业组织的发展，已经逐步涵盖全球海域范围。国际社会日益迫切地需要通过多边合作的方法来有效地减轻和解决这些问题。而合作的对象也逐渐向跨国层次或与其他非国家行为体进行多层次合作的方向发展。例如，各层次行为体之间的联结有待加强、法规的执行力度有待加强、许多国家尚未加入区域渔业组织或未立法规范国内人民或国外渔船，政治利益有时仍主宰治理的许多面向。

渔业资源安全治理应对 IUU 捕捞行为最有益的方法是国际合作。第一，国际合作能给予国家最大的空间为鱼类设定一个区域性的总可捕量；第二，国际合作可以捕获到适龄的鱼类，避免生态多样性的破坏，从而增加收益；第三，在遵守联合国渔业协定的前提下，国际合作提供了防止任意自由捕鱼的途径，并且缓解了捕鱼竞赛（Race of Value）的情况；第四，非国家行为体的作用日益重要，只有透过多边、多层次的治理途径，才能有效地管制 IUU 捕捞行为。在区域一级，区域委员会、区域渔业组织和其他实体也开始建立区域合作机制，例如“区域行动计划”（地中海一般渔业委员会、大西洋中部渔业委员会、几内亚湾中西部渔业委员会）或非正式信息交流工作组（拉丁美洲和加勒比海国家之间的信息和经验交流网络）的制定与设立，将在一定程度上打击 IUU 捕捞行为。

当然，中国和众多发展中国家的渔业资源治理理念，更强调作为整体的人的生存权、发展权。“共商共建共享”全球治理理念的价值观，从表面上看，人权、民主、正义的内涵无论在国内还是全球治理的框架里，都存在巨大的认知差距。为缩小此类差距，党的十九大报告强调：“必须统筹国内国际两个大局，始终不渝走和平发展道路、奉行互利共赢的开放战略，坚持正确义利观，树立共同、综合、合作、可持续的新安全观，始终做世界和平的建设者、全球发展的贡献者、国际秩序的维护者”。[①]

### （三）全球渔业资源治理的终极目标：构建全球海洋渔业资源安全共同体

全球海洋渔业资源安全共同体不仅仅是一种新文明观，也是实践模式。以往的国际关系中建构“安全共同体”是为消解“军备性”安全困境，而全球海洋渔业资源安全共同体将面临的是“资源性”安全困境。“非传统安全威胁是一种跨越国界、超越主权的安全挑战，具有资源性紧张与冲突的特征，其根本特征是‘非军事武力性’，其导致的正是‘资源性’安全困境，即一国对资源使用与保护的增长会导致另一国资源的短缺与不足”。[②] 因此，全球海洋渔业资源安全共同体的“分阶段、跨区域、多层次、跨议题”构

① 习近平：《决胜全面建成小康社会　夺取新时代中国特色社会主义伟大胜利》，《人民日报》2017 年 10 月 19 日。

② 余潇枫、王梦婷：《非传统安全共同体——一种跨国安全治理的新探索》，《国际安全研究》2017 年第 1 期，第 7~8 页。

建，将对于解决这一“资源性”安全困境提供新的途径。

事实上，“非传统安全合作以及建构非传统安全共同体的意愿，能够让资源紧张关系的双方搁置冲突，通过协商、谈判等交流方式进行合作，合作机会的增多必会增进彼此间的政治信任，从而为非传统安全共同体的形成奠定基础，并转而化解传统安全冲突”。[①] 全球治理虽然并非将国家视为唯一的行为体，国家的重要性及其影响并不意味着衰退或者消失，相反地，国家在整个全球治理中具有协调、执行和传输的作用，国家的能力只是转型而不是消失。而全球渔业资源治理途径与传统的以国家为主的管制方式相比，其优点在于前者结合其他非国家行为体，可以辅助国家进行研究、监督、管理和谈判，以弥补单一国家治理的不足。

全球渔业资源安全治理的目标是建立这样一种秩序：“从大国主导下的权力权威走向一个由多种行为体产生的制度化权威，而这样的权威不仅出现在政治边界内部，也跨越了政治边界，形成了一种多层级的治理体系。”[②]

## 四　中国海洋渔业资源安全治理的优化路径

在当前国际形势持续变动、自身整体实力和国际影响力日益增强的背景下，中国作为一个负责任国家，必须主动参与到国际和地区的安全管理之中。渔业资源的治理必须以国际准则、经济利益和经济制度为基础，2020年4月1日起中国施行《远洋渔业管理规定》接轨国际管理规则，与国际社会共同打击国际IUU捕捞行为，但中国作为主要的鱼类生产国和进口国，应该践行“一带一路”倡议和“海洋命运共同体”理念，优化我国海洋渔业资源安全治理的路径。

① 余潇枫、王梦婷：《非传统安全共同体——一种跨国安全治理的新探索》，《国际安全研究》2017年第1期，第24页。

② 胡键：《中国参与全球治理的制约性因素分析》，《学术月刊》2015年第11期，第65页。

### （一）遵守国际渔业准则和协定，制定中国港口国管制措施

虽然 IUU 船舶可以海上转运规避沿海国对于渔获的监管，但其最终目的还是要登陆。通过港口国管制设置壁垒，防止 IUU 船舶上岸卸载非法渔获物，以港口国管制的方式达成这项目标，可能是最具成效的方法。港口国的海上执法能力也必须大幅加强，以《预防、制止和消除非法、不报告、不管制捕捞的港口国措施协定》（PSMA）为基础，提出若干具体建议，以期有助于国家对于港口国管制的措施和经验更为具体和完备，从而打击 IUU 捕捞行为。建议我国制定港口国管制措施，“在有明文的条件下拒绝滥用捕捞许可证的国内外船舶进入中国港口（遭遇紧急情况或陷入困境的除外）；禁止此类国内外渔船在其港口卸载或转运渔获物；责令寻求港口准入的渔船提供船舶身份及捕鱼活动的信息；临检可自由出入其港口的船舶；港口国可以要求寻求进入该国港口的外国渔船提供以下信息和材料”。①

### （二）建立港口国管理资料库，将公海作业渔船列入“全球纪录”

打击 IUU 捕捞行为，共商共建共享是我国参与全球渔业资源治理的核心价值观，通过国际合作分享港口国管理资料库是国际合作的最佳方式。目前各个国家和地区，针对渔业治理所规划的港口国管制制度建设才刚刚起步，未来发展将注重信息共享、协调作业及培训交流等方面，如果能有效地建立相关统计资料和数据库，建立“全球渔船、冷藏运输船和补给船记录”信息系统，并与其他国家和区域的渔业管理组织之间合作交流，其结果将大大提升对于从事 IUU 捕捞活动船舶行为的管控力度。

### （三）提升海洋渔业资源保护的海上执法能力

2013 年的国家机构改革后，中国海警作为我国海上综合执法的重要力量，

---

① 李良才：《IUU 捕捞对渔业资源的损害及港口国的管制措施分析》，《经济研究导刊》2009 年第 3 期，第 201 页。

结束了“群龙治海”的乱局。但为应对日益复杂的渔业资源困境，其海上执法能力仍需强化。为了提升我国海洋渔业资源保护的海上执法能力，应采取如下方法与措施：将海上渔业执法经费列入同级财政预算，确保海上执法队伍的经费需要；对于执法程序进一步明确、细化，完善海洋渔业执法装备，培养专业的国际海上执法人才；通过全球标准化的电子监测、监控和监督，开展信息共享，健全出入港通信，便于执法工作等。另外，我国亦要注意消除执法盲点，避免被 IUU 捕捞者钻空子，唯有如此，才能最终有效打击和遏制 IUU 捕捞行为。

## 五 结语

“共商共建共享”可作为渔业资源维护的治理理念，渔业资源应被看作一种全球公共产品，对于它的维护必须是包括各层级多行为体参与的全球治理。借由管理全球公共产品途径对海洋渔业资源进行治理而形成的“全球渔业资源安全治理”框架，可以辅助国家进行监督、管理、研究，弥补国家渔业资源管理能力的不足。建立以共同安全和共享为核心的“海洋安全命运共同体”是解决国际间非传统安全威胁的基本方法，构建全球海洋渔业资源安全共同体是全球渔业资源安全治理尤为重要的一环。中国如果积极参与建立全球性的、区域性的或者次区域性的海洋安全命运共同体，并作出有效的示范，必将为解决海洋渔业资源的非传统安全困境做出更大的贡献。

# Abstract

Since 2022, the Russian-Ukrainian conflict crisis that lasted more than 100 days has not only brought huge losses and serious trauma to Ukraine and Russia, but also had a major impact on the global order and world pattern. It is the most serious geopolitical crisis since World War II, intensifying conflicts and confrontation among major powers, and triggering worldwide energy, food, economy, finance, livelihood, diplomacy and industrial chain, supply chain, innovation chain, the value chain crisis. This has also had a far-reaching impact on China. The world political and economic order is in an unprecedented state of disorder. Human society has entered a period of great economic turbulence, system change and pattern adjustment when the collision and interweaving of deep globalization and anti globalization occurs. At present, the world is not only facing the direct or indirect intertwined threat of traditional and non-traditional security caused by the conflict crisis between Russia and Ukraine, but also facing various kinds of non-traditional security crises, such as climate change, major infectious diseases, transnational crime, terrorism, cyber attacks, biosafety, artificial intelligence security, economic crisis, poverty, migrant refugees, ecological environment, marine fisheries, nuclear security, urban security, trade security, data security and overseas interest protection.

This blue book is divided into three parts: General reports firstly suggests that the world is now facing great changes that have not been seen in a century. Human civilization is facing many global problems and security threats. The connotation and extension of security are constantly extending and expanding. The global political and security situation is becoming increasingly complex. Many non-traditional security issues transcend the boundaries of traditional national sovereignty and are characterized by transnational, unpredictable and uncertainty. With the increasing challenges that the international system and international order are facing with, the global non-traditional security has encountered more instability and uncertainty. The existing international security structure is difficult to meet the needs of non-traditional security governance in the new situation. The old security governance system is no longer sufficient to deal with the global non-traditional security challenges today. The global non-traditional security crisis urgently needs the renewal of the governance concept and the improvement of the governance model. While governance by peace-cooperativism is rooted in China's historical tradition and philosophical spirit. It is a governance concept and model that can accommodate more subjects, ethnic groups and civilizations and surpass the West-centered govenance model.

The special report then reviews the trends and characteristics of Chinese scholars' research on non-traditional security from 2020 to 2021 from the aspects of overall national security concept, public health security, international private security and trade security, and also prospects the future research trends.

The International Cooperation parts focused on anti- terrorism, public health security, marine fishery security, urban security, etc. and specially analyzed other non-traditional security issues.

At present, the spread of global security issues is accelerating, the scope of impact is expanding, and the intensity of impact is increasing. Human society is facing common challenges from various non-traditional security threats. Non-traditional security governance is the top priority of global governance today. In the era of deep globalization, the world in which we live is interconnected, interdependent, interdependent, and mutually beneficial. National interests are embedded in each other, thus their security is mutually guaranteed. The key for human society to achieve high-quality development and high-level security is whether it can move from the "low civilization" level of war and vicious competition to the "high civilization" benign competition and cooperation to the "best civilization" of peace, cooperation and sharing. Governance by peace-cooperativism of global non-traditional security needs to adhere to the global security concept, take the common interests of all mankind as the starting point, pay attention to the interactive benefits between people, people and things, people and the environment, coordinate the coexistence and cooperation among various subjects, optimize and integrate the various forces and elements of the international community, establish the concept of co-consultation, co-construction and sharing, and form a value consensus of "peace-cooperation and sharing", Only by preventing mutual cognitive misunderstanding and strategic miscalculation among different actors, constructing a sense of "mutual security, risk sharing and common future", "peace-cooperation and symbiosis", "peace-cooperation and co-construction" as well as "peace-cooperation and sharing", can we achieve global public welfare and global public interests.

**Keywords**: Non-traditional Security; Security Dilemma; Peace-cooperativism, Governance by Peace-cooperativism; Ontological Security

# Contents

## I General Report



**Abstract**: At present, the world situation is turbulent. Human society has entered a unique period of great economic instability and major changes in the global political and economic landscape and has faced increasing non-traditional security risks and challenges within the collision of deep globalization and anti-globalization. On the other hand, the world in which human beings live is interconnected, interdependent, symbiotic, and mutually beneficial. The interests of all countries are embedded in each other, and security is mutually guaranteed, which makes all kinds of non-traditional security manifested as transnational human security and public security. Non-traditional security governance needs to establish a global security concept, build a mechanism of "mutual security, risk sharing and common future", and achieve "governance by peace-cooperativism" that is based on "peace-cooperation and symbiosis", so as to realize "peace-cooperation and sharing" as well as maintain global public welfare and public interests.

**Keywords**: Non-traditional Security Maintenance; Governance by Peace-cooperativism; China's Exploration

## Ⅱ Special Reports



**Abstract**: With the COVID–19 gradually being controlled, human society has entered the "post-epidemic era". What is the difference between the non-traditional security research in the "post-epidemic era" and the previous research, what is the reflection and progress relative to the research during the epidemic, and what is the new exploration under the background of the "new normal" of the epidemic, which are all issues worthy of consideration by non-traditional security researchers. This report classifies and combs the research results of Chinese scholars on non-traditional security from 2020 to 2021, points out that there are some characteristics such as the normalization of research, obvious phased characteristics and increasingly strong interdisciplinary color, and looks forward to the development of China's non-traditional security research in the future from the aspects of prediction and response, depth and breadth of research and value orientation of research.

**Keywords**: Non-traditional Security; Non-traditional Security Governance; Post-pandemic Era



**Abstract**: Major infectious diseases have seriously threaten people's lives and influenced economy, society and governance mechanism in China from multi-dimensional aspects. As the grass-roots self-governing organizations in the national governance system, communities undertake social security, cultural propaganda, safegurading management and other functions, which is an importan body of disease prevention measures. It is essential for communities to take the initiative to build a solid battle line in the epidemic prevention process. Based on the practice of communities responding to Covid-19 in Wuhan, this paper analyzes the main functions and implementation troubles of communities in epidemic prevention and control, then puts forward a governance path of peacetime and wartime combining, to provide suggestions for improving epidemic prevention and control capacity of Chinese communities.

**Keywords**: Epidemic Prevention and Control; Emergent Health Event; Community Governance; Emergency Management



**Abstract**: The private security industry emerged in the West in the 1960s and 1970s, and began to expand globally in the 1990s. Then, international private security industry grew rapidly. Compared to the more mature international private security industry in the West, the Chinese international private security market has seen initial development in the last decade. The huge gap between supply and demand for Chinese overseas security has led the state and society to consider the role of Chinese international private security companies in the China's overseas interests protection system. The security services provided by Chinese international private security companies can basically meet the needs of overseas enterprises and citizens. The companies have demonstrated their professionalism and loyalty in terms of both service capability and discourse. However, for the further development of Chinese international private security industry, innovative exploration in theory and practice is urgently needed.

**Keywords**: China; International Private Security Industry; Private Security Industry

**Abstract**: After being hit by the COVID-19 epidemic, China recovered the steady growth of its foreign trade, becoming the largest country in trade in goods and the world's largest in total trade in 2020. At the same time, China is committed to trade facilitation, promoting trade cooperation with neighboring countries, and has made many achievements in the building of multilateral trade mechanisms. However, with the new changes in the post-pandemic international environment, the risks and opportunities facing China's foreign trade will also undergo new changes. Based on the analysis of relevant literature on " trade security", this paper argues that China's trade security risks at present mainly include challenges from the aftermath of COVID-19, weak international trade competition, absence of multilateral trade mechanism and other factors. At the same time, China's trade security also ushered in opportunities in the opening of new waterways and new channels, green trade to promote trade cooperation, and the construction of multilateral trade institutions.

**Keywords**: Trade Security; International Trade; Trade Competiveness

## Ⅲ International Cooperation



**Abstract**: Through Shanghai Cooperation Organization, The conception, countermeasures, organizational construction, and execution of anti-terrorism cooperation of the anti-terrorism security cooperation between China and Central Asia have all been compromised. It is meaningful to forming Anti-terrorism Security cognition, improving professional cooperation, promoting safety standardization, enhancing Anti-terrorism drill, fighting against terrorism. Therefore, it has shown great limitations in terms of the declination of the sense of identity in regional anti-terrorism cooperation, the regulatory risk of the generalization of regional multilateralism and the negative externality of the regional anti-terrorism military cooperation exclusivity.

**Keywords**: China; Central Asia; Anti-terrorism Security Cooperation

## **B**.7 Community Governance for Major Infectious Diseases: Functional Orientation, Practice Dilemma, and Development Paths

*Du Yuqing*, *Gong Tingting* / 129

**Abstract**: The novel coronavirus epidemic has posed multi-dimensional complex of non-traditional security threat around world, prompting advancement in international non-traditional security cooperation. During the COVID-19 outbreak, China and Vietnam have managed to deepen the non-traditional security cooperation under the multi leveled cooperation mechanism, which involved local authorities, non-government organizations, and civil society at border areas, achieving good results in enhancing public health governance, economic trade, and border security. The Sino-Vietnamese anti-epidemic cooperation demonstrates the friendship and resilience of mutual assistance and pragmatic cooperation between the two countries. While facing many challenges, non-traditional security cooperation between China and Vietnam have developed further in the innovative fields, such as traditional herbal medicine industry, big data and medical technology cooperation. As China's "One Belt, One Road" initiative continues to advance and cooperation with neighboring countries deepens, China can further deepen bilateral and multilateral cooperation in traditional Chinese medicine, science and technology innovation, and strive to build a community with a shared future for mankind.

**Keywords**: China-Vietnam Relations; Non-traditional Security; Public Health Governance; Epidemic Prevention Cooperation

**Abstract**: With the increasing non-traditional security threats, China and the Philippines have increasingly strengthened their cooperation in the field of non-traditional security and made a series of progress. Domestic studies on China – Philippines relations are mostly carried out from the South China Sea disputes and foreign policy of Philippines, but lack of observation of China–Philippines relations from the perspective of non-traditional security cooperation. This article takes "start-up" anti-terrorism security cooperation, "exploratory" South China Sea security cooperation and "emergency" public health security cooperation as examples, introduces the current situation of China – Philippines non-traditional security cooperation, and put forward to the motivation for China-Philippines cooperation, that including non-traditional security cooperation can resolve strategic conflicts and build a community with a shared future for China and the Philippines; control security differences can enhance strategic mutual trust between China and the Philippines; interaction can create motivation for a stable regional security pattern. The non-traditional security cooperation between China and the Philippines is in good shape, but it is still facing the influence of factors from outside the region, the South China Sea dispute and the multiple factors within the Philippines. In the future, it will be still necessary to continue to deepen and improve the level of cooperation.

**Keywords**: Non-traditional Security; China–Philippines Relations; Bilateral Cooperation

**B**.9 City-based Non-traditional Security Cooperation among Chinese Cities and Singapore: Achievements and Challenges

*Li Jun, Zhu Huilan* / 165

**Abstract**: This paper focuses on the achievements of and challenges faced by four non-traditional security cooperation projects among Chinese cities and Singapore: Suzhou Industrial Park, the Sino-Singapore Eco-City, the Sino-Singapore Guangzhou Knowledge City and the China-Singapore (Chong-qing) Demonstration Initiative on Strategic Connectivity. Since their implementation, the above-mentioned four projects have achieved remarkable outcome and become an effective force to take on international strategies of the two states and adjust state diplomatic relations with informal institutions. Meanwhile, they also have to cope with local characteristics such as local competitions for preferential policies and the attention allocation of local governments. China and Singapore are expected to improve national governance system and enhance governance capacity so as to support cities in playing a more active and effective role in non-traditional security cooperation and global governance agenda.

**Keywords**: City-based Non-traditional Security Cooperation; Sub-state Actors; Singapore

**B**.10 From the Perspective of a Community of Shared Future for the Global Ocean Research on Marine Fishery Safety Governance: Take IUU Fishing as an Example

*Wang Qian* / 182

**Abstract**: As one of the resources overused by human beings, fishery resources are currently facing the threat of depletion. The maintenance of marine fishery resource security and the "fishery occupation" in the sense of competition among countries are important topics in non-traditional security research. This paper focus on the most critical issue of IUU fishing, and explores the way to maintain non-traditional marine security in the context of globalization. This paper argues that fishery resources security is an impure global public product, and the global governance concept of 'consultation, joint construction and shared benefits' can be used as a theoretical discussion to solve the dilemma of fishery resources security; China's practice in China can contribute Chinese wisdom to mankind's response to non-traditional maritime security threats.

**Keywords**: Marine Fishery Resource Security; Public Goods; IUU Fishing

# 皮 书

## 智库成果出版与传播平台

### ❖ 皮书定义 ❖

皮书是对中国与世界发展状况和热点问题进行年度监测，以专业的角度、专家的视野和实证研究方法，针对某一领域或区域现状与发展态势展开分析和预测，具备前沿性、原创性、实证性、连续性、时效性等特点的公开出版物，由一系列权威研究报告组成。

### ❖ 皮书作者 ❖

皮书系列报告作者以国内外一流研究机构、知名高校等重点智库的研究人员为主，多为相关领域一流专家学者，他们的观点代表了当下学界对中国与世界的现实和未来最高水平的解读与分析。

### ❖ 皮书荣誉 ❖

皮书作为中国社会科学院基础理论研究与应用对策研究融合发展的代表性成果，不仅是哲学社会科学工作者服务中国特色社会主义现代化建设的重要成果，更是助力中国特色新型智库建设、构建中国特色哲学社会科学“三大体系”的重要平台。皮书系列先后被列入“十二五”“十三五”“十四五”时期国家重点出版物出版专项规划项目；自 2013 年起，重点皮书被列入中国社会科学院国家哲学社会科学创新工程项目。

# 皮书网

（网址：www.pishu.cn）

发布皮书研创资讯，传播皮书精彩内容
引领皮书出版潮流，打造皮书服务平台

## 栏目设置

◆ **关于皮书**

何谓皮书、皮书分类、皮书大事记、
皮书荣誉、皮书出版第一人、皮书编辑部

◆ **最新资讯**

通知公告、新闻动态、媒体聚焦、
网站专题、视频直播、下载专区

◆ **皮书研创**

皮书规范、皮书出版、
皮书研究、研创团队

◆ **皮书评奖评价**

指标体系、皮书评价、皮书评奖

## 所获荣誉

◆ 2008 年、2011 年、2014 年，皮书网均在全国新闻出版业网站荣誉评选中获得“最具商业价值网站”称号；

◆ 2012 年，获得“出版业网站百强”称号。

## 网库合一

2014年，皮书网与皮书数据库端口合一，实现资源共享，搭建智库成果融合创新平台。

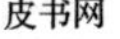

皮书网

“皮书说”
微信公众号

# 权威报告·连续出版·独家资源

# 皮书数据库

## ANNUAL REPORT(YEARBOOK) DATABASE

## 分析解读当下中国发展变迁的高端智库平台

**所获荣誉**

- 2022年，入选技术赋能“新闻+”推荐案例
- 2020年，入选全国新闻出版深度融合发展创新案例
- 2019年，入选国家新闻出版署数字出版精品遴选推荐计划
- 2016年，入选“十三五”国家重点电子出版物出版规划骨干工程
- 2013年，荣获“中国出版政府奖·网络出版物奖”提名奖

皮书数据库

“社科数托邦”
微信公众号

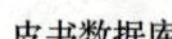

**成为用户**

登录网址www.pishu.com.cn访问皮书数据库网站或下载皮书数据库APP，通过手机号码验证或邮箱验证即可成为皮书数据库用户。

**用户福利**

- 已注册用户购书后可免费获赠100元皮书数据库充值卡。刮开充值卡涂层获取充值密码，登录并进入“会员中心”—“在线充值”—“充值卡充值”，充值成功即可购买和查看数据库内容。
- 用户福利最终解释权归社会科学文献出版社所有。

社会科学文献出版社 SOCIAL SCIENCES ACADEMIC PRESS (CHINA) 皮书系列

卡号：555567733314

密码：

# 法律声明